U0683646

本书是全国教育科学"十一五"规划 2008 年课题
"资源获取与国家责任：侨资性大学的办学特色"研究成果
（项目编号：BIA080030）

侨资性大学
研究

Qiaozixing Daxue
Yanjiu

聂秋华　等著

中国社会科学出版社

图书在版编目（CIP）数据

侨资性大学研究／聂秋华等著．—北京：中国社会科学出版社，2010.12

ISBN 978 – 7 –5161 –0108 –7

Ⅰ.①侨…　Ⅱ.①聂…　Ⅲ.①华侨投资 – 高等学校 – 办学组织形式 – 研究 – 中国　Ⅳ.①G649.2

中国版本图书馆 CIP 数据核字（2011）第 183483 号

责任编辑　官京蕾
特约编辑　大　乔
封面设计　王雪梅
技术编辑　李　建

出版发行　中国社会科学出版社
社　　址　北京鼓楼西大街甲 158 号　　　　邮　编　100720
电　　话　010 –84029450（邮购）
网　　址　http：//www.csspw.cn
经　　销　新华书店
印　　刷　北京奥隆印刷厂　　　　　　　　装　订　广增装订厂
版　　次　2010 年 12 月第 1 版　　　　　　印　次　2010 年 12 月第 1 次印刷
开　　本　710 × 1000　1/16
印　　张　19　　　　　　　　　　　　　　插　页　2
字　　数　313 千字
定　　价　39.00 元

凡购买中国社会科学出版社图书，如有质量问题请与本社发行部联系调换

版权所有　侵权必究

前　　言

2008 年全国"两会"期间，包玉刚先生的长女包陪庆女士向大会提交了"加大国家扶持力度　促进侨资大学发展"的委员提案，该项提案后转由教育部港澳台事务办公室答复。在提案答复过程中，教育部相关司局领导与我校进行了沟通，其中，提到了一个问题："什么是侨资大学？又有哪些学校属于侨资大学？"

确实，在现在高等教育理论研究中，并没有侨资大学这一概念，何谓侨资大学，是模糊不清的。虽然，自 1991 年以来，宁波大学与暨南大学、华侨大学、汕头大学四所互相认为具有侨资大学办学特点的学校，为了促进工作交流，共同商讨如何办好具有"侨"特色的大学，一起发起并每年轮流举办侨资四校工作交流联谊会，至今已经举办了 20 届，但关于侨资大学的基本概念与共性办学特征的理论研究尚处空白。虽然已有一些专家学者结合相关学校"侨"的特点，撰写了一些文章，但主要都是侧重于个别侨资大学办学历史、办学经验、捐赠者的思想等的研究，而全面系统地总结提炼侨资大学共性特点，并有针对性的提出可持续发展建议的还未有人涉及。有关侨资大学的综合性、深层次的研究尚未开展，许多问题尚有待一个理性的总结提炼。

出于回顾办学历史、总结办学经验、提炼办学特色、推进侨资大学可持续发展的考虑，2008 年底，在厦门大学史秋衡教授、华中科技大学张应强教授等的帮助支持下，我们组织了一个课题组，成功申报了国家"十一五"教育规划课题，"资源获取与国家责任：侨资性大学的办学特色"。拟通过这一课题的研究对侨资性大学的若干基本理论问题、办学特色和面临的现实发展问题作出相应解答。

在课题设计过程中，我们把原来一直在提的"侨资大学"这一概念转为界定成"侨资性大学",这是课题组成员在反复探讨过程中形成的共识。因为如果按"侨资大学"来界定的话,那现在国内真正意义上的侨资大学是不存在的,没有哪一所大学的办学资金是全部来自于华侨华人的。"侨资性大学"是作为某些大学的共同特点来说的,这些学校带有较为明显的"侨"的特点,学校的创办和发展都与"侨"有着密切的关系,学校地处侨乡,都是"由侨创建"或"为侨创建"的大学。这一观点,在我们后来采访潘懋元教授时,也获得了他的一致认同。

从大学办学实际而言,办学资源是大学创建发展的源泉与动力,也是大学办学特色形成最为重要的因素,侨资性大学办学特色的形成与其办学资源带有侨性特点密切相关。同时,侨资性大学还承担着传播中华文化、凝聚海外华侨华人、服务侨乡经济社会发展等独特的国家责任,这也是侨资性大学办学特色形成的重要原因。因此,在本项课题研究过程中,我们在对侨资性大学办学历史与现已形成的办学特色进行必要的回顾与总结的基础上,把研究的主要重点放在侨资性大学的办学资源获取与所承担独特的国家责任上面,并努力探究办学资源与所承担的国家责任和大学办学特色形成之间的内在关系,为侨资性大学的特色发展战略提供有益的参考意见。

作为侨资性大学研究的发轫之作,本书首次较为全面系统地对我国侨资性大学的办学历史、办学特色、形成因素、改革举措、发展道路等问题作出探究,进行了较为细致梳理,探赜索隐,钩深致远,初步建构起了侨资性大学办学的理论框架与实践案例,丰富了高等教育理论,也为我国高等教育的改革发展提供了一类有益的实践经验,对我国高校特色发展战略的施行具有一定的参考借鉴意义。

在本书的写作过程中,我们得到厦门大学潘懋元教授、暨南大学胡军校长、汕头大学王伟廉副校长、原宁波大学党委贺建时书记和仰恩大学原党委书记官鸣等的大力支持,感谢他们接受课题组成员的采访,使本书可以更为全面、真实地向读者呈现国内几所侨资性大学的历史、现状、特色建设等的情况,使我们对侨资性大学的办学历史、发展方向和存在问题有了一个更好的了解与把握,使得本书能实现侨资性大学研究点、线、面的有机结合,人、事、史的融会贯通。

由于能力所限,尽管课题组成员对侨资性大学办学的研究竭尽了努力，力图建立一个系统而深入的研究架构，并使有关问题的研究能够更为深入。但不可否认的是，我们的研究仍然是初步的、探讨性的。本书难免有很多不成熟或值得商榷的观点，但这毕竟是对侨资性大学第一次较为系统全面的探索，正所谓抛砖引玉，也诚挚地恳请您批评指正，共同为侨资性大学的可持续发展出谋划策，为我国高等教育事业的改革发展贡献智慧与力量。

聂秋华

2010 年 11 月 18 日

目　　录

第 一 章

侨资性大学的创建

在我国当前 700 多所本科高校中，侨资性大学是其中的一个独特类群。国内普遍认同的侨资性大学主要有厦门大学、暨南大学、华侨大学、汕头大学、宁波大学、五邑大学、仰恩大学等七所。之所以把这几所学校称之为侨资性大学，主要是这些学校的创办和发展都与"侨"有着密切的关系，这些大学地处侨乡，都是"由侨创建"或"为侨创建"的大学。

第一节　侨乡侨胞

我国华侨华人向海外移居的历史非常久远，早在秦朝年间就有华人远渡海外的历史记载，到唐宋时期，世界上已有十多个国家有华侨华人定居。而中国人真正大规模移居海外，主要还是在 1840 年鸦片战争以后。从那时起到新中国成立前，移居海外的中国人超过 1000 万，平均每年在10 万人以上。新中国成立前，分布在海外的华人主要来自三大地区。其中，东南亚的华人主要来自福建，包括闽南人、客家人，东南亚是海外华侨华人最大的聚集地，80% 的华侨华人分布在东南亚；美国发现金矿以后，以广州市及附近地区为主的广东人去了美国；欧洲的华人主要以民国时期移居的浙江人为多。①

---

① 　郭振东：《华侨华人在世界的分布及发展》，《八桂侨刊》2005 年第 2 期。

表 1 - 1　　　　　　　　　各大洲华侨华人地域分布变化分析表　　　　　　单位：万人

洲别	1945 年		1950 年		1990 年		2000 年	
	数量	比重（%）	数量	比重（%）	数量	比重（%）	数量	比重（%）
亚洲	960	96	1382	96	2580	86	3291	80
美洲	25	2.5	29	2	280	9.4	560	14
欧洲	6	0.6	17	1.2	90	3	148	3.7
大洋洲	7	0.7	9	0.6	39	1.3	72	1.8
非洲	2	0.2	3	0.2	10	0.3	20	0.5

资料来源：蔡德奇、张永良：《海外华人地域分布变化特征及原因》，《华侨华人历史研究》2002 年第 3 期。

　　现在的华侨华人已经分布在全世界各地，可以说有水源的地方就有华侨华人。2009 年 1 月，中国新闻社课题组发布《2008 年世界华商发展报告》，报告指出，当前海外华侨华人有 4800 万人，是全球最大的移民群体。大规模的海外移民也产生了一批著名侨乡，主要是指某些华侨华人较多而侨眷较集中的地方。广东、福建、浙江等省有很多历史上旅居海外的华侨华人较多的县市就被称为侨乡。结合侨资性大学的创办，我们一起来了解江门、潮汕、泉州、宁波四个著名侨乡的概况。

一、侨乡江门

　　江门位于广东省中南部，珠江三角洲的西缘，因下辖新会、台山、开平、恩平、鹤山五市，史称"五邑"。江门五邑有"中国第一侨乡"之美誉，现有人口约 410 万，而旅居海外祖籍江门的华侨华人和港澳台同胞现已达 376 万，素有海内外"两个江门"之称。其中海外华侨华人 221 万人，港澳台同胞 155 万人，分布在全世界五大洲 107 个国家和地区。江门五邑籍华侨华人中，分布在亚洲地区的占 20%，美洲占 70%。[1] 有关统计显示，江门五邑籍华侨华人有 155 万集中在美洲，尤其集中在美国和加拿大，当地华侨华人社区中，不论从人口数量还是政治、经济实力，江门五邑籍华侨华人都居前列，所以江门五邑有"美国华侨之乡"、"加拿大华侨之乡"的称誉。其中，台山市旅居美国的华侨华人有 50 余万人，占五邑旅美华侨华人总数的一半以上。

---

[1]　《中国第一侨乡》，http：//www.jiangmen.gov.cn/zjjm/ftrq/200708/t20070814_ 72258.html。

表 1 – 2　　　　　　　江门五邑华侨华人在世界上分布情况统计

项　目 洲　别	国家和地区	人口数（人）
亚洲	21	467363
美洲	30	1551426
欧洲	20	53980
大洋洲	11	63833
非洲	15	1676
其他地区	10	8612
合计	107	2146890

资料来源：梅伟强：《从侨情调查看江门五邑侨乡的特色》，http：//news. southcn. com/gd-news/hotspot/sylhsy/sylh/lhqiaoqing/200212020868. htm.

　　江门五邑华侨是海外华侨社团的先行者。华侨华人社团是早期移民海外的华侨，为了团结互助、自救自卫、联络感情、传承文化、共谋生存与发展，或以血缘宗亲、或以地缘同乡、或以业缘同行为纽带，自发建立起来的互助联谊、自治自卫的社会组织形式，是被称为华人社区"三宝"（华人社团、华人学校、华文报刊）中最具影响力的"第一宝"，起着中流砥柱的作用。根据 1998 年的五邑侨情调查，目前，海外五邑籍华侨华人组建的社团中仍同家乡保持经常性联系的有 722 个，其中华侨华人社团 647 个，它们主要集中在美国（276 个）、加拿大（151 个）、马来西亚（30 个）和委内瑞拉（13 个）。五邑各市中，以台山市的海外侨团最多，达 545 个，占总数的 84%。[1]

　　江门五邑籍华侨华人组建的社团历史悠久、影响力大。在 647 个华侨华人社团中，有不少是百年历史的老社团，如美国旧金山的冈州总会馆和宁阳会馆，马来西亚槟城肇庆府会馆，新加坡的宁阳会馆、冈州会馆和四邑陈氏会馆，澳大利亚墨尔本的四邑会馆和冈州会馆、雪梨（悉尼）四邑会馆等。这些社团在当地侨界有重要影响力，长期以来关心和支持祖国

---

① 梅伟强：《从侨情调查看江门五邑侨乡的特色》，http://news. southcn. com/gdnews/hots-pot/sylhsy/sylh/lhqiaoqing/200212020868. htm.

及家乡的革命与建设事业。

江门五邑历史文化悠久，人杰地灵，哺育了众多著名人物，其中有明末理学家、教育家陈白沙；近代维新派代表人物梁启超；民主革命先驱陈少白；中国首位飞行家冯如；致公党创始人、著名侨领司徒美堂；近代国学大师陈垣等。五邑籍海外华侨华人中，南洋巨富陆佑，与叶亚来齐名，被认为是广东华侨中对开发新加坡、马来西亚作出贡献最大的两个人，新加坡、马来西亚和文莱三国首都有"陆佑大街"纪念他。美国"金山橙"培育者刘锦浓，有"植物魔术师"的雅称。美国罐头业的开拓者刘兴，新西兰乳酪业的奠基人周祥，美国新宁铁路创办人、西雅图富商陈宜禧，美国华盛顿州原州长骆家辉等也都是江门五邑籍华人。

改革开放以来，江门五邑广大海外华侨华人、港澳台同胞捐资赠物累计逾60亿港元，回乡投资达100亿美元，有力地促进了侨乡社会经济、文化教育、医疗卫生和社会公益福利事业的发展。就个体经济实力而言，江门五邑籍华侨华人通过自己的艰苦奋斗，基本上都在居住国站稳了脚跟，在北美的华侨华人普遍过上了衣食不愁的富足生活。但五邑籍海外华侨华人富裕者多富豪者少，虽不乏像陆佑这样的巨商，但是大多数为劳工阶层或中小业主，大企业家大金融家巨商富贾不如广东潮汕和福建泉州侨乡多。

二、侨乡潮汕

潮汕位于广东省东部，主要是由汕头、潮州、揭阳三大市组成，面积有10000平方公里，人口1000余万。潮汕是我国著名侨乡，海外华侨华人遍布世界各地，有"凡是有潮水的地方就有潮汕人"之说，主要分布在经济发展水平、生活习俗与闽粤地区没有太大差异的东南亚地区。据汕头侨务系统1989年编写的《汕头华侨志》的调查统计，分布在全世界50多个国家和地区的潮汕人（包括其后代）有800多万，比较集中在东南亚和中国香港。粗略的计算是：泰国约350万人，新加坡约45万人，马来西亚约80万人，印尼约80万人，越南约25万人，柬埔寨约20万人，老挝约8万人，美国约30万人，加拿大约10万人，法国约15万人，澳大利亚约10万人，以及中国香港约120万人，中国澳门约4万人，中国台湾约40万人。此外日本、菲律宾、缅甸、印度、文莱、锡兰、英国、德国、比利时、丹麦、瑞典、瑞士、挪威、奥地利、西班牙、澳大利亚、新西兰、巴西、墨西哥、几内亚等都有相当数量的潮汕人。①

　　潮汕早期的海外移民可远溯到隋唐时代，即便是从宋末元初算起，也已有 7 个世纪。1278 年元兵攻占潮州，大肆烧杀抢掠，潮州人纷纷向海外逃难。② 潮汕人较大规模的海外移民，开始于嘉靖万历年间。当时，以吴平、林凤、林道乾为首领的几个潮州海寇商人集团，在明朝政府军事高压的逼迫下，出走东南亚，定居在菲律宾和暹罗，成为早期潮籍移民。这些海寇商人的滞留海外虽然出于无奈，但他们在东南亚的开拓，却为清代以后的潮汕移民奠定了基础。清代乾隆嘉庆年间，出现了潮汕地区向东南亚的第一次移民潮。18 世纪的大米国际贸易使潮州与东南亚地区（特别是暹罗）的交通有较大规模的发展，许多潮州人因此定居东南亚。在1767—1782 年这 15 年间，由于潮裔郑信执政于暹罗吞武里王朝，更促成了潮汕人移民的高潮。

　　1860 年汕头开埠后到 1949 年，人口压力、社会动荡等因素又造成潮汕人向东南亚的第二次大规模移民。这一次移民潮长时间持续着，只在20 世纪 30 年代初受世界性经济危机影响而出现低潮，在 40 年代前半段因为太平洋战争爆发而中断。在这 80 多年的时间里，经过汕头口岸移民东南亚的人数在 140 万人左右，其中多数是潮汕人。③

　　新中国成立以来，潮汕人向海外移民虽然数量不多，但仍持续不断。20 世纪 50 年代，每年约有一两千人出国定居，主要是应海外亲人的要求，去接管家产，或夫妻团聚的，没有海外亲属关系而获准移民者极少。20 世纪 60 年代中期至 70 年代中期，国家基本停止出国移民审批，但每年仍有几千人通过非正常渠道外出。改革开放以后，每年出外定居者约有五六千人，大部分是单程抵港者，其余则多数到欧、美、大洋洲求学谋职，往东南亚移民者极少，主要是因为东南亚国家已基本不接受新的一般移民。④

---

①④　黄兰淮：《潮汕人移居海外述略》，《汕头大学学报（人文科学版）》1995 年第 2 期。

②　杜松年：《潮汕大文化》，中国科学技术出版社 1994 年版，第 210 页。

③　黄挺：《潮汕文化索源》，《寻根》1998 年第 4 期。

　　潮汕商帮是中国三大商帮之一，在区域贸易与对外移民上成绩斐然，潮汕商人的活动范围远跨全国各省和世界许多国家。随着潮汕商帮足迹的扩展，潮州会馆也随商人林立于海内外。潮州会馆产生于明末清初，潮汕商人在远离家乡，外出谋生之际，在海内外相继创立了自己的会馆或同乡会组织。潮汕人士无论是为了仕宦或经商而旅行在外，在面对异乡的生疏和商场的激烈竞争时，潮商必须集结力量以应对，而潮州会馆正是提供这类帮助的最佳组织。因此，潮商在各方面支持会馆的兴建和管理，潮州会馆也对旅外潮人特别是商人的需求和照护格外用心。同时潮州会馆在社会救助、养生送死以及区域间的文化交流上扮演了重要角色。潮州会馆兴起于国内商业经济较为繁荣的北京、上海、天津、广州、武汉、苏州等地，后随着潮汕人移民东南亚而扩展到东南亚地区，泰国有各类潮州会馆 20 多个，马来西亚仅柔佛州就有潮州会馆 11 个，新加坡、越南、印尼、老挝、柬埔寨等国也都有潮州会馆。

　　改革开放以来，欧、美、大洋洲各国潮汕人迅速增加，潮州会馆也陆续建立，此外还有中国香港、中国澳门的会馆机构。1981 年世界各地潮人在地缘组织的基础上，正式成立了"国际潮团联谊会"，首次年会在香港举办，随后每两年举行一次国际性聚会，迄今已举办了 10 届。国际性潮人年会的创建，是海外潮人大联合大团结的一个里程碑。① 潮州会馆不仅团结互助，积极开拓，艰难创业，而且关切桑梓，倡办公益，培育英才，弘扬文化，援助家乡建设，繁荣各项事业。

　　数百年来移民海外的潮汕人士，在国外长期生活奋斗，同当地人民水乳交融，其前途同所在国的前途息息相关，苦乐与共，早已展现他们克勤克俭的特性和艰苦奋斗的开拓精神。同时，他们也与侨乡一直维持着密切的联系。在海外潮人中，不乏对故土怀抱情深的企业家，不少人在居住国建立一定基业后，都能关心和热心侨乡建设。他们有的无私捐资于各项社会公益事业，或投资于侨乡创办各种企业，促进潮汕地区的经济发展。同时，广大海外潮汕人得现代教育风气之先，对促进潮汕现代教育也作出了积极贡献，定居海外的潮汕人，依然没有忘记要在自己的家乡兴办一所大学。自 20 世纪 30 年代初期以来，广大有识的潮汕人士都积极推动筹办潮

---

① 黄瑾瑜：《谈海内外的潮州会馆》，《广东史志》2001 年第 4 期。

州大学。[①]

三、侨乡泉州

泉州市地处福建省东南部，是福建省三大中心城市之一。北承省会福州，南接厦门特区，东望宝岛台湾，西毗漳州、龙岩、三明。全市土地面积 11015 平方公里，常住人口 786 万人（不含金门县）。泉州是全国 24 个历史文化名城之一，古代中国主要对外贸易港口，古代"海上丝绸之路"的起点，享有"东方第一大港"、"世界宗教博物馆"之美誉。

泉州是全国著名侨乡，分布在世界 129 个国家和地区的泉州籍华侨华人 720 万人，旅居中国香港同胞 70 万人，旅居中国澳门同胞 6 万人，三者合占福建全省华侨华人 60% 以上。[②] 泉州华侨出国的历史悠久，唐代泉州沿海一带地狭民稠，田不足耕。当地人民在围海垦滩，向大海要粮的同时，已开始沿着海路外出谋生。唐代中期，随着泉州对外贸易的发展，泉州就涌现"市井十洲人"、"还珠人贡频"的兴盛景观，这对泉州人的出国起了促进作用。宋元时期，泉州造船业发达，已成为"海上丝绸之路"的起航点和东方大海港，泉州人出洋兴贩贸迁已蔚然成风。明清时期实行"海禁"，泉州港随之衰落，使大量依赖海上贸易为生的泉州人不得不冒险向外拓展，到海外垦荒求生。嘉靖三十四年起，倭寇屡犯泉州，战乱频发，灾荒饥馑，农民破产，泉州人逃生海外者多。明朝后期，东南亚华人区不断扩展。清初实行"海禁"和"迁界"后，造成沿海人民流离失所的惨剧。濒海船户、渔民、商贾或随郑成功东渡台湾，或辗转流寓到南洋。至鸦片战争前夕，居留海外的泉州籍华侨已逾 30 万人。鸦片战争后，西方资本主义的入侵、南洋各岛的开发和"契约华工"制度的发展，同时伴随着国内的战乱和天灾人祸，使泉州人又一次大量移居东南亚和世界各地。

泉州与台湾一水之隔，泉台关系源远流长，泉州是对台工作的重要"窗口"，在推进祖国和平统一进程中具有重要地位和作用。泉台之间地

---

① 黄挺：《海外潮人对潮汕地区兴办大学的推动与贡献》，《汕头大学学报（人文社会科学版）》2006 年第 5 期。

② 《泉州概况》，《中国泉州网》，http：//www.fjqz.gov.cn。

缘近，肖厝港距高雄港 194 海里，距台中港 94 海里；晋江围头距金门 5.6 海里，是大陆与金门距离最近的地方。血缘亲，泉州是台湾汉族同胞的主要祖籍地之一，台湾汉族同胞中约 44.8% 近 900 万人祖籍泉州。泉州籍人士不少是台湾的政要和富豪。被台湾《卓越》刊物列为"百大富豪"的蔡万霖、王永庆、黄世惠等 13 人，列为百大民营制造业主的王玉珍、许胜发以及林洋港、施启扬、王玉云等 20 多人，以及不少政党头面人物和知名人士的祖籍均在泉州，他们在岛内政界、经济界、学术界和广大台湾民众中均有举足轻重的影响。文缘深，由于历史上泉州人大量移居台湾，带去了泉州的文化。因此，今天具有浓郁泉州地方色彩的民歌、小调、南音、木偶、高甲、梨园、打城戏等传统文化，在台湾民众中仍有较大的吸引力。商缘广，早在隋朝时，泉台两地就有商贸往来。宋元时期，台湾作为泉州海外交通的中转站，通商贸易络绎不绝。法缘久，泉州先民入台时，不但把家乡的住宅式样、时岁习俗、婚丧礼仪带进台湾，而且把家乡所信仰的道教、佛教及其他神祇请进台湾奉祀，历代相传。目前台湾岛内 440 多座龙山寺、260 多座上帝公宫、100 多座清水祖师庙和其他大量的神祇、寺庙大都是从泉州分灵出去的。

　　长期以来，泉州籍华侨华人、港澳台同胞身在异乡，心系桑梓，或投资办厂，或捐资慈善，或兴办公益，涌现出一大批贡献巨大、成就杰出的乡贤硕彦，成为推动泉州经济社会发展的重要力量。这其中，尤其以育人启蒙、捐资兴学最为突出。广大泉州籍华侨华人认为一个国家如果文化教育落后，哪怕地大物博，人口众多，也是难以强盛起来的。一些旅居海外的华侨华人，则由于过去自己文化程度低，备受欺诈之苦，乃有切肤之痛，因此都热心于在家乡兴办教育事业，把在家乡办学与国家兴亡联系起来，"为乡兴学，为国树人"，觉得中华民族的自强要从办学校入手。为此，他们不辞辛劳，慷慨解囊。

　　泉州华侨捐资办学最早的可追溯到 1872 年（清道光七年），惠安后海村归侨郭用锡父子，曾捐考银两千两，兴建考棚。八年后，道光帝嘉封诏书，授"乐善好施、父子恩荣"的横匾。据不完全统计，1890—1911 年间，泉州籍华侨创办助办的中、小学有 30 余所。主要有 1891 年创办的泉州城内的培英女中、1905 年的明新中学、1891 年的毓英中学、养正学堂、崇贤中学、培元中学、1906 年永春中学堂等。另外还有晋江永宁的篆龙小学、行实小学，安海的养正小学，泉州城内的培元小学和西隅小学，南安县的丰州、燕山、罗英、翁山、诗坂、诗鳌小学，永春的新智小学等在同一时期创办。①

辛亥革命后，泉州华侨华人捐资兴学得到进一步发展。海外侨胞认为，要改变国弱民贫的状态，就必先振兴教育事业。正如爱国兴学典范陈嘉庚先生所说："教育为立国之本，兴学乃国民天职。"1913年，陈嘉庚在家乡集美创办了集美小学，开始了他一生中伟大的捐资兴办教育事业的活动，他先后在集美创办了师范、中学、农林、水产、商校乃至厦门大学，泉州的一些私立中学也受过他的补助。在陈嘉庚模范行为的带动和影响下，泉州华侨华人在家乡捐资办学蔚然成风。改革开放以后，泉州华侨华人对家乡捐赠也都以兴学助教为重。

表1-3　　　　泉州市华侨的教育捐赠及其在捐赠总额中的比重　　　　单位：万元

年份	1979	1982	1985	1988	1990	1996
教育	816	1656	2778	7625	9767	5500
总额	1361	3134	4166	12075	16707	10073
比重	60%	53%	67%	62%	58%	55%

资料来源：泉州市华侨志编纂委员会：《泉州市华侨志》，中国社会出版社1996年版。

泉州籍华侨华人身居海外，心系祖国。华侨华人捐资在祖国家乡兴办教育事业，不仅对家乡文化教育及社会经济的建设发展作出了贡献，也对海外华侨华人社会的文化与经济事业的进步与发展起到了良好的促进作用。侨办学校的创办，也密切了广大华侨华人与祖国家乡的联系，广大侨校也成为侨区教育事业的先导和中坚。

四、侨乡宁波

宁波简称"甬"，位于东海之滨，居大陆海岸线中段，海道辐辏，隔杭州湾与上海相邻，总面积9365平方公里，现有人口546万，是长江三角洲南翼的经济中心，中国五个计划单列市之一。宁波秦时开埠，唐朝时

①　戴文红、丁玲玲：《近代泉州华侨兴学述略》，《福建商业高等专科学校学报》2001年第8期。

与广州、扬州并称为中国三大港口城市，宋朝时与广州、泉州并列为对外贸易的三大港口重镇，鸦片战争后被辟为"五口通商"口岸之一。从宁波港起航，商船可借助海潮和风力往来南北，是我国古代的海上"丝绸之路"、"陶瓷之路"的出发港。

宁波是全国重点侨乡之一，"宁波帮"更是世界闻名。据有关资料统计，现有海外和港澳台的宁波籍人士30多万人，分布在64个国家和地区。"宁波帮"形成在明末清初，当时宁波商人向北京及沿江、沿海的城镇发展。明末，宁波的药材商在北京建立起"鄞县会馆"；清初，宁波商人又在北京建立"浙慈会馆"。乾隆、嘉庆年间，宁波商人在汉口建立了"浙宁会馆"。在清嘉庆二年，宁波在沪商人钱随、费元圭等发起募捐，筹建以行帮为基础的"四明公所"，后又得到镇海大商家方仁照兄弟捐巨款进行重建，"四明公所"把上海的宁波人集合起来，在上海形成了一股强大的势力，标志着宁波商帮开始形成。

"宁波帮"以善于经商闻名于世，在中国的近代工商史上，有"无宁不成市"的美誉。鸦片战争以后，广州、厦门、福州、宁波和上海被辟为通商口岸，上海以其地处长江流域终点，腹地深广，交通便捷的优势，逐渐成为全国内外贸易的中心，各地商帮云集上海，宁波商人以甬沪交通仅一水之隔的优势，大批涌入上海。在近代上海居民的构成中，宁波移民为最多，到清末，在上海的宁波人已达40余万，约占上海人口的1/3。①宁波人在近代上海的商业领域里留下了深深的烙印，是近代上海工商业中重要的领军力量之一。民国时期，"宁波帮"随着财力的积聚、业务的扩大、人员的增加，臻于鼎盛阶段，并以上海为基地和跳板，将活动地域伸向汉口、天津、苏州等大城市。

20世纪40年代前后，鉴于国内动荡不安的社会经济环境，大批原在大陆有相当基础的宁波人纷纷从上海等地移居港台地区，或以港台为跳板，转向日本、东南亚和美洲等地发展，其中港台地区占总人数的80%左右。他们抓住第二次世界大战后世界经济发展和港台独特的历史机遇，凭借其在内地长期从事工商业的丰富经验和资本积累，艰苦创业，奋力开拓，迅速在竞争激烈的海外社会站稳脚跟并取得成功与发展，成为活跃在

---

① 孙善根、李政：《近代宁波帮形成的历史因素及其作用》，《档案春秋》1997年第4期。

世界经济舞台上颇受海外瞩目的一股力量。1967 年宁波旅港同乡会成立，到 20 世纪 70 年代末，旅港宁波人已达 10 余万，其中不乏工商巨子、社会名流和社团首领。1990 年香港十大富豪排行榜上，宁波人占了三席（包玉刚、邵逸夫、陈廷骅）。台湾也是第二次世界大战后宁波商人活动相对集中的地区，第二次世界大战后台湾经济一片凋零，旅台宁波人利用特有的人文优势，积极参与台湾社会经济重建工作，为台湾经济的恢复与起飞作出了重大贡献，从中产生了一批名闻岛内外的社会领袖与工商巨子。此外，第二次世界大战后宁波商人在新加坡、日本及美国等地也相当活跃。①

　　"宁波帮"素以爱国爱乡、热心报效桑梓著称于世。改革开放以来，特别是邓小平同志发出"把全世界的'宁波帮'都动员起来建设宁波"的号召后，进一步激发了广大"宁波帮"的爱国爱乡热情，他们视宁波建设发展为己任，纷纷捐款赠物，献计出力。自 1984 年初以来，已有400 多位"宁波帮"人士捐赠近 2500 个项目，折合人民币 10 亿多元。②从捐赠内容来看，"宁波帮"人士捐赠的重点为教育、医疗卫生、公益福利和文化体育等社会事业。其中，教育事业占捐款总额的 70% 以上。"宁波帮"不仅热心捐赠家乡建设，而且捐赠神州大地。据不完全统计，"宁波帮"在全国捐赠款已多达 55 亿多元，惠及全国 31 个省、直辖市、自治区，其中捐赠教育事业达 80% 以上。

　　创业的艰辛、商路的坎坷，让老一辈"宁波帮"深刻体会到"国家要兴旺，教育是基础"。"世界船王"包玉刚，长期旅居海外，但对故乡一往情深。自 1984 年，先后 6 次到宁波访问，为家乡创办了第一所综合性大学——宁波大学，受到家乡人民的敬仰。包玉刚常说："我是宁波的大使，宁波的事也是我的事。""华夏捐资兴教第一人"邵逸夫，从 1985 年开始，平均每年向内地捐赠 1 亿多元用于教育事业。在全国很多高等学府，逸夫楼已成为高校楼群中的一种人文景观。堪称希望工程"超级富豪"的赵安中，从 1984 年至今，先后在浙江省贫困地区捐资项目 150 余项，金额达 8000 万元。赵安中的捐资项目从宁波的四明山开始，逐渐由家乡向浙江省丽水、金华、台州、温州等地区渗

---

① 孙善根：《百年辉煌——"宁波帮"的形成与发展》，《宁波通讯》2009 年第 4 期。

② 《宁波侨情概况》，http：//www.ocao.ningbo.gov.cn。

透，并辐射于中国的西北、西南内陆贫困地区，将他一生所蓄都献给了教育事业。

　　"宁波帮"保持着宁波人团结互助的传统，热爱祖国，关心家乡，为家乡建设出力。除了捐助文教、公益事业外，"宁波帮"还积极在家乡投资兴办企业，开展商贸交易，竭力为家乡介绍、引进国外先进技术、管理经验和信息，并热心引荐外省市和外国朋友、客商来宁波考察，努力促成合资、合作项目的成功。如今，华侨华人、港澳台同胞在宁波的投资企业已达5000家，约占全市外资企业的70％，总投资达220亿美元，实际到位资金65亿美元，占总数的2/3。[①]

　　"宁波帮"是宁波对外开放的一张重要名片，已成为联结宁波与世界各地的重要桥梁和纽带。"宁波帮"帮宁波也成为宁波市现代化建设中一道亮丽的风景线。如今，在老一辈"宁波帮"言传身教的熏陶下，第二代、第三代"宁波帮"正秉承祖业、茁壮成长。"宁波帮"帮宁波，犹如一座传承中华美德的丰碑将世代耸立于甬城之巅。

---

　　① 《侨情概况》，《宁波侨网》，http：//www.ocao.ningbo.gov.cn/006/001/index.html。

第二节　由侨创建的大学

在我们所称的侨资性大学当中，厦门大学、汕头大学、宁波大学、五邑大学、仰恩大学这五所是"由侨创建"的学校。厦门大学 1921 年由著名爱国侨领陈嘉庚先生捐资创建，是中国近代教育史上第一所由华侨创办的综合性大学。汕头大学 1985 年由李嘉诚先生捐资建设，至今，李嘉诚基金会为汕大捐资已逾 33 亿港元。宁波大学 1986 年由世界船王包玉刚先生捐资创建，在学校的发展过程中，60 多位海外"宁波帮"人士给予了大量捐助。五邑大学在美洲、东南亚和港澳地区广大侨胞的直接推动下，于 1985 年正式创建。仰恩大学于 1987 年由爱国华侨吴庆星先生及其家族设立的仰恩基金会创建。因此，上述五所侨资性大学都是"由侨创建"的，是以海外华侨华人提供的各类资源作为重要的办学资源来创建发展的一类大学。

一、陈嘉庚与厦门大学

陈嘉庚：1874年10月出生于福建省同安县集美社。马来西亚及新加坡著名华人企业家，伟大的爱国主义者、教育家、爱国华侨领袖。陈嘉庚倾资兴学，一生用于办学的款项，约达一亿美元以上。1921年创办厦门大学。

陈嘉庚（1874—1961）

陈嘉庚是 20 世纪海外华侨最为杰出的代表，被毛泽东同志赞誉为"华侨旗帜，民族光辉"。他倾注毕生的财力和心血兴办教育，教育兴国是贯穿于他的多姿多彩人生的主旋律。

1912 年 1 月 1 日，中华民国成立。中央教育部第一任部长蔡元培于 3

厦门大学

日上任后，颁布改革教育令，实行新的教育方针。陈嘉庚迅即用行动为民国政府的教育改革出力。1912 年秋，他从新加坡回到故乡集美，动员村中房长摈除成见，废止各房私塾，协力合办乡立集美两等小学校（1913 年 1 月开学）。这是他在国内兴办新式学校的开始，也是他在海外接触西方文明之后，为改变福建经济文化的落后状况走出的第一步。至 1927 年，他在集美共办 10 所学校，统称福建私立集美学校。①

1919 年 5 月，陈嘉庚从新加坡回国，专程到广州参观美国教会设立的岭南大学，了解该校经费开支情况和大学运行相关事项。6 月 24 日，陈嘉庚回到集美，开始正式筹办厦门大学。"民国八年（1919）夏余回梓，念邻省如广东江浙公私大学林立，医学校亦不少，闽省千余万人，公私立大学未有一所，不但专门人才短少，而中等教师亦无处可造就。乃决意倡办厦门大学。"② 福建有史以来第一所由华侨创建的高等学府——厦门大学由此出现，它也是我国近代教育史上第一所由华侨独资创建的高等学府。

陈嘉庚决定把大学设在厦门而不是集美是经过深思熟虑的，因为厦门

---

① 陈毅明：《论陈嘉庚兴学的历史功绩》，《集美大学学报（哲学社会科学版）》2004 年第 12 期。

② 林金枝：《陈嘉庚倾资办学的光辉业绩及其国际影响》，《华侨华人历史研究》1994 年第 4 期。

是著名港口，是闽南华侨出入的必经之地。"教育事业原无止境，以吾闽及南洋华侨人民之众，将来发展无量，百年树人基业伟大，更不待言，故校界划定须费远虑。"经过实地查看，他认为五老峰下郑成功练兵的演武场一带作为校址十分合适。五老峰山川秀丽，成为北面屏障，山下是著名古刹南普陀寺，南面是碧波万顷的大海，轮船出入厦门港必经此处，实在是一个非常理想的校址。距市区五六华里，面积200余亩。因为先前是海滩的缘故，下面是沙地，雨季不潮湿，地势平坦开阔，而且毗邻一大片公共山地，将来还有发展前途。

1919 年 7 月 13 日，陈嘉庚在厦门浮屿陈氏宗祠邀请地方各界人士召集会议，畅谈了他筹办厦门大学的动机和经过。"窃吾人欲意存在于世界而求免天演之淘汰，非兴教育与实业不成功。此固尽人所知，然就进化之程序言之，则必先兴教育，而后实业有可措手"。他说自己于教育是门外汉，倡办大学是"为爱国愚诚所迫"。谈到为国家培养人才的重要性时，他说："我国现在大学，多属外国人办的，其内容不过神学、文学、医学等科目，而农、工、商等关系社会经济发展国家生存的重要专业，则少有所闻，高等师范也仅有五所。"他准备创办的大学，力求学科完备，为国家培养各方面的专门人才，为此，需要筹集每年数十万或数百万元的经费和上千万元的基金。自己"绵力有限，唯具无限诚意"。他呼吁海内外同胞见义勇为，踊跃捐款，共同成就这番事业。陈嘉庚当场认捐 400 万元，这是他当时积存资产的全部。

1920 年，陈嘉庚通过北洋政府教育部组建厦门大学筹备委员会，聘请知名人士蔡元培、郭秉文、余日章、胡敦复、汪精卫、黄炎培、叶采真、邓萃英、黄孟圭、李登辉等十人为筹备委员。9 月，陈嘉庚经福建省政府批准，拨演武场 1/4 土地用于厦门大学建校。10 月，陈嘉庚前往上海，邀集召开筹备委员会会议，拟订《厦门大学组织大纲》，推举教育部参事邓萃英为首任校长。

初创的厦门大学，设"师范"（分文、理科）、"商学"两部，本科四年，预科二年。1921 年 3 月 1 日，在厦门及东南亚招收新生 96 名。4 月 6 日，厦门大学借集美学校新校舍"即温"楼举行开学仪式，这一天也成为厦大的校庆日。在开学仪式上，陈嘉庚作了长篇演讲，重申了创办大学的必要与迫切，他感到中国今日之所以积弱，民智之所以未开，民性之所以皆自私忘公，乃因教育不发达。为使教育发达，必须普及教育。因此，兴办大学、培养专门人才，已是迫在眉睫。美国教育学家杜威和夫人应邀出席开学典礼，并分别作了两天的学术演讲，题目是《现代教育之趋势》和《中国女学概说》。

厦大开学后，陈嘉庚就抓紧兴建校舍的工作。他主张利用演武场北部中点建筑一字形的一排五座大楼，楼前拥有广大的运动场，让农事试验圈设在演武场后面的广阔水田上，这样不但雄伟壮观，符合建筑上安排位置的艺术，而且适应将来厦大发展为规模宏大的学府的需要。同时，陈嘉庚决定自己购料雇工，并按自己的设计来进行建筑。他后来在给当时厦大基建负责人的信中指出，建筑厦大校舍最重要的有三点：第一就是位置的安排，要讲究艺术并考虑到将来的扩展；第二就是间隔与光线；第三便是外观，既要美观，又要节省，粗中带雅即可。陈嘉庚选定5月9日"国耻纪念日"那天，率领全体师生为厦门大学建筑奠基。在校舍建设过程中，克服了许多阻碍和困难，1922年2月，第一批校舍落成，厦门大学就从集美迁到演武场新校址上课。新校舍最中心的三座大楼，左右两座定名为"同安"、"集美"，中间一座主楼是礼堂和办公大楼。校内同人拟用陈嘉庚的名字命名，纪念他创办的功绩。陈嘉庚极力反对，说命名不应含有私意；同人又建议用陈嘉庚的弟弟陈敬贤的名字命名，陈嘉庚也不同意。陈敬贤当时在校董理校务，是陈嘉庚办学的得力助手。集美学校和厦大的同人校友都称陈嘉庚为"校主"，称陈敬贤为"二校主"。后来主楼定名为"群贤楼"，取"群贤毕至"之意。可见陈嘉庚兴学，就像他自己所说："不足资宣扬，实聊尽国民之天职而已。"

在校务管理上，陈嘉庚和校长邓萃英一开始便有分歧。一是初聘邓为校长时，在契约上规定他必须辞去教育部的职务，但邓并没有这样做，到厦后急于北返，准备当挂名校长。二是邓要求把开办费和常费交给学校主持人管理，并提出把建筑费的剩余部分拟在东三省购买土地，开垦农田，然后卖出取得利润作为学校的财源，并表示他可以直接管理或委托朋友管理。陈嘉庚认为，把办学经费进行土地投机，是一种冒险行为，更没有校长不在学校主持校务而跑去做买卖的道理。恰好开学初又有学生写信责备邓萃英无才学而当挂名校长，陈嘉庚也深有同感，也在信上签了自己的名字。这样，邓萃英只得在 1921 年 5 月辞职。他所聘的教师也多半跟着离校，课程无法进行，这个学期只好作废。

这个教训使陈嘉庚对选择师资的要求更加严格，他要求所聘教师不仅是必须获得硕士、博士学位的留学生，而且必须是公认有水平的。为此，他不惜高薪聘用，而且不顾情面。1921 年 7 月，陈嘉庚请到在新加坡的好友林文庆出任厦门大学校长。林文庆，字梦琴，1869 年 10 月 18 日出生在一个商人家庭，1887 年获女皇奖学金到英国苏格兰爱丁堡大学攻读医科，1892 年考取医学内科荣誉学士和外科硕士学位，由于他年年名列榜首，因此又荣获 Atholl meadl 金奖章，成为远东获此殊荣的第一人。聘定校长以后，陈嘉庚又聘请了多名欧美留学生到校任教，教师质量大有提高。在林文庆的主持下，厦门大学很快走上正轨。

陈嘉庚深知要办好一所大学，必须有充裕的经费，而为了谋求厦大能比较顺利地发展，不能光靠一个人的力量。他曾表示"拟于开办两年后，略具规模时，即向南洋富侨募捐巨款"。1922 年 3 月，陈嘉庚第六次到新加坡，先后向三位富侨募款，但到处碰壁。尽管募捐有困难，在抗战前的16 年中，陈嘉庚还是竭尽全力、想尽办法支持厦大，不仅坚持办下去，而且力求改进与发展。这一时期，学校兴建了大批校舍，添置了许多图书和仪器设备，增设了新的科系，聘请了不少著名的教授，学生人数不断增加，学校规模逐年扩大。到 1930 年，已扩展到文、理、法、商、教育五个学院，17 个系。校舍建筑也有很大的发展，继 1922 年建成群贤、同安、集美三座大楼之后，1925 年，坐落在海滨山冈上的理化院、生物院大楼相继完工。不久又建成映雪、囊萤两座大楼，和最早落成的三座大楼组成了一字形，是当时厦大的主体建筑。到了十周年校庆的时候，已先后建筑了校舍 40 多座，3000 余间，建筑面积约五六万平方米，全校师生员工教学、生活的需要，都基本上得到满足。

陈嘉庚还以优厚的待遇聘请著名教授，充实教师阵容。学校用人，对国内专家，海外学人，不论学派观点如何，只要学术上有地位的，都广为罗致。因此，有不少著名教授学者，都应聘来校任教。如国学专家和文学家陈衍、林语堂、沈兼士、孙伏园、台静农、余睿；语言学家罗常培、周辨明，哲学家朱谦之、张颐，史学家张星烺、顾颉刚、陈万里、郑天挺、郑德坤，教育学家孙贵定、朱君毅、杜佐周、姜琦、邱椿，化学家刘树杞、丘崇彦、张资拱、刘椂，生物学家秉志、陈子英、钟心煊、钱崇树，数学家姜立夫等。1926年9月，鲁迅来校担任中文系教授兼国学研究院教授，在学生中产生了良好而深远的影响。

在陈嘉庚先生的惨淡经营下，经过广大师生的共同努力，到20世纪20年代后期，学校各方面都有了一定的基础，而且形成了"面向华侨、面向海洋、注重实用、注重研究"的办学特色。当时有人认为："其能超然独立，专心以从事研究者，在华北惟有南开，在华南惟有厦大而已。"因此，厦大曾被誉为"南方之强"。由于学校请求立案，1928年3月，国民政府大学院先后派了两个博士来校调查一切，认为厦大"基金充裕，成绩甚佳，各种设备，亦极完善，放之他处，有过无不及"。于3月26日批准立案，这在私立大学中算是最早的。到了20世纪30年代，厦大已成为全国著名大学之一。

陈嘉庚倾资兴学，既不是为了资本增值，也不是出于沽名钓誉，为之呕心沥血，作出了自己的牺牲。1920年5月1日，他在一封信中说："不牺牲财产，无教育可言。民无教育，安能立国。"他是一个言行如一的人，并没有利用办学为自己增值资本，反而作出了重大牺牲。他持家节省，费用"年不过数千，逐月薪水，足以抵过"。住家不是高楼大厦，而是一座普通的平房，陈设也极为朴素，全部家具与平常人家所用无异。陈嘉庚对子女管教很严，不让子女买豪华物品，不许享受优裕生活。他一生只看过一部电影，是在新加坡首都戏院看的，那是一部为筹赈灾义演的片子。

1929年世界性经济危机到来之后，陈嘉庚面临着前所未有的困境，经营亏损不下百万元，而他又坚持每月支付厦大和集美两校的经费，以致债台高筑。有人劝他停办集美和厦大，借以维持经营，但他坚决不肯。他说："两校如关门，自己误青年之罪小，影响社会之罪大。学校一经停闭，则恢复难望。"为了维持办学，他"宁要厦大、不要大厦"。不惜将新加坡经禧律42号大厦三幢的住宅向银行抵押借款，最后过户易主。在企业面临倒闭的困境中，他千方百计维持厦大的经费，当英国垄断资本集团强迫他停止提供集美学校和厦门大学的经费时，他愤然说："宁可企业收盘，绝不停办学校。"1934年，陈嘉庚股份有限公司终于在困难重重中收盘。企业失败了，"倾家兴校"的美名永存。借债办学，变卖私产办学，古今中外罕见，陈嘉庚爱国兴学的精神，感人肺腑！黄炎培说："发了财的人，而肯全拿出来的，只有陈先生。"

　　陈嘉庚股份有限公司收盘前后，社会上风传厦门大学和集美学校即将停办。为了平息谣言，陈嘉庚于 1934 年 7 月 16 日发表一则《陈嘉庚启事》，说明两校自可维持，绝不受公司收盘影响。为解决厦门大学办学经费困难，陈嘉庚亲自出面向华侨劝募经费。到了 1936 年，陈嘉庚处境更加困难，为了全力维持集美学校，他毅然决定将厦大捐献给国家。他在 5 月 17 日分别写信给福建省政府和南京国民政府教育部长王世杰，深深自责自己创办厦大是"虎头蛇尾，为义不终，抱憾无涯"。强调厦门大学是福建省仅有的一所大学，被全国各大学公认为海洋生物研究的中心，地位十分重要。自己因为经济原因不能发展，千思万想，别无他法，只有请政府收办，愿无条件将厦大产业奉送，不拘省立国立均可，所有董权取消。6 月 4 日，国民政府教育部电告陈嘉庚，批准将厦大改为国立大学，并拟定了在厦大设立咨询委员会，聘请陈嘉庚与林文庆为终身委员，设立"陈嘉庚奖学金"和"嘉庚讲座教授"等纪念陈嘉庚创办厦大。厦大虽献与国家，陈嘉庚仍十分关注厦大师生与学校的发展，在抗日的烽火中，依然弦歌不辍。

　　陈嘉庚是伟大的爱国主义者，他把一生献给爱国兴学，献给救亡大业，献给振兴中华，成为华侨的一代领袖和楷模，赢得了全国人民的尊敬。

包玉刚：浙江宁波人。"环球航运集团"创办人，世人公推的华人世界船王。1984 年捐资 5000 万元人民币创建宁波大学。捐资建造了北京兆龙饭店、上海交通大学包兆龙图书馆，设立包兆龙、包玉刚留学生奖学金等。

包玉刚（1918—1991）

宁波大学

二、包玉刚与宁波大学

改革开放初期的宁波百废待兴，要开放要建设，关键是人才，长期以来宁波人民梦寐以求的是在家乡兴办一所综合性大学。20 世纪 80 年代初，宁波市领导就决定筹建宁波大学，但因受办学经费等诸多条件限制而一波三折、难有进展。1984 年后，宁波相继被国家确定为沿海开放城市、计划单列城市，办大学一事，又一次被提上议事日程。散居外地的甬籍学者不约而同向三任特命全权大使秦加林提交了兴办宁波大学的建议。1984 年 10 月，正在杭州讲学的中国科技大学朱兆祥教授专程赶到宁波向市领导献计献策，并向卢绪章（原外贸部常务副部长、包玉刚先生表兄）提出了宁波大学建校方案。可是，在那个百废待兴的年代，全国各地、各行各业都亟待发展，想让国家拿出大笔钱，到宁波这样一座中等城市造起一座全新的大学，只是一种奢望。

1984 年 10 月，包玉刚阔别家乡 40 多年后又踏上故土。这次回乡，包玉刚是受邓小平同志关于"宁波帮"讲话所激励的。1984 年 8 月 1 日，邓小平在北戴河听取时任国务委员谷牧关于沿海开放城市和对外开放工作情况汇报时说："宁波有两个优势，一是宁波港，二是宁波帮。"[①] "海外宁波帮人数虽然不多，但能量很大。"[②] 提出"把全世界的'宁波帮'都动员起来建设宁波"。[③] 邓小平讲话的作用是巨大的，极大地激发了海外

---

① 郑黎：《邓小平与港城宁波的故事》，《瞭望新闻周刊》2008 年第 52 期。

② 同上。

③ 同上。

"宁波帮"支援家乡建设的热情。包玉刚 1949 年迁居香港后，内心深处无时不眷恋着家乡。首次回乡祭祖、探故访旧，家乡的一切他都备感亲切，包氏家谱的发现又使他作为北宋名臣包公第 29 代世孙荣光无比。"开发宁波，振兴中华"，造福桑梓的激情油然而起。"宁波的面积是香港的十倍。香港 550 万人口，有 4 所综合性大学，而宁波 500 万人中，没有一所大学。在全国向四化进军、宁波要改变面貌的今天，高等教育那么落后，怎么行呢"？包玉刚了解到近百年来宁波人为了创办大学经历了"三起三落"的曲折过程，发出此番感慨。

在目睹宁波改革开放的大好前景后，包玉刚备觉"兴办大学是一件基本需要而且急切的事情"，所以当他的表兄卢绪章交给他那份宁波大学建校方案时，正与他重教兴学之念一拍即合。"其实，一开始包玉刚是想在宁波建码头、建钢铁厂的"。宁波市甬港联谊会原会长卢良宝后来回忆，"宁波当时经济上很滞后，港口十分破落。包玉刚想建一个煤矿码头。听说上海正在筹建宝钢，他又积极活动，争取把钢铁厂造到宁波来。但是，因为国家冶金部没有这项计划，所以包玉刚把目光投向了公益事业"。1984 年 12 月 19 日，就在中英正式签订关于香港问题的联合声明的当天晚上，包玉刚捐资 2000 万美元折合 5000 万元人民币，在北京与宁波市人民政府耿典华市长签订了筹建宁波大学的正式协定。签字第二天，邓小平在人民大会堂福建厅接见包玉刚，包玉刚提出了在宁波办一所大学的设想，他说："宁波是我的故乡，我已经 40 多年没有回家乡了。我打算在宁波办一所大学，希望得到邓主席的支持。"邓小平非常高兴地说："这件事办得好，我赞成。"① 并欣然答应给宁波大学题写校名。此后邓小平十分关心宁波大学的建设，1985 年 1 月 4 日，邓小平又指示："办宁波大学的问题，包玉刚讲，大学归国家办，他出钱，这是件好事。我答应给宁波大学题写校名。你们应该督促有关方面把这件事办好。"② 1985 年 9 月 18 日，邓小平挥笔题写了"宁波大学"四个大字。26 日，邓小平题写的校名由时任副总理兼国家教育委员会主任李鹏交给宁波市委书记葛洪升带回宁波。

---

① 卢良宝：《包玉刚捐资创办宁波大学始末》，《东南商报》2008 年 7 月 4 日。

② 同上。

　　宁波大学的建校速度是一个奇迹。在中央领导的直接关怀、卢绪章等的积极推动和省市政府的大力支持下，1985年10月29日，占地1283亩的宁波大学的奠基典礼，在甬江之滨隆重举行。国务院代总理万里出席了宁波大学的奠基典礼，并在由他主持召开的关于加快宁波经济开发问题会议上，对宁波大学的办学方向和管理体制等问题发表了重要讲话。仅仅一年后，在北京大学、中国科技大学、复旦大学、浙江大学和杭州大学的大力支援下，宁波大学超越常规实现了"一年内动工兴建，第二年开始招生"的目标，这效率在全世界都是极为罕见的。1986年11月26日，宁波大学开学典礼隆重举行，万里又一次莅临宁波大学出席开学盛典。

　　从1985年10月到1989年10月，包玉刚曾先后五次走进宁波大学，关心学校的建设，看望教师和学生。他为学校日新月异的面貌感到欣慰，对朝气蓬勃的宁大学子怀有特别的感情，更对"把宁波大学办成高水准的综合性大学"充满信心。1987年10月3日，包玉刚一行70余人第三次来到宁波大学，满怀深情地向师生们发表讲话："真想不到一年的时间，宁波大学的面貌又有了新的改变。""宁大还有很长、很艰巨的路要走。让我们大家同心协力，一定要使这所大学打下良好的基础；不但在国内成为一所第一流大学，而且在国际上也成为一所有地位的闻名学府。"随后，包玉刚一行参观了中心实验室、图书馆期刊阅览室等。建校才一年，宁波大学的规模成倍扩大，新实验室不断增长完善。看着这一切，包玉刚连声称好，在3号教学楼，他一边同那里的教师们一一握手，一边十分谦虚地说："你们也是我的老师。"

　　1988年和1989年，包玉刚又两次莅校亲切看望师生。1989年10月27日，学校正在开运动会，他来到比赛现场，语重心长地说："宁波大学的学生，我是特别有感情的。看到同学们这样精神焕发，朝气蓬勃，我感到非常高兴。同学们要珍惜大好时光和良好的学习环境，刻苦学习，奋发向上，热爱祖国，热爱家乡，学好本领，将来更好地为国家建设出力，这是我的希望，也是海外侨胞和香港同胞的希望！"返港后，他立即捐资500万港元修建风雨操场和室内游泳池。1990年夏，在获悉《中国新闻》杂志以《中国高校中的"黑马"》为题，报道了宁波大学有关发展成绩后，他亲书"为国争光"赠给首届毕业生，勉励大家继续努力。1990年

10月，包玉刚先生两次致函时任宁大副校长的毛子泂，一是他捐资630万元人民币，用于兴建宁大图书馆；并且将风雨操场命名为"宁波大学体育中心"，还将他一生创业的经验结晶"持恒健身、勤俭建业"亲笔题写给学校。二是他明年春天会再来学校看望师生，并叮嘱对捐资兴建宁大图书馆之举作低调处理，切勿在报刊上宣扬。包玉刚殚精竭虑，时刻关注着家乡这所年轻大学的成长发展。他深知除了要争取宁波籍企业家与学者的关心支持外，"还要取得外国的合作"。经他牵线搭桥，英国南安普敦大学与宁波大学正式建立首个校际交流合作关系。为了加强宁波大学教师与国外的学术交流，培养学术梯队，他表示学校教师可向他任会长的中英友好奖学金包玉刚爵士基金会申请出国奖学金，由他直接推荐。他还一再强调学校教育"德育要加强，以德为先"。

从宁波大学建校一开始，包玉刚就提出"希望爱国爱乡而有能力的朋友鼎力协助，共襄此举"。并多次公开表示："办好宁波大学要靠大家，我只是带了个头"。呼吁其他"宁波帮"人士在宁波大学"也做个项目"。他衷心希望"宁波帮"人士鼎力相助，用各种方式为家乡的这所大学贡献力量。但是由于他在海内外的特殊地位和影响，许多海外"宁波帮"人士对于捐资宁大难免有着种种顾虑。

1991年9月23日，在商界与政界叱咤风云的世界船王，饮誉海内外的"宁波帮"代表人物、宁波大学名誉董事长包玉刚爵士，因疾病发作，在香港寓所不幸溘然去世，享年73岁。噩耗传来，举世震惊，宁波大学师生沉浸在无比的哀痛和缅怀之中，学校的发展也一度陷入困境。

长江后浪推前浪。1992年9月30日，宁波大学包玉刚图书馆、体育中心落成典礼和包玉刚铜像揭幕仪式隆重举行。包先生夫人黄秀英女士等一行，以及中央、省、市有关领导出席了盛典。江泽民总书记亲笔为包玉刚先生纪念厅题词："爱国爱乡，造福桑梓。"在典礼上，包玉刚先生的长女包陪庆女士满怀深情地讲了话。她说："今天我和三个妹妹跟随母亲到宁大参加这个盛典，亲眼看到了宁波大学欣欣向荣的面貌，感到特别兴奋。先父如果有知，也一定会万分开心的。"她还说："早出人才，多出人才，为祖国的开放、改革事业作出贡献，这原本是先父捐资创办宁波大学的最终目的。为此，对我们包家来说，宁波大学是有特殊意义的，她是先父生前致力于促进祖国教育事业的一个重要计划。作为包氏后人，我们一定会继承先父的遗志，协助宁大把学校办得更好。"为了继承先父遗志，加快宁波大学的建设，包玉刚先生的四个女儿捐资 500 万元人民币，用于建设宁波大学的 4 号教学楼和延续教职工的奖励津贴。同时，为了加强学校重点学科学术带头人、中青年骨干教师的培养，长女包陪庆女士在世界著名的加拿大麦吉尔（McGill）大学设立了专项奖学金，培养青年教师出国留学进修、攻读博士学位；并促成两校建立了校际合作交流关系。

　　1995 年，海内外"宁波帮"共建宁波大学终于出现了转机，包玉刚小学时期同窗、香港荣华纺织有限公司董事长赵安中先生给包陪庆打了一个电话："包先生去了，但事业还要继续，我想捐资宁大建个学校会堂，是否行？"这是宁大第一个由包氏家族以外人士捐资的建设专项。此后，赵先生和儿子赵亨龙、赵亨文又相继捐资助建了学校杏琴园公园和行政会议中心，扩建了小学和幼儿园，设立了杏琴园教育基金，实施了"荣华学者"奖励计划。又是赵安中先生的穿针引线，众多海外"宁波帮"人士共同支持宁大的新一页终于被揭开，宁波大学在经过几年的沉寂之后，终于迎来了海外"宁波帮"捐资兴学的第二个春天。从 1995 年开始，包玉书、包素菊、包丽泰、包从兴、邵逸夫、方逸华、李达三、叶耀珍、曹光彪、曹其镛、朱绣山、朱英龙、汤于翰、孙弘斐、范思舜、周鸣山、刘浩清、刘孔爱菊、黄庆苗、顾国华、顾建纲、魏绍相、叶杰全、叶中贤、姚祥兴、邹星缘、严信才、严玉德、王明康、金维明、江兴浩、应圣瑞、李景芬、李立峰、李亦君、李惠君、李立萃、杨大毅、章梓雄、周忠继、马临、杨良宜、Mitchell、王剑伟、陈廷骅、陈怡良、忻礼轼、邹星培、王惟翰、乐嘉衍、余德义、乌蔚庭、邵永普、郁为璋、毛葆庆、王雄夫、闻儒根、张菊英、许锡光、蒋祖荫、袁嗣良、张圣贤、郑孝慈、李名伦、李名信、陈英烈、周旺、胡冥轩、沈友梅、洪葵善、李克定、冯子石、钱锡璋、李名麟、王新仪、王成圣、小港李氏家族、台北市宁波同乡会、王宽诚教育基金会、香港幸福企业集团、邵氏基金会、香港旅港同乡会、香港苏浙沪同乡会、香港甬港联谊会、田家炳基金会纷纷向宁波大学捐资助学。

　　包玉刚先生之兄包玉书，虽然早年在内地工作时受到冲击，但他深知其弟包玉刚"非常希望通过振兴教育来振兴国家，通过兴办宁波大学来发展宁波、振兴家乡"，他在 1998 年就助建宁大 4 号教学楼。2001 年春，包玉书、包素菊、包丽泰兄妹又捐资 100 万美元助建宁波大学龙赛理科楼。2003 年 10 月，包玉书先生捐资 2200 万元人民币助建、总建筑面积 46000 平方米的宁波大学包玉书科学楼顺利竣工，与已建成的包玉刚教学楼群交相辉映、浑然一体，成为宁波大学的又一标志性建筑。这一位续写兴学故事一掷千万金的包玉刚胞兄，自己家中用的却依旧是旧沙发、旧空调、旧家什。自 1985 年至今，包玉刚先生与包氏家族先后十多次慷慨解囊逾亿元人民币，率先创办、大力建设宁波大学，给宁波大学的发展奠定了十分重要的基础。

一个众多海外"宁波帮"人士共同关心和支持宁波大学的新局面终于形成。一座座如雨后春笋般拔地而起的教学楼，真正形成了一道世界"宁波帮"帮宁波的灿烂风景线！据统计，从 1985 年至今，总共有 60 多位海外"宁波帮"人士捐资超过 4 亿元人民币，用于学校教学、科研和行政用房的建设，图书和教学仪器的购置，以及师资的培养和引进，为宁大高起点办学和不断深化校内的各项改革提供了重要支持，有力地促进了学校的建设和发展。

尤为可贵的是，热心捐建宁大的老一辈"宁波帮"特意地把其第二、三代推出来，希望一代代的"宁波帮"都能关心宁大，支持宁大。赵安中先生的三公子、毕业于美国芝加哥大学的赵亨文动情地回忆道："1995 年，宁波大学要聘请家父为学校荣誉顾问，他坚辞不受，就把我推了出来。1999 年，家父又以我的名义设立了'宁波大学杏琴园教育专款'，家父用心良苦，他是要我明白自己报效桑梓的责任。"在由曹光彪先生出资助建的宁波大学科技楼奠基典礼上，曹先生率子孙三代参加。他深情地说："这次我把全家祖孙三代人带来，就是希望他们不要忘记家乡，别忘了自己是宁波人，将来他们要比我更加爱国，更多为家乡出力。"

在老一辈"宁波帮"言传身教的熏陶下，第二、三代"宁波帮"正秉承父业茁壮成长。"宁波帮"帮宁波，犹如一座丰碑，耸立在甬江之畔！宁大莘莘学子将永远铭记发生在"宁波帮"与宁波大学之间这令人难忘，并仍在延续着的一页页历史。

三、李嘉诚与汕头大学

李嘉诚：1928年出生于广东潮州，现任长江实业集团有限公司董事局主席。1981年创立汕头大学，至今对大学的捐资已过33亿港元。1998年8月，教育部和李嘉诚基金会共同启动实施"长江学者奖励计划"。

李嘉诚（1928—　　）

汕头大学

　　潮汕文化历史悠久，兴学育才闻名于世。自近代以来，潮汕各地纷纷兴建新式学堂，一些名牌中学质量堪称国内一流，但唯独没有一所大学，凡有志深造者，皆负发省城、香港、厦门或远走京、沪等地，十分不便。从20世纪20年代起，创办一所大学之议迭起，著名学者张竞生、杜国庠在出任当地名牌中学校长时都曾力图将所在中学发展成为大学。20年代也有人在汕头孔教会内发起组织筹建潮州大学。大革命时期周恩来在粤东主政期间曾一再提议在潮汕创办一所大学，可惜因大革命的失败，周恩来的宏愿也未能实现。1947年，又有知名人士向海外发出了在汕头创办潮州大学的呼吁，并认真地做了筹备工作，遗憾的是，因战火又起，筹办大学一事再次夭折。这些早年的办学风雨，是李嘉诚创办汕头大学的历史铺垫。

李嘉诚出生于教书世家，他的父亲李云经与叔父李奕和都当过小学校长，培育了无数潮人子弟。他的岳父庄静庵则一生捐资办学，在家乡潮州创办了绵德小学和中学，几十年如一日支付绵德小学教育经费。李嘉诚对父辈执教的艰辛与崇高有着刻骨铭心的记忆，他自己也曾饱尝颠沛流离与失学之苦。11 岁那年，日寇铁蹄践踏了他的家乡，父亲携全家逃难到了香港。两年后，父亲因贫困而病逝于他乡。身为长子的李嘉诚毅然放弃学业，担负起照顾母亲、抚养弟妹的重担。少年时期就坚信"无声的中国总会有一天变成有声的中国"，立志"一定要为中国人争一口气"的李嘉诚，在中国的大门向世界敞开之时，秉承先人遗志，积一生奋斗之经验，从 1979 年起，在听说故乡又有兴办大学动议后便下定决心，即使倾一己之所有，也要促成此事。对此，他曾说过："我认为以今日祖国的状况，要使民族素质提高，国民生活改善，从而跻于康强之列，必须大力发展科技。但要使科技的水平提高，则首先要有良好的专业教育，造就大批学有所长的建国精英，分担各部门的实际工作。否则，空谈理想，高呼口号，终究于事无补。因此，我产生了在汕头创办一所高水准的大学的动机。"

1980 年 9 月，李嘉诚宣布捐资 3000 万港元创办汕头大学。在汕头大学破土动工之时，由于中英双方在香港问题的首轮谈判未达成协议，加上世界性的经济不景气，导致香港局势曾一度有所动荡，经济衰退，企业倒闭，造成了十余年来最困难的处境。就是在这种艰难情况下，李嘉诚表示"汕头大学的创办是为国为民的根本，比较我所从事之其他事业都更为重要，必须千方百计以破釜沉舟的精神，务必使之建成，这是我最大的心愿"。当时，破釜沉舟意味冒事业破产的风险。他曾指着办公大楼对国家教委的领导表示："我卖掉它，也要把汕大办起来！"

1980 年冬，李嘉诚亲自前往汕头勘测校址，认为桑浦山一带"是一个办学理想之地"。他从一图一纸、一草一木，以至选购仪器，延聘师资，都无不尽心尽力参与，表现了对教育事业的巨大热忱和坚韧不拔的创业精神。在李嘉诚矢志兴学精神的感召下，汕头大学全校教职员工克服重重困难，学校第一期建设工作于 1983 年 5 月开始，不久，便借用临时校舍，于同年秋季中文、法律、外语三个系开始招生，加上并入汕头大学的原汕头医专，当年共招收了本科生 264 人。

首期建设工程于 1986 年 4 月全面完工，一所结构严谨、气势磅礴、风格高雅、独具一格的汕头大学矗立在粤东大地上。学校总建筑面积为 10.4 万平方米，包括行政大楼、教学大楼、图书馆、大礼堂、学生食堂；两幢可住 1400 名学生的宿舍楼，8 座别墅式的教授楼和 12 幢教工宿舍楼等，所有建筑全部镶贴着玻璃马赛克，如果从市区高处西眺，青青的桑浦山下如同亭立着数对展翅欲飞的银凤，成为汕头特区一大人文景观。李嘉诚在学校举行的欢迎会上发表了热情洋溢的讲话，他说："中英协议签订及中英声明公布之后，香港社会安定，前途乐观，为国内早日实现四化创造了极为有利的条件。国家继续执行对内对外开放、搞活经济、坚持改革之国策，十亿神州，日益繁荣昌盛。因此，发展教育，培育人才这一根本措施的位置将日益重要。"他对汕头大学领导、师生员工代表第一次明确提出了汕大的奋斗目标："我们汕头大学，一定要办成为在全国乃至在东南亚的一流大学。"为了达到这一目标，李嘉诚在规划校园时首先提出学校的建筑、整体布局质量、外观上必须是世界一流的，必须符合有利于教学、科研之根本目的。为此，他利用商务旅行机会赴许多世界名牌大学实地考察，聘请了香港三家著名的设计所为学校绘制蓝图，从中挑选了一个最佳设计方案，该设计吸收了中西方高等学校的优点，因此，汕头大学的校舍因其整体密集、远近结合、分区布局、高架庭园、连廊相通的结构形式，而被誉为"全国高校建筑之花"。

随着校舍的建成，教学的设备也与日俱增。李嘉诚的捐赠数额也一加再加，迄 1993 年 2 月已逾 8.8 亿港元。他一再表示，他对汕大的支持是没有止境的。李嘉诚清楚地意识到，要使汕大办成一所高水平的重点大学，不徒然在巍峨校舍的外表，而在群才荟萃、淬砺奋发的实质。英明的领导、健全的组织、优秀的员工、和谐的合作，都与汕大成就的大小息息相关。他多次坦率指出，办好汕头大学的关键在于"有一个好的领导班子"。汕头大学尤其"需要一群有朝气、有向上心、肯以破釜沉舟之斗志献身于教育事业之领导班子"。他说，一个大学能否成功，能否办得有声有色，朝气蓬勃，取决于这个大学能否形成一个目标一致、大公无私、团结奋斗、勇于开拓的坚强领导核心。在李嘉诚看来，一个大学校长，关系到学校的声望及其在社会中的地位，不仅要有学术水平，更要有世界眼光与巨大的人格感召力。因此，他坚持选择校长要格外慎重。凡是有幸身居汕头大学校长要职者，他都殷殷期待"能把汕大校长之职，视为终身事业，与汕大前途结合一起，突破创新"。

李嘉诚尊重人才、爱护人才的佳话在汕头大学俯拾即是。对于如何严把"人才关"，他的经验：一是公开招聘；二是引入竞争机制。学校开办之初他就来信说："我收到许多要求来汕头大学工作的信，一律转到大学筹委会去，由大学当局定夺，不接受人事推荐，以符合唯才是用的要求。兴办大学的人才不能依哪个人的面子，弄不好那些既无才又无德的人都进来，岂不成了学校的累赘吗？"他一向主张打破乡土观念，只求对大学作出贡献，应不分籍贯，唯才是用，并以"长江"命名为例，说明其取义于"长江不择细流，故能浩荡万里"。他语重心长地指出："汕大日后能否成为一所优良大学，定需不分区域，延揽良才，合力同心，共同发展，成功方可在望。"

为了使全校教职员工敬业、乐业，李嘉诚于1988年1月捐赠港币1500万元，设立敬业金，每年拿出200万元以上用于奖励。他一再要求学校一定要拉开距离，重奖业绩突出者。1988年7月下旬，李嘉诚来汕大参加董事会议期间，亲自与校领导、教职工代表一起座谈"敬业金"的执行办法。在座谈会上他又一次强调："一所大学能否办得成功，人才是第一重要的。设立敬业金，就是旨在希望能聘请到国内最好的教师，鼓励教师和行政人员在教书育人上作出贡献，使他们付出的心血和劳动得到人们的欣赏和承认。"他接着说，"我个人是绝对做到唯才是用的，决不徇私、感情用事。希望汕大同仁们也都能做到这一点。"从1993年起，他再次捐赠巨款，要求学校进行全面的工资制度改革，他一再坚持距离拉开、鼓励实干的原则。他对"教授（皆）可以拿二千四，讲师（皆）可以拿一千五"的变相"大锅饭"十分不满。

李嘉诚深知在国内创办一所大学，各级领导的关心和社会的支持是非常重要的，尤其在法制尚不健全的时候，这种关心与支持往往是决定性的。为此，他多次专程走南闯北，向四面八方请求援助。1983年7月，李嘉诚在广州会见当时省委第一书记任仲夷和省长梁灵光时，提出"希望广东省领导能把汕头大学列为全省的重点项目来抓"。"希望给汕大调配强有力的领导人和教学力量"。他的要求得到省委领导的支持，从创办伊始，汕头大学就成为广东省历届党政主要负责人倍加关注的一项"教育工程"，这在国内还是不多见的。

李嘉诚在家乡捐建汕头大学，得到了邓小平的积极支持和高度评价。他与邓小平的第一次见面是在1986年6月20日上午，在庄严的人民大会堂，中共中央顾问委员会主任邓小平会见李嘉诚，邓小平对他近几年来为祖国作出的贡献表示感谢，对他强烈的爱国精神表示赞赏。这次会见，谈得最多的是李嘉诚捐资兴办汕头大学的事。而在此次会见之前的4月17日，李嘉诚已给邓小平写了一封信，希望邓小平能指示国家教委解决汕头大学的几个问题，给予汕头大学更大的开放性，能够在国内外招揽贤才；给予汕头大学更大的权限，成立汕头大学研究院，派遣研究生出国，学成回来后为汕头大学服务，使汕头大学学术研究能够早日达到国际水准。邓小平对李嘉诚说："我同意你更开放一些的观点，可以聘请外国教授来任教。"[1] 他还强调："汕头大学要办就办好，国家教委可以从全国调一批好的教师去，保证这个学校一开始就是高质量。"[2]

为解决汕大师资问题，原国家教委组织了中国人民大学、复旦大学、南京大学、南京工学院、厦门大学、中山大学、中山医科人学和华南工学院等8所院校以各自的优势专业对口支援汕头大学。在此基础上，又作出几项决定：委托全国一些著名院校为汕大代培研究生；选派一批青年教师出国进修；提供公费出国名额，为汕大培养师资；在国内和国外聘请一些名誉教授和客座教授，到汕大短期讲学和任教。

李嘉诚的办学目标十分明确具体，就是千方百计把汕头大学办成一所在国内外享有较高学术地位的名牌大学。他不赞成汕大教师去搞什么"第二职业"，也反对学校领导人花心思去抓所谓创收。他十分重视大学在促进当地社会的进步与繁荣中的重要作用。他所要求的"社会服务"必须是实实在在，与一所大学的地位、形象相适应的。

---

① 秦国柱：《李嘉诚与汕头大学》，《高等教育研究》1994年第2期。

② 同上。

他对汕大医学院针对潮汕地区鼻咽癌等肿瘤病高发区而展开的科研活动十分重视，医学院提出的设备，他买；医学院没有提出的，他在国外了解到的尖端设备，也主动购买。医学院先后建设了第一、第二附属医院和规模宏大的教学医院，并建立了以建筑园林式、管理开放式、环境家庭式、治疗综合式而闻名海内外的精神卫生中心。李嘉诚看得很远，在落成庆典上他指出："我认为汕头大学的设立，不是为了造就个人的成功，也不全在为了汕头地区的利益，而是属于整个中华民族的事业。我希望它的设立，能为国家的教育前途作出好的开始，将来还会有千千万万间培育人才的学府出现，使国家的文化科学生机蓬勃，民族的机运欣欣向荣！"

1993 年 10 月，李嘉诚到汕头大学参加第三届校董会第一次会议，他对全校师生员工发表了热情洋溢的讲话，他说："虽然目前有些制度还有不如人意的地方，但整体而言国家已步上了康庄大道。我们生于这个负有重大责任感的时代，这是一个机会，使我们能够共同肩负一个崇高的使命，为我们的大学，为发挥对潮汕地区和整个国家的影响而作出贡献。如果我们能够朝着目标好好地干下去，所得的快乐是任何物质不能代替的。"也正是在这次《汕头大学校董会章程》第一条中，增加了将汕大办成一所"高水平的改革开放实验大学，力争在 20 世纪内成为国家重点大学"的内容，这使得汕大校董会在新时期的宗旨更加明确。

李嘉诚矢志兴学的壮举，得到了党和国家领导人的高度赞扬。邓小平同志对他说："你对国家提供的帮助是扎实的。感谢你对国家的贡献。"江泽民同志在 1990 年元月会见他时也说："你办汕头大学，尽人皆知，为发展中国教育事业作出了贡献。"李嘉诚对汕头大学的关心，30 年来一如既往，有人曾问李嘉诚，对汕头大学支持到什么程度，李嘉诚直截了当地回答："超越生命的极限！"每一次重要的汕头大学之行，他都带着长子李泽矩一同参加各种活动，为的是教导儿子，将来要为支持教育尽心尽力。2008 年 11 月，广东省委书记汪洋会见李嘉诚。李嘉诚表示，将一如既往地支持国家和家乡教育事业，未来 8 年将再捐至少 20 亿港元建设汕头大学。时至 2010 年，李嘉诚对汕头大学的捐资已达 33 亿港元。汕头大学是近代继厦门大学之后由境外华人实业家积巨资建立的第二所综合性大学，李嘉诚也被赞誉为当代的陈嘉庚。

四、司徒辉与五邑大学

司徒辉：广东开平人。1949年在香港创办英辉修船厂有限公司；曾出任香港中华厂商联合会名誉会长及香港中华总商会常务会董，第七、八届全国政协委员及香港基本法咨委会委员；海外侨胞、港澳同胞响应筹建五邑大学委员会主任。

司徒辉（1918—1993）

五邑大学

1983年6月，广东省撤销行署建制，实行地级市管县的新体制，江门市从佛山市分出，管辖五邑（新会、台山、开平、恩平、鹤山）。当年9月5日至6日，五邑归侨侨眷代表大会在江门召开，应邀出席的港澳知名人士有司徒辉、朱灼云、欧阳瀚、吴炳昌、崔德祺等65人。旅港同胞叶汉先生发来贺信，建议江门创办一所大学以适应现代化建设的需要。会上港澳代表对叶汉先生创办大学的建议展开了热烈的讨论，一致表示赞同。司徒辉先生建议用侨代会的名义发出筹建大学的倡议书，得到代表们的衷心支持。9月6日大会通过了关于筹建江门华侨大学（后定为五邑大学）的倡议书。倡议书在司徒辉先生任理事长的香港四邑会所会讯中全文刊登并发往30多个国家和地区，引起广大海外华侨和港澳同胞的强烈反响，他们纷纷奔走相告，香港知名人士林文恩先生闻讯后首先捐款100万港元带头表示支持。

1984年1月7日，江门市政府给省政府呈送了"关于筹建五邑大学的请示"。1月22日，省政府作出"同意在江门市筹建五邑大学"的批复，"近期先办中文、经济、外语专业，以后逐步设置工、农科专业"。筹办五邑大学碰到的第一个问题是资金问题。办一所大学需要好几亿元，江门是新成立的地级市，财政底子薄，经济实力差，钱从何来？这确实给江门市领导出了难题。江门市领导采取先内后外的办法，首先动员市直干部和市内各界捐资办学。机关干部响应热烈，每人都自愿捐出不少于本人一个月工资额的款项，许多热心人闻讯都主动认捐。市政府把这些捐款，加上地方财政挤出的共400多万元作为启动资金，先行动工兴建五邑大学的教学主楼，接着便是发动华侨、港澳同胞捐款。1984年3月6日，五邑大学奠基典礼隆重举行，有300多名港澳乡亲、海外华侨和省内有关负责人及知名人士出席。

为了解决师资和经费问题，五邑市领导根据五邑侨乡的特点，决定采取"内外合力、共建大学"的方针。与港澳乡亲广泛交换意见后，市领导决定在香港成立"海外华侨、港澳同胞响应筹建五邑大学委员会"（简称响委会）。经过一段时间的酝酿和准备，1984年9月24日，"响委会"在香港成立，联络处就设在香港四邑会所。委员会由名誉顾问、顾问、主任委员、副主任委员、秘书长、常务委员、委员共148人组成。香港著名实业家司徒辉先生为主任委员，崔德祺先生等9人为副主任委员，发动及收集海外捐款。响委会成立后就出版刊物《快讯》报道五邑大学筹建进展情况，以鼓动广大海外乡亲支持创办五邑大学。1985年3月，"响委会"在《快讯》创刊号上发表《为响应筹建五邑大学告海外华侨及港澳同胞书》，司徒辉先生还专门撰写了《积极响应筹建五邑大学》的文章，号召海外乡亲发扬爱国爱乡、兴学育才的优良传统，齐心协力，集腋成裘，把五邑大学办好。自此，司徒辉先生便与五邑大学结下了不解之缘。

司徒辉原名司徒英辉，祖籍开平市赤坎镇中股乡人，1918年生于广州。父亲为香港颇有名望的造船业前辈司徒浩先生。司徒辉8岁移居香港，中学毕业后在九龙喇沙书院修读由英国海事工程学会主办的海事工程函授课程。1939年，21岁的司徒辉在其父亲的船厂香港宏德机器铁工厂有限公司帮忙，他边工作边学习造船专业知识。

凭着多年的修船经验及精心钻研技术，勤劳拼搏和讲究信誉的经营之道，他克服了初创阶段的重重困难，终于使英辉修船厂逐步发展壮大，并取得挪威一家大型船舶公司的信任，负责解决其远东一带技术问题。从此声誉更隆，遂成香港工业界的翘楚。司徒辉从实践中深刻体会到，创业艰难，但只要勤劳拼搏，事业就会发展，就会成功。司徒辉平易近人，工作中总是身先士卒，与工人同劳动同欢乐共患难，并视工人如亲人，常以兄弟相称，"辉哥"的称呼远近皆知，因而工人也乐于为他卖力。司徒辉很讲求信誉与质量，与同行业公平竞争，友好相处。他为人忠厚，讲实话，办实事，从不夸夸其谈，受到社会各界的爱戴，在香港工商界享有很高的声誉，是成功的企业家，知名的社会活动家。1979 年，大陆实行改革开放政策以后，广东珠江三角洲一带与香港的交往骤然频繁，司徒辉抓住机遇，以优惠的价格和良好的服务为江门开平肇庆等地建造双体客轮，使江门的银洲湖、明珠湖、开平的金山湖、肇庆的肇庆湖等客轮穿梭往返香港，在英辉修船厂史上写下了光辉的一页。为表彰司徒辉先生对开平经济建设所作出的巨大贡献，1990 年 3 月，开平市人民政府给他颁发了"振兴开平经济贡献奖"。

司徒辉有着自己的教育思想。1938 年秋，陶行知从海外回来，在香港创办了中华业余补习学校，当时还是中学生的司徒辉也参加了补习，这对他日后"振邦兴国，教育为先"思想的形成起到了决定性的作用。他曾撰文指出："古之中国，素重教化，尊师崇傅，乃成就文明礼义之邦。考教育之于现代，实富国富民之所赖，功效尤宏。日本明治维新，兴学为先，故有今日之富强。美国科技昌明，经济发达，其源盖出教育之兴盛。即以香港而论，迩年经济崛起，家饶户给，亦皆教育造就人才而有从致之。"先生还说："教育为众善之门，启民智、植群伦，十年树木，百年树人，功深且德溥。人，生而不能无教，无教则盲；学不能无师，无师则迷。"他的这些宏言德论，植根于他一贯爱国爱乡、尊师重教的思想之中。①

---

① 甄锦强：《情系桑梓，风范永存——忆司徒辉先生》，《五邑大学学报（社会科学版）》1994 年第 2 期。

　　司徒辉担任响委会主任委员之后全力以赴出钱出力、呕心沥血，几乎把后半生的全部身心都献给了五邑大学。他带头捐款支持筹建五邑大学，就在响委会成立后的第二天即 1984 年 9 月 25 日，五邑大学开办了一个工业经济管理干部专修班，在有 100 多位海外乡亲参加的开学典礼上，司徒辉在讲话中宣布捐资 100 万港元支持筹建五邑大学，受到大会的热烈赞扬，其带头作用十分可贵。在司徒辉的领导下，响委会自成立到 1990 年做了大量的工作，取得了很大的成绩，在五邑大学的创建过程中作出了重要贡献。响委会开头阶段的开支均由司徒辉一人负担，后来他带头捐款，其他副主任委员及一些成员也纷纷响应，首批就筹得十多万港元的日常经费。

　　为推进五邑大学的建设，司徒辉热情邀请江门市和五邑大学的领导赴港澳和国外大学进行考察，以开阔创办大学的思路，广交朋友增进交流。1985 年底，司徒辉资助并亲自陪同周天行名誉校长、叶家康校长等前往美国和加拿大，考察国外大学教育，并广泛宣传创办五邑大学为侨乡兴学育才的意义，受到海外乡亲们的热情接待和积极响应。1987 年 1 月 4 日至 14 日，通过司徒辉的引荐，响委会名誉顾问利国伟先生又邀请校长叶家康、副校长魏佑海等访港并参观考察香港大学、香港中文大学、香港理工学院、香港岭南学院、恒生商学院、黄克竞工业学院等。

　　五邑大学经过三年的建设，到 1987 年 5 月，可同时容纳 4000 学生上课的教学大楼正式落成。为扩大影响，动员更多的乡亲支持学校建设，司徒辉又撰文，向海内外同胞介绍了五邑大学建校三年所取得的成绩和"响委会"自成立以来所做的工作，并指出："建好并办好一所综合性的本科大学，是一件艰巨而光荣的大事。三年的成绩仅仅是一个良好的开端，要把五邑大学全面建成，真正办好，任重而道远，仍有赖于海内外乡亲的共同努力。"6 月 13 日，举行教学主楼及鹤山楼落成剪彩、伟伦建筑馆等多项工程奠基，司徒辉又在典礼上发表了感人肺腑的讲话，并号召海内外乡亲团结起来，加速学校的建设。

　　在"响委会"和五邑市及五邑大学领导的共同努力下，港澳乡亲积极出钱出力，支持五邑大学建设。到 1990 年，海外乡亲们的捐款累计达到 4000 多万港元，捐建项目 8 个，使五邑大学粗具规模。1990 年以后，捐款支持五邑大学的人数更多、金额更大，累计到 1998 年初，海外捐款已达 1.8 亿港元。至 2008 年，海外华侨、港澳乡亲为五邑大学捐款捐物近 3 亿元。经过陆续扩建，五邑大学已成为江门五邑地区有史以来第一所侨助公办、颇具规模的高等院校。五邑大学的建立，不仅为侨乡培养了大批人才，而且还成为团结海外同胞的一面旗帜。

五邑大学建校期间，司徒辉经常到校考察。有时是自己来，有时是专程陪贵宾来，如专程陪同利铭泽夫人利黄瑶碧女士。有时是带团来，如带中华厂商会考察团。1989 年 1 月，司徒辉带团回乡，顺道前来参观五邑大学，目睹学校日新月异的变化及广大教职工辛勤育人的情景，很为感动。决定捐款 10 万港元作为奖教基金，这是五邑大学接受旅外乡亲捐赠的第一笔奖励基金。

为了推动学校更好的发展，五邑大学的领导们提出筹建五邑大学海外基金会，用其利息添置仪器设备和进行学术交流等，司徒辉闻讯十分赞成，并说："此议若能得到海外乡亲、港澳同胞及'响委会'各位同仁的附议与支持，我等幸甚！五邑大学幸甚！乡人学子幸甚！让我们共同努力，为促成五邑大学海外基金会的成立，为五邑大学的进一步发展作出新的贡献。"1992 年 7 月 8 日，在利国伟、司徒辉及吕志和等先生的推动下，"五邑大学海外基金有限公司"在香港正式登记为合法团体并很快筹到了基金合计 2207 万港元。1992 年开始，司徒辉因病多次在香港、广州住院，先后动了五次手术，病情日益严重，他知道自己将不久于人世，在弥留之际仍念念不忘五邑大学的建设与发展。

司徒辉是坚定的爱国者，不论顺境还是逆境，他都与祖国人民同呼吸共命运，希望国家富强、政局稳定、人民富足。他历任中国人民政治协商会议第五、六、七、八届委员，广东省第五届人民代表大会代表，中华全国工商业联合会常务委员，中华全国归国华侨联合会委员等职。他曾说："从自己当了第五届全国政协委员以来，耳濡目染，深感教育是现代富国富民之所赖，所以每次参加全国政协会议，我都建议当局重视教育造就人才。"在香港，司徒辉并不算很富有，但十多年来，他为支持祖国和家乡的经济建设与教育事业，捐资数百万港元，其精神实属可嘉！

司徒辉热爱香港，支持香港回归，为香港的繁荣和平稳过渡不遗余力。他历任香港中华厂商联合会会长、香港中华总商会常务会董事、香港贸易发展局理事、香港日本经济促进委员会委员、香港美国贸易促进会委员、香港基本法咨询委员会委员、香港四邑会所理事长和监事长、香港开平同乡会会长等职。

1993 年 10 月 5 日，司徒辉在广州逝世，享年 75 岁。作为五邑大学的创建人之一，他为五邑大学的筹建和发展，作出了卓越的贡献，他情在祖国、心系故园、尊师重教、平易近人、助人为乐的崇高品德将永垂五邑大地，并铭刻在五邑大学师生的心中！

五、吴庆星与仰恩大学

吴庆星：1935 年出生于缅甸，祖籍福建省泉州市马甲镇。爱国华侨，曾被誉为"东南亚饲料大王"。1988 年创办仰恩大学，担任仰恩基金会理事长，香港和昌集团董事会主席。

吴庆星（1935—2005）

在距泉州市区 34 公里的洛江区马甲镇霞井侨村，一幢幢依山面水、高低错落、色彩鲜明、雄伟壮观而又优雅别致的建筑楼群，屹立在双髻山麓、仰恩湖畔，这就是由爱国华侨吴庆星投入巨资创办的高等学府——仰恩大学。

吴庆星 1935 年出生于缅甸，祖籍泉州市洛江区马甲镇霞井侨村山边自然村人，父亲吴善仰，母亲杜恩都是缅甸老华侨。他自幼受到其父母的熏陶，虽旅居国外，始终"记住自己的中国根、中国心"。1941 年太平洋战争爆发，日本南侵缅甸后，吴庆星由其父母带回国，抗日战争胜利后，又随父母重返缅甸居仰光市郊的沃降埠。吴庆星自幼刻苦勤奋，钻研好

仰恩大学

学，后来从事经营饲料和粮食生意，经过几十年的奋斗，他所创办经营的和昌跨国集团在美国、泰国和中国香港等 8 个国家和地区设有分支机构，被誉为"东南亚饲料大王"。

20 世纪 80 年代初，吴庆星年迈的双亲回国省亲。到家乡后，两位老人目睹了家乡的一切。家乡依然是那么贫穷、落后，老人心情非常沉重，思绪万千，联想到海外华侨之所以能取得今天的成就富裕起来，靠的是自己建学校，办教育，培养出一代代有知识有文化的人才。因此，要改变家乡面貌，使家乡富裕起来，一定要办教育。

回缅甸后，老人把自己的想法告诉儿子吴庆星："一定要在家乡办所学校，帮乡亲们治治穷根。"1983 年，年逾八旬的吴善仰老先生带着为家乡创办事业的设想，再次只身回到家乡，决定捐资 30 万元人民币创办一所侨办小学，以解决学龄儿童入学难问题，同时把这一方案托付马甲镇侨联，负责筹办和实施；吴老先生返回缅甸不久，因病医治无效于 1984 年冬病逝于仰光，临终前再三嘱咐他的儿子"要回故乡把学校办起来，要帮助家乡治穷"。

为了实现父母的遗愿，1986 年 5 月，吴庆星放下了繁忙的商务活动，带着父亲的临终嘱咐，辗转回到故乡，他连续多天不辞劳累沿着崎岖的山间小道，翻山越岭，一次又一次地踏遍霞井侨村的山山水水进行实地勘察。他登上社仔山头、遥望四周，亲眼看到这里左有泉州胜景之一的双髻名山，右有水域面积达 400 公顷的山间平湖——乌潭水库，前有川流不息的山溪流水，后有高山峻岭、五代时期的古战场遗址和泉州刺史留从效建的千年古庙、梅桐岭玉泉康济院等；万罗公路从霞井贯穿而过，地域辽阔、山清水秀、环境幽静、交通便捷，是个创办学校、培育人才、发展经济、为社会创造财富的好地方。

经过走访和踏勘之后，吴庆星回到下榻的泉州华侨大厦，他独个凝神思索后认为：农民穷，要通过兴学育才，提高人们的素质和文化水平；家乡穷，要通过投资开发，引进高新科技项目，改变传统观念。他又问了自己：只捐数十万元盖所小学能治穷吗？念完小学还有中学，真正出人才在于高等院校。吴庆星从家乡想到了全国，从创办小学想到了创办大学，从捐资办学想到了独资办学，从教育投入想到了办学方向，从学生入学想到师资队伍，甚至从办学的效益想到养学的路子。吴庆星理清了思路后，毅然改变了建小学的计划，继而又打消了办中专的设想，果敢地决定要在这山沟里创办一个集教育、科研、生产于一体的高等院校，首先是着重发展动物科学、养殖科学和生物工程等学科，为国家建设培养人才。

吴庆星在家乡兴办教育、造福桑梓的爱国义举深得家乡父老乡亲的赞誉和支持，泉州市政府和马甲镇政府也先后抽调得力干部协助进行土地征用、工程规划和现场管理。按照吴庆星的意向，以其父母名字中各取一字定名为仰恩系列工程的规划设计蓝图出台了。经过一番筹划，仰恩系列工程的首期主体工程、占地 600 多亩的高等学府于 1987 年 2 月破土动工。为了搞好仰恩系列工程的建设，吴庆星决定把在海外各地大部分商务活动交其儿女们具体负责，以便让自己有更多的时间和精力在家乡办好新的事业，决心把精心描绘的宏伟蓝图尽快地变成现实。为此，从工程的筹划开始，吴庆星就经常蹲在山沟里，夜以继日，全神贯注，为创办这一事业呕心沥血。吴庆星的助手翁慧华回忆当年创业的情景时说："当时，我们住在泉州华侨大厦，每天天不亮就起来，在几十里坎坷曲折的乡间公路颠簸一个多小时。一下车，老吴就精神抖擞地干起来，一直干到夕阳西下。有时回到华侨大厦已是深夜，连晚饭都没有地方吃，于是就泡方便面充饥。"

为了保证学校在 1988 年 9 月能如期开学上课，整个建设工程，包括教室、实验室、图书馆、礼堂、办公楼、教工宿舍楼、学生宿舍楼等只用了 19 个月，就全部竣工，并交付使用。同时，吴庆星还不惜出巨资修了仰恩街，造了两座仰恩桥，完善了环境配套设施的建设。五年的建校工程，吴庆星仅用一年半便完成了。1988 年 8 月，仰恩大学主体工程建成，创造了令人钦佩的仰恩速度。可是，吴庆星的满头黑发，全都熬白了。如今，一幢幢依山面水、高低错落、鳞次栉比、雄伟壮观而又优雅别致的高大建筑楼群雄伟地屹立在双髻山麓、仰恩湖畔，包括教学、科研、办公、图书、多功能的大礼堂、仰恩基金会、师生宿舍、银行、邮电、自选商场和体育场以及各种生活设施，一应俱全。一所集教学、科研、生产于一体的新型高等学府已粗具规模。

仰恩大学提出了"学会做人，守信笃行，学会做事，创业有成"的校训，代表了吴庆星的办学思想。吴庆星说："仰恩大学必须始终不渝地把教导学生学会做人放在首位。要使学生成才，首先要教他们学会做人。学会做人，尊师守纪，刻苦勤奋是仰恩大学对每个学生的基本要求。"在学校管理制度方面，仰恩大学实行学生自治，老师辅导，尽量发挥学生的主动性。同时，吴庆星绝不允许学校周围的村镇里经营游戏机室、卡拉OK 厅和任何会影响学生学习的场所。他明确指定校外商店不准向学生出售烟酒和不健康书籍，不准出租房屋给学生住；规定学生在校期间不准谈恋爱、不准吸烟、不准饮酒、不准打架斗殴，严禁学生拉帮结派，校内校外双管齐下，严格管理。

作为一名海外华侨，吴庆星的爱国之情极为浓厚。他认为，唱国歌、升五星红旗就是学生钟情祖国的最好表达方式。1988 年 10 月 22日，当仰恩大学迎来第一批学子时，吴庆星便给全校师生定下规矩：所有在校师生每天清晨都必须参加升国旗、唱国歌仪式。这个规矩一直延续到今天。面对仰恩师生，吴庆星动情地说："国旗、国歌，象征的是祖国，是母亲。在东方和西方的许多国家，从嫂妪到童子，都知道热爱自己的国旗、国歌，这是爱国主义的起码要求。在我们祖国的土地上曾经飘扬过太阳旗、星条旗、米字旗……为了五星红旗的升起，我们付出了多少血的代价。我们国歌《义勇军进行曲》融会了几代中国人的呐喊！中华民族曾经经历过多少次最危险的时候，又有多少仁人志士发出过无数次最后的吼声，才使我们多灾多难的祖国最终没有亡国灭种！"吴庆星那带浓重闽南乡音的殷切话语，如春雷一般激荡在仰恩学子的心间。仰恩大学设有自己的国旗班，每年举行新老交接仪式。国旗班设班委、组长，学校还为退役旗手颁发荣誉证书。在仰恩大学，除假期和大雨天外，天天分区举行升国旗唱国歌仪式，重大节日全校集中进行。

　　仰恩大学在吴庆星的倡导下，每年国庆节全校师生都坚持放假不离校，学校积极组织学生主动参加各种丰富多彩的庆典活动。同时，学校作为当地的文化教育中心，还带动周边老百姓同欢共庆，家家挂国旗、户户结灯彩、处处庆国庆。学校还组织大型文艺节目，下乡巡回演出，让更多的同胞感受到爱国主义熏陶。这种与民同乐的创举，已成为仰恩大学光荣而自豪的优良传统，受到了社会各界人士的普遍赞扬。吴庆星直言不讳地说，现在的年轻学生热衷庆祝外国人的圣诞节，淡薄了自己的传统节日。如果学校国庆节放假，五一、五四放假，春节也放假，如果学校再不组织学生参与活动，怎么能提高学生的爱国主义思想。学校为了让学生不断了解祖国的传统文化和传统精神，了解中华民族的心理、气质、习俗、崇尚，并接受其陶冶，进而化作民族的自信力和自豪感，规定每年正月十五前就开学，学校组织师生员工欢度元宵节，补过中国新年。大家边吃元宵，边看演出；放焰火，赏灯景，共同品味着中华民族深厚的传统文化底蕴。

　　仰恩大学从严治校，从严管理，从严施教，将现代化知识教育和爱国主义教育结合起来的办学原则结出了丰硕的果实，2001 年 8 月，中国侨联隆重授予仰恩大学"中国侨联爱国主义教育基地"的光荣称号，这就是对仰恩大学爱国主义教育的肯定和褒扬。吴庆星创办的仰恩大学也受到原国家教委、国务院侨办多次表彰；1998 年该校被原国家教委确定为国家教育改革试点和高校教材改革试点高校。吴庆星先后受到江泽民、朱镕基、李岚清等国家领导人的亲切接见。1992 年秋，时任国务院副总理的朱镕基在贾庆林同志陪同下视察仰恩大学，对于华侨办高校的方向给予充分肯定，对吴庆星两代人爱国爱乡之义举给予高度评价。

　　1994 年 7 月，经国务院同意，原国家教委批准仰恩大学作为全国教育体制改革试点的私立大学，由仰恩基金会独立办学，赋予仰恩大学全方位的办学自主权。私立仰恩大学也成为泉州侨乡唯一、福建省继陈嘉庚先生之后又一所侨办私立大学。1998 年,在厦门召开的全国民办高校校长会议上,仰恩大学以"投资规模最大"、"唯一有学士学位授予权的民办高校"名列全国民办高校之首。

第三节　为侨创建的大学

在侨资性大学中，暨南大学、华侨大学这两所学校是国家"为侨创建"的大学。"暨南大学者，政府特为侨居海外之侨民子弟归国求学而设者也。创办于20世纪初叶的暨南大学，是我国最早建立的高等学校之一，也是我国第一所招收海外学生的大学和我国政府创办的第一所华侨学校"[①]。华侨大学是1960年在周恩来总理的直接关怀下，国家为方便海外华侨华人回国求学在福建侨乡创办的一所综合性大学。暨南大学和华侨大学现都直属国务院侨办领导，两校都以"面向海外、面向港澳台"为办学方针，坚持"为侨服务、传播中华文化"的办学宗旨，是国家面向海外开展华文教育的主要基地。

一、百年侨校——暨南大学

2006年11月，"华侨最高学府"暨南大学迎来了她的百年庆典。悠悠百年，暨南的经历可比沧海桑田。百年间，暨南大学三落三起，五次迁址，历经南京—上海—建阳—上海—广州多个时期，发展历程，可谓筚路

---

① 夏泉、卢健民：《"华侨最高学府"暨南大学的历史变迁与现状》，《高等教育研究》2002年第3期。

暨南大学老校门

蓝缕，披荆斩棘。

　　清初，为防止倭寇和来自海上的反清力量，厉行海禁。鸦片战争后，海禁大开，出国华人人数剧增。19 世纪末，中国驻外使节目睹华人海外遭遇后，强烈要求清政府切实保护侨民利益。于是清政府调整侨务政策，华侨子弟的教育问题摆到了一个突出位置。

　　百年暨大的薪火是由当时的两江总督端方点燃的，作为暨南大学的创办人、中国近代华侨教育的拓荒者，端方在暨南大学的校史乃至中国教育史上是一个不可或缺的坐标。《清史稿》："端方（1861—1911），字午桥，托忒克氏，满洲正白旗人。由荫生中举人，入赀为员外郎，迁郎中。"清末郑孝胥在评论时人说："岑春煊不学（学问）无术（权术），张之洞有学无术，袁世凯不学有术，端方有学有术。"作为晚清一位思想开明的封疆大吏，端方对于教育有着清醒的认识和明确的目的，他对于教育的重视和实践，也对中国的近代化进程和近代教育的发展起到不可估量的作用。

　　1906 年，清政府派载泽、戴鸿慈、端方等五大臣出洋（欧、美、日）考察宪政，为立宪做准备。端方在出洋考察期间，切身感受到了海外华侨的爱国热情和举办华侨教育的急迫性，回国后向清政府上奏要专为华侨子弟设立学校。出于"宏教泽"、"系侨情"和"弭隐患"的考虑，清政府准许了端方的请求。经过筹备，1906 年底暨南学堂在六朝古都南京的薛家巷诞生了。考虑到学生主要来自南洋，遂引用《尚书·禹贡》"东渐于海，西被于流沙，朔南暨，声教讫于四海"中"朔南暨"给学堂取名"暨南"，"声教讫于四海"，亦即将中华民族的优秀文化远播于五洲四海。

在晚清的封疆大吏中，很少有人像端方那样重视教育的近代化，端方地方总督的身份也给了他更多改变现实的机会。在任职鄂、苏、湘等省期间，端方"锐意新政，所至以兴学为急。在湘遣出洋游学学生尤众，宾礼耆硕，调和新旧，湘人士多颂之"。光绪三十四年（1908）正月初九，端方在《为设居筹办江南地方自治折》上说："上年降旨宣布宪政，顾议院言论之得失，全视议员程度之高下……非教育普及则民智何由启发？"正是带着开启民智的信念，端方积极谏停科举、广建新式学堂、派遣留学生。作为百年来中国华侨教育标志性产物的暨南学堂正是端方心血之一。

1907 年 3 月，首批侨生抵达上海，同年 3 月 23 日，暨南学堂正式开学。端方委派温秉忠为学堂总理，郑洪年为庶务长。考虑到侨生"初回内地，语言骤难合一"，端方为他们"延订教习，分科教授，派员管理"，强化训练国文及各项基础学科的教育。学堂开设了十门课程：修身、国文、经学、算术、英文、图画、历史、地理、乐歌、体操，既重点讲授中华民族的传统文化，也学习外国文化科学知识。暨南学堂创办之后，端方一直关心学堂的成长与发展。为了因材施教，光绪三十四年（1908）四月，端方上书朝廷将补习性质的暨南学堂改为中学，并附设高等小学。针对早期暨南学子大多只有十三四岁的状况，在对侨生的生活关怀备至的同时，端方在德育教育方面一直严格管理，目的是为了培养学生的综合素质，塑造良好的教学风范。

暨南学堂在南京的创办，在海外华侨中产生了积极的影响，发展非常快，规模一再扩大，以至于后来只能将学堂定额为 500 人。"爪哇一埠风声传播，不独业经来校各家属欢欣鼓舞，凡附近各埠亦闻风而起，均愿选取练习中语合格之学生送宁就学"。学堂逐步趋于正规化，教学颇有成效。桃李不言，下自成蹊，华侨学生回国求学运动，在南洋诸岛热烈展开。然而动荡的国内政治形势打断了暨南学堂的发展。1911 年辛亥革命后，师生星散，学堂停办。

由于暨南学堂停办，归国侨生只得分散在上海、北京、福建等地求学。随着归国侨生的增多，分散就学的缺点日益突出，这促使人们关注暨南学堂的复办。经过黄炎培等人的积极努力，1918 年 3 月 1 日，暨南学校补习科正式开课，中辍六年之久的暨南事业重新开始，并正式更名为"国立暨南学校"，相比最初的暨南学堂，此时的办学思想更为开明和实际。学校不仅传授文化科学知识，而且着力培养思想品德。1921年，国立暨南学校和东南大学在上海合办了国内第一所商科大学——国立上海商科大学。1923年，独自在上海真如创办商科大学部，定名为国立暨南商科大学。1927年教育部批准将暨南学校改组、升格为暨南大学。暨南吸引了大量的名师硕儒前来执教。世界各地的华侨子弟和国内英才，纷纷前来就学，暨南大学成为当时建立较早的少数著名的国立大学之一。

1937年"八一三"淞沪战事发生，暨南大学真如校区地处战区，在战火中被夷为瓦砾场。学校奉令迁入上海公共租界继续办学，时间长达四年多之久。为了到更安全的地方办学，曾拟将暨大迁到南昌、昆明等地，因战局骤变而被迫中止。1941年12月8日日军攻入租界，学校在上海"孤岛"上完最后一课，即组织师生南迁福建建阳。建阳虽地理位置偏僻，但学校崇尚开明办学、自由研究，以及何炳松校长的学者风度，吸引了许多著名学者到暨大任教。尽管战时环境恶劣，办学条件艰苦，但暨大教学制度健全，教学管理严格，学生的学习热情高涨，成立不久的东南联大此时也并入暨大。

1945年抗战胜利，因上海真如校舍已化为灰烬，国民政府计划将暨南大学永久校址定在南京，暨大返沪仅为暂时之计。1946年6月，暨南大学返沪之后，经过各方努力已成为一所学科设置较为齐全的综合性大学，然受内战影响，经费有限，永久校舍经年无着，所遭受之困难，远非他校可比。加之政局动荡，风潮迭起，办学环境每况愈下。1949年5月，上海解放，6月军管会接管了暨大。8月20日，军管会令暨大合并于复旦大学等院校，并对暨大复课作出了安排。校务委员会从1950年秋季起着手拟订侨教计划和新暨大的复课准备。1950年12月，华东教育部饬令暨大从速拟订迁校南京计划。嗣后因种种原因，迁校之举胎死腹中。1951年3月，教育部在北京召开暨南大学处理问题座谈会，与会者共同议决了暨南大学处理方案草案。6月4日，教育部正式宣布暨南大学暂时停办。

20世纪50年代中期，恢复暨南大学的条件已经基本具备。"在广东这样一个接近港澳、海外华侨众多的地方，把暨南大学在广州复办起来，对团结港澳同胞和海外侨胞，培育他们的后代，有深远的影响和作用"。1958年2月22日暨南大学筹备委员会正式成立，在做了大量艰苦细致的筹备工作后，终于使暨南大学于9月24日正式开学，陶铸任校长。重建后的暨南大学，是一所直属广东省领导的，以工科为主、兼顾文科的大学。招生对象主要是海外华侨子弟和港澳同胞子弟。经过不到 10 年时间的努力，暨南大学已经发展成为一所粗具规模的文理科综合性大学。1966年"文革"开始，暨南大学也陷于一片混乱，这所华侨高等学府从 1966年至 1977 年停止招生长达 12 年，这也是暨南大学校史上的第三次停办。1978 年春，中央决定恢复暨南大学。在各方面的大力支持和教职员工的共同努力下，经过半年时间的筹备，暨南大学于当年 10 月 16 日招生开学。全国人大常委会委员长叶剑英元帅亲笔为暨南大学题写校名，从精神上给了暨南大学莫大的鼓励。复办后的暨南大学是一所文、理、医多科性综合大学，"以招收海外华侨、港澳同胞和台湾籍青年学生为主，同时也要招收少部分国内的学生（以国内的归侨和侨眷的子女为主）"。从此，暨南大学进入了发展的新时期。

暨南人追求光明、科学、民主、进步和自由，其爱国情结在百年校史中也比比皆是、感人至深，是"暨南精神"的生动体现之一，也是暨南宝贵的精神财富。早在南洋时期，侨校海外学子就受到了革命的熏陶。随着革命的深入，暨南学子纷纷响应，剪掉长辫，脱掉长袍。到 1910 年秋天，整个暨南学堂的学生大都将自己的发辫剪掉。武昌起义爆发后，有些同学加入新军甚至直接去武昌投入黄兴领导的革命军，上前线奋勇杀敌。

"孤岛"时期办学四年有余，学校虽处在日伪势力的四面包围之中，但暨大师生坚持民族气节，绝不向日伪低头。汪伪"国民政府"在南京宣告成立时，上海伪政府通知各校停课举行庆祝。暨南师生群情激愤，坚决反对停课，要求学校抵制汪伪的决定。何炳松校长在校内会议上表明态度：汉曹不两立，忠奸不并存。因此，会议一致通过进行抵制，不予理睬。上完最后一课后关闭学校，以示坚决不做日伪统治下的顺民。郑振铎教授在《蛰居散记》一书中生动而真实地描述了暨大师生悲壮的"最后一课"。这天早上（指 1941 年 12 月 8 日）学校负责人立即举行会议，会议简短而悲壮，作出决定："当看到一个日本兵或一面日本旗经过校门时，立即停课，将这大门关闭。"校长含泪向教师们宣布后，大家分头准备上课。学校依旧摇铃上课，学生们来上课的人很多，教师们向学生宣布了学校的决定和步骤，学生们脸上呈现着坚毅的神色，坐得挺直，但没有一句话。教师们站在讲台上为学生们讲授"最后一课"。上午 10 点 30

分，临街窗外终于响起车轮碾地的沉重声音，由远及近，越来越响。几辆载着日本兵的军用车，驶过校门，由东向西，当头一面白底旭日旗在寒风中飘过。教师们立刻挺直身子，合上书本，以悲壮的语调宣布："现在下课!"学生们一致站立起来，默默地不说一句话，有几个女生在低着头啜泣着。

建阳时期的暨南大学被誉为"爱国救亡的民主堡垒"。何炳松校长是"抗日战争时期最富民族气节的民主治校的教育家"，他坚持"抗日第一，团结至上"，教育师生发扬爱国主义精神、团结御侮。在他的倡导下，暨大教师也以学术救国，以手中的笔作为投枪，写出了一批有影响的作品，为整个民族解放战争贡献了自己的力量。暨大的学生党员则团结周围同学，宣传学习马克思主义理论，联系培养进步学生。1944 年日寇做垂死挣扎，企图打开大陆交通线，国民政府提出了"一寸土地一寸血，十万青年十万军"的口号，号召大中学生志愿从军抗日组建远征军。暨大学生报名踊跃，"一时蔚成风气，情形之热烈，实开东南学生从军卫国之先风"。

1946 年"圣诞节"之夜发生的"沈崇事件"成了抗议美军暴行的导火线。暨大获悉消息后立刻奋起抗议，并派学生代表参加了"上海市学生抗议驻华美军暴行联合会"，共同领导全市学生进行反美抗暴运动。1947 年元旦，暨大和交大、同济、复旦等校学生 1 万多人举行了抗议美军暴行的大游行。"美国兵，滚出去!"的口号响彻云霄。继"抗暴"运动后，暨大爱国学生又投入到一场更大规模的"反饥饿、反内战、反迫害"运动中。1947 年 5 月 18 日上午，上海各校学生云集暨大欢送进京请愿代表团并举行"反内战、反饥饿、反迫害"大游行，暨大学生排在最前列。5 月 20 日沪宁杭学生汇集南京向当局请愿，遭到国民党军警的残酷镇压，酿成"五二〇"血案。由于暨大学生一直站在斗争的最前列，成了被镇压的重点，军警闯进暨大校园逮捕学生 60 多人。直到 6 月，波澜壮阔的"红五月"学生运动才结束，暨大由此赢得了"东南民主堡垒"的美誉。

暨南大学是中国第一所由国家创办的华侨学府，是目前全国境外生最多的大学，1996 年进入国家"211"工程重点建设行列，现直属国务院侨务办公室领导。由于"宏教泽而系侨情"的办学初衷，很多学子来源于海外各地，尤以南洋居多，因此暨大很早就开始了南洋和海外华侨的研究。1927 年成立暨南大学南洋文化教育事业部，其主要任务是：指导南洋华侨的一切改进事宜及南洋各种问题的讨论；宣传中华文化；谋与其他民族互相亲善；谋教育上的联络，指导华侨子弟回国读书；调查南洋一切状况；编审关于南洋的书籍、刊物及教材；办理本国于南洋的各种宣传事宜。这在当时属首创，可谓开风气之先。由于工作有很大发展，研究对象由南洋扩展到美洲，1930 年更名为"南洋美洲文化事业部"。1927 年创刊的《南洋研究》是我国出版时间最长的研究南洋问题的学术性刊物。《南洋情报》是《南洋研究》的姐妹刊物，后改名为《中南情报》，增加国内消息，以满足侨胞之需要。编纂的《南洋丛书》（后改名为《海外丛书》），出版 40 余种，沟通了中国与海外的文化，提高了华侨在海内外的地位。华侨华人研究所成立于 1981 年，是国内第一家研究华侨华人问题的专业学术机构，肩负着建成国内华侨华人问题的科学研究、人才培养、学术交流、咨询服务和信息资料中心的艰巨任务。

暨南大学复办后，对华侨、港澳青年学生实行"来去自由"的政策，他们毕业后回到原居住地区就业。为更好地贯彻这一政策，按照新的情况、新的特点办好学校，无论在专业、课程、教学内容、教学方法，还是思想品德教育、生活管理、文体设施等方面，都采取了相应的措施，使得暨大的华侨教育取得丰硕的成果。1993 年创办的华文学院长期以来致力于华文教育和对外汉语教学，是暨南大学面向港澳台地区和海外开展华文教育、对外汉语教学及预科教育的专门学院。暨大国际化、现代化、综合化特色明显，坚持"面向海外，面向港澳"办学方针，实施"侨校＋名校"发展战略。它吸引着海内外学子纷至沓来，仅改革开放 20 多年来，学校就向海外及港澳台输送优秀毕业生 2 万多人。2006 年在校学生有 3 万余人，其中海外及港澳台学生达 10270 人，他们来自全球五大洲 77 个国家和地区，高居全国高校之首；来自境外的研究生 868 人，占全国高校华侨华人及港澳台研究生总数的 1/4，无愧为"华侨最高学府"[1]。

百年暨大，经历了三个时代的风风雨雨，"东渐于海，西被于流沙，朔南暨，声教讫于四海"，她的发展历程同我国华侨教育紧密相连，也始

————————

① 资料来源于《暨南大学教学评估材料》。

终与民族命运共浮沉，与时代脉搏同起伏，弦歌不辍、英才辈出，为海内外培养人才 20 万，实为中国华侨教育之代表。

二、侨界名校——华侨大学

华侨大学老校门

　　华侨大学是在敬爱的周总理的亲切关怀下，于 1960 年创办的，迄今已经历了 50 个春秋。华侨大学以培养华侨青年为宗旨、直属国务院侨办领导。杰出的国务活动家，已故全国人大常委会副委员长廖承志生前曾任校长。

　　1949 年新中国成立后，中华大地呈现出一派朝气蓬勃的兴旺景象。中国在国际上的声望和地位大为提高，祖国面貌的巨大变化，使身处海外的广大侨胞欢欣鼓舞。同时，20 世纪 50 年代初，东南亚各国相继获得民族独立，有的国家和地区民族主义思潮有所加强，制定了排华政策，华侨学校受到了严厉的限制，海外华侨地位十分困难。为图生存与发展，大部分华侨只得加入居住地国籍。祖国的欣欣向荣和居住国的排华使得相当一部分华侨青年选择回国求学。有关资料显示，自 1949 年至 1957 年间，回国求学的华侨青年达 40000 多人。中国政府十分重视关怀海外侨胞，对发展华侨教育事业也极为重视。随着回国升学的华侨青年日益增多，如何根据他们的特点，对他们进行培养和教育，使他们成为对祖国和侨居地都有用的人才，就成为一个急需解决的问题。为此，从 1952 年开始，国家先后在北京、厦门和广州等地专门创办了七所归国华侨学生中等补习学校，并在广东和福建等地开办了华侨中学和华侨技术学校等各类学校，以及各种补习班、学习班，供归国侨生求学。1958 年，还在广州复办了暨南大学，专门招收海外侨生。但是，当时的暨大并不隶属中侨委领导，不能按中侨委的方案培养学生；而且，由于归国侨生的人数众多，暨大也满足不了他们升学的需要。

20 世纪 50 年代末，中苏两国陷于意识形态论争，关系已濒临破裂。中国与其他社会主义国家的关系也大多随之陷入困境。而与此同时，以美国为首的西方阵营仍顽固坚持对中国的敌对政策，这也使得中国外交面临着一个需要重新调整、开拓的局面。在这种历史背景下，酝酿创办华侨大学，带有通过民间交往，扩大中国影响的意图；也包含有通过广泛招收港澳台和华侨学生，培养革命种子和社会主义事业接班人的意图。基于这种主导思想，中侨委于 1959 年起草了关于创办华侨大学的报告，呈送国务院研究批准。当时，正值"左"倾冒进的"大跃进"年代，但创办华大，是根据当时形势发展的需要经过审慎的考虑才提出来的。

建校报告呈上后不久，国家就陷入了严重的经济困难中。当时，为了减轻国家负担，从中央到地方各级政府，以及各种企业事业单位都大幅压缩机构和编制，裁减人员，全国的高等院校也从 800 多所压缩为 400 多所。但就在这种情况下，周恩来总理特事特办，于 1960 年初批准创办华侨大学（正式下文批准是在 1961 年 11 月 1 日）。华侨大学能在这种背景下上马，体现了周总理对侨务工作的长期战略思想。周总理批准后，学校的筹建工作就在廖承志亲自领导下组织实施了。廖承志多次召开会议，讨论学校的地址选择问题。在这个问题上，大家的意见不一致，争论较大。当时有北京、广州和福建的福州、厦门、泉州、漳州几种意见。主张北京的人认为，北京是全国的政治、经济和文化中心，又有许多高等院校，聘请老师比较容易；而主张广东和福建的人则认为，这两个省是全国最大的侨乡，作为专门为华侨创办的学校，理应建立在侨乡。后经筛选，大家的意见集中在北京和福建的泉州两地。后来，经过反复的比较研究，大家考虑到，北京已有许多高校，学校太集中不好，再说，要在北京找一个建校的地方也不容易，而福建是我国海外华侨最多的省份之一，泉州又是我国著名侨乡，海外华侨华人遍布五大洲，其中绝大部分居住在菲律宾、印度尼西亚、新加坡、马来西亚、缅甸、泰国、柬埔寨、越南等东南亚国家。泉州人民与海外华侨存在着血肉相连、休戚与共的关系。泉州是著名的历史文化名城，素为闽南政治、经济、文化中心，历史上曾是中外闻名的贸易海港，与古代埃及亚历山大港齐名。泉州地处亚热带、气候与东南亚各国相近，适合华侨青年学生学习和生活。因此，泉州无论是历史、人文、环境等条件，都适宜设立华侨高等学府。1960年4月12日，中侨委召开三届一次全体委员会议和全国侨联在京常委十四次会议，就《创办华侨大学方案（草案）》进行热烈讨论，一致同意在泉州创办华侨大学。

1960年5月，廖承志派人专程前往泉州，选择建校的具体地点。在考察了几个地方后，大家倾向于在距泉州市区十多公里的城东乡建校，因为那里背靠清源山，面对大海，风景好，而且地方开阔，对学校今后的发展有利；加之面对大海，今后可以搞航海；再则，福州—厦门公路横穿那里，规划中的铁路也要经过那里，交通很方便，最后由廖承志拍板把学校建在城东乡。学校的地址确定之后，筹办工作的重点就转到校舍的总体规划和设计上来。在这方面，中侨委总的设计要求是：实用，精打细算，适应侨生的要求。廖承志也提出一些具体意见，他强调，设计要新颖，要适应学生的需要；宁可教师住差些，也要让学生住得好。因此，他要求侨生宿舍一定要搞单向外廊，以留有较大的活动空间，适应青年学生喜欢活动的特点，宿舍的地板要光滑，不能有钉子，以适应东南亚侨生喜欢光脚跳舞的习惯；女生宿舍要有卫生间，以照顾她们的生理特点和需要；不论男生还是女生宿舍，都要附设淋浴室，因为热带来的侨生喜欢冲澡。廖承志的这些意见，考虑得既周到又细致，渗透着对海外侨胞的深厚感情。

在廖承志亲自主持下，经过一段时间的努力，专家们完成了校舍建设的总体规划设计。规划设计工作一结束，即开始基建施工。华侨大学是部属学校，基建经费和所有其他经费全靠中央财政拨款。虽然当时国家正处于经济困难时期，但是财政部还是拨给了比较充足的经费。为了保证校舍建设的高质量，中侨委还向国家申请了一批外汇，用以从境外进口建筑材料。尽管当时国家经济困难，外汇紧缺，但国务院还是批准了中侨委的申请，按要求把外汇下拨给华大。

除创办经费外，在学校的师资和干部调配方面，中央各部委也给予了华大很大的支持。廖承志认为，要办好一所学校，主要是靠教师。基于这种认识，中侨委决定在北京等地的高校中选调一部分教师到华侨大学，作为学校的教学骨干。为此，廖承志亲自到教育部找到蒋南翔部长，向他要人。教育部就在下属高校中，为华大抽调了一些业务素质好的教师，直接选派到华大。教育部还让中侨委自己到高校去物色，凡是华大需要的，看中哪一个，就调哪一个去。考虑到华侨大学的特殊性，中侨委还找到中央统战部，要求在教师和干部选派方面给予支持，统战部也是一路绿灯。廖承志认为，要把学校办好，还要聘请外国专家。因此，自1961年至1963年，他多次要华侨大学盖专家楼、小别墅，为外国专家提供较好的生活和工作环境，使他们能够请得来，留得住。

中侨委决定将华大办成一所综合性大学，在招生和学生结构上，中侨委主要做了两个方面的考虑：一是广泛招收海外侨生，对其中原来基础较差的，宁可降低录取分数，也要把他们招进来培养。（当时，每年都有三四千名归国侨生分别进入华大、暨大和厦大就读。）二是必须招收一部分国内学生，让他们用国内艰苦朴素的生活和思想作风去影响侨生。此外，考虑到侨生毕业后，有一部分将留下来参加祖国建设，为此，要根据他们的特点和思想基础，对他们做好思想政治工作，采取各种方式提高他们的社会主义觉悟，培养又红又专的人才。中侨委因此还特别强调，要让学生参加学校的基建劳动，以培养他们对劳动的感情。在专业设置上，着重于两个方面的考虑：一是要适应侨生原居住地区的需要，让学生学成回去后，能为当地的社会和经济建设服务。为此，要设立华侨感兴趣的专业，如医疗、艺术、语言和理工这些门类。为了办好医疗专业，还要设立医院。二是要使培养出来的学生在思想、作风和工作能力上都过得硬，为此，学习时间要长些（学制定为5年）。据此1960年先行开办中文系，此后不断予以充实：1961年开办数学和化学2个系；1962年，一下子就增设了政治、物理、医疗、艺术和热带亚热带作物5个系7个专业；1963年以后，又增设了化工、土木和外语3个系6个专业。这样，全校共有

11 个系、16 个专业，发展成为一所拥有文、理、工、医、农学科的综合性大学。

华侨大学从 1960 年 4 月筹建开始，至 1966 年 5 月"文化大革命"开始为止，在各方的大力援助下，获得了快速发展。全校教职工总数达 885人，其中教师 492 人，干部 214 人，教学辅助人员 85 人，工人 94 人。在教师中，正副教授 12 人，讲师 69 人，教员和助教 411 人。1960 年有在校生 84 人，境外生 67 人；1961 年在校生 280 人，境外生 266 人；1962 年在校生 1183 人，境外生 863 人；1963 年在校生 1660 人、境外生 1578 人；1964 年在校生 2048 人，境外生 1955 人；1965 年在校生 2395 人，境外生 2289 人。[1]

在建校初期，华侨大学的学习和生活环境条件都非常艰苦，而当时华大招收的学生，却大部分是归国侨生，他们中的不少人家境比较富有，原在海外过着优裕的生活，有的甚至连日常生活都不懂得自理，国内外生活存在的这种反差，对每一个归国侨生来说，都是一个很大的考验，因此，他们都面临着一个转变思想观念，改变生活习惯，以适应国内生活的艰苦转变过程。为了帮助侨生顺利完成这一转变，学校不但在政治思想上，而且在生活方面都采取了许多措施，做了大量的工作。一方面，在学生中深入开展爱国主义教育，帮助他们培养热爱祖国、尊敬老师、团结友爱的思想品德和艰苦朴素、勤俭节约的生活作风。校领导还经常向学生作国内外形势报告，使他们了解国家经济困难的实质和具体情况，明白目前这种困难只是暂时的，是可以战胜的，祖国的未来是光明的，从而树立克服困难的勇气和信心。另一方面，学校的干部和老师认识到，海外华侨把自己心爱的子女送回来读书，是为了让下一代接受中华民族的文化，希望祖国把他们培养成材，这是对祖国和学校老师的很大信任；因此，大家应该像对待自己的子女那样，从学习上、生活上关心他们，爱护他们。班主任老师坚持与学生同吃、同住、同劳动、同学习，同甘共苦，共渡难关，各系领导也定期与学生实行"四共同"。校领导则经常深入到学生中去，了解他们的思想、学习和生活情况，及时帮助他们解决各种问题和困难，此外，学校和地方政府还从物质生活条件上给侨生一些特殊照顾，不但为他们建

---

① 资料来源于《华侨大学教学评估材料》。

造了在当时可说是高标准的宿舍，以满足他们在生活习惯上的特殊需要，而且还在食品和副食品供应上给他们予特供。当时，大多数侨生都收到一些从海外寄来的食品，为了方便他们烧煮，学校还为他们提供了小炉灶。海外侨生本来就是怀着对祖国的满腔热情和希望回来读书的，有热爱祖国的较好思想基础；加之学校领导和老师做了大量耐心细致的思想工作并无微不至地关怀爱护他们，这就使他们不仅较快地适应了国内生活，而且较顺利地完成了思想观念的转变。他们大都能正视困难，并乐观地对待困难。

　　1966 年秋至 1970 年华侨大学没招生。1970 年 1 月，华侨大学因"文革"被迫停办。1978 年 4 月 17 日，华侨大学和暨南大学恢复办学，国务院要求华侨大学要办成一所多专业的工科大学，以招收海外华侨、港澳同胞和台湾青年学生为主，同时也招收部分归侨和侨眷子女。1983 年 6 月，华侨大学被确定为国家重点扶植大学。华侨大学复办五年间取得了较好的办学成绩，在此五年间，相继开办了 7 个科系 11 个本科专业、3 个专科班，并设立预科班，成立夜大学，基本实现国家要求华侨大学办成以工科为主、理工结合的工科大学的目标。

　　今天，华侨大学迎来了建校 50 周年校庆，已建成厦门新校区，致力于建设成为办学规模适当、学科结构合理、师资力量雄厚、以工程学科为优势、以华文教学为特色的教学研究型综合性大学，努力建设成为一所国内著名的一流侨校。

第 二 章

侨资性大学的办学特色

侨资性大学是我国高校中较为特殊的一类学校，学校的创办与发展均获得了侨性资源的大力支持。与国内其他大学相比较，侨资性大学既有与其他大学相类同的办学特征，更有其自身的办学优势与办学特色。在多年的办学实践中，侨资性大学积极改革、努力探索，在校园文化建设、人才培养模式改革、现代大学制度构建、高等教育国际化探索、服务侨乡发展、服务国家统一战线工作等多个方面都逐渐形成了自身的办学特色。

第一节　厦门大学的办学特色

厦门大学是由爱国华侨领袖陈嘉庚先生于1921年创办的，是中国近代教育史上第一所华侨创办的大学，也是我国唯一地处经济特区的国家"211"工程和"985"工程重点建设的高水平大学。在90年的办学历程中，厦大秉承"自强不息，止于至善"的校训，贯彻校旨中"研究高深学问、养成专门人才、阐扬世界文化"的三大任务，在实践中形成了自己的办学特色。

一、"自强不息、止于至善"的办学理念

厦门大学在建校之初，就将"自强不息，止于至善"作为校训，这一校训也成为厦门大学90年来坚持不变的办学理念。"自强不息"语出《易经》："天行健，君子以自强不息"，指自觉地积极向上、奋发图强、永不懈怠。"止于至善"语出《四书·大学》："大学之道，在明明德，在亲民，在止于至善"，指通过不懈努力，致臻尽善尽美而后才停止。"自

强不息，止于至善”这一校训，既是从传统文化的视角对大学精神、目的及功用的一种诠释，也是一种对大学所追求的理想目标永不满足的精神境界。在“自强不息，止于至善”校训的激励下，厦门大学在近90年的办学历史中，形成了广大师生具有高度认同感的“爱国、革命、自强、科学”的厦大精神。

陈嘉庚在他的实业极度困难时，“宁要厦大，不要大厦”，倾资支撑学校发展，这种爱国爱校的精神潜移默化为厦大的传统和理念，激励着一代又一代的厦大人为祖国的繁荣富强和学校的发展壮大自强不息。自强不息是陈嘉庚一生的写照，也是厦门大学奋斗历程的缩影。1937年9月，日本侵略军进攻厦门，炮弹打进厦大校园，为保卫母校，避免战争的毁坏，厦大被迫于12月内迁闽西山城长汀。在那个环境恶劣、生活条件极差的穷乡僻壤，厦大全体师生筚路蓝缕，在萨本栋校长的带领下，艰苦创业，发愤图强。在1940年、1941年两次举行的全国专科以上学校学业竞试中，厦大蝉联第一。厦大师生这种艰苦奋斗、自强不息的精神赢得普遍好评，被认为是当时国内最完备的大学之一。

厦门大学具有革命的文化传统。早期学生罗扬才是一名中共党员。1926年1月，他在厦大组建了福建省第一个党支部，并担任支部书记。从1926年夏天至1927年春天，罗扬才和厦大党支部先后指派大批党员到厦门地区以及闽中、闽南等地组建或协助组建党组织，推动当地革命斗争的发展。他还组建厦门地区的工会组织，多次组织大规模的学生民主运动和工人运动，并屡屡取得斗争的胜利，他也成为厦门及闽南地区著名的学运和工运领袖。1927年4月9日，国民党反动派在厦门发动“四·九”反革命政变，罗扬才被捕，他宁死不屈，英勇就义，年仅23岁。在罗扬才烈士革命精神的感召下，厦门大学的革命力量茁壮成长，至新中国成立前夕，厦大共有在校生1000余人，学生党员近300人，占学生总数的1/4多，厦大成了闽东南革命运动的一个中心，被誉为“东南民主堡垒”，革命精神也成为厦大精神的一种内涵。

科学精神也是厦大精神的重要组成。王亚南是现代中国著名的经济学家和教育家，新中国成立后任厦门大学校长，他毕生研究马克思主义政治经济学，与郭大力合作翻译出版的首部《资本论》中文全译本，为马克思主义在中国的传播作出了巨大的贡献。王亚南在理论研究中敢于坚持真理，勇于修正错误，他这种实事求是的科学精神为国内外学者所称颂。厦大校友陈景润一贯勤奋学习，刻苦钻研，勇攀科学高峰，在数论研究方面取得许多重要成果，他研究哥德巴赫猜想和其他数论问题的成就，至今仍然在世界上遥遥领先，被称为哥德巴赫猜想第一人。陈景润勤奋刻苦和执著追求科学的精神，赢得全世界的赞誉，成为年轻一代学习的楷模。

　　"爱国、革命、自强、科学"四种精神是厦门大学特有的精神财富，也是对"自强不息，止于至善"校训的继承和发扬。多年来厦门大学一直十分注意对"四种精神"进行固化，在校内相继建起了陈嘉庚纪念堂、雕像，罗扬才烈士陵园、雕像，福建省第一个党支部遗址，已故校长萨本栋陵园，王亚南雕像，组织编写了《走近陈景润》系列纪念丛书。2000年4月，学校在资金紧张的情况下，依然拨款50万元，把闽西长汀办学旧址修葺一新，成为厦大又一个教育基地。围绕这些基地，厦门大学每年都组织学生开展丰富多彩的现场教育活动。新生入学第一天，就要参观这些纪念堂、陵园、雕像，以熟悉厦大的历史传统，接受校史教育。每至校庆、清明节、国庆，学校又会组织师生、校友代表来此参观凭吊，敬献花篮，缅怀先烈业绩；而入党仪式、入团仪式、主题团会、主题班会，陵园里、雕像前也成了学生最喜欢的活动场所。情景交融，历史与现实交织，学生们从中获得的感悟与思索，往往成为他们永生不忘的记忆。①

二、教学与科研相结合的办学传统

　　教学与科研并重，以高水平的科学研究来提升高质量的教学，这是厦门大学长期坚持的一项重要办学传统。《厦门大学校旨》明确指出："关于科学之教授，以切于实用造就应用人才为前提。"在厦大私立时期，林文庆校长十分重视科学研究在提升教学质量中的作用。他说："凡科学无专门研究之精神必不能进步，故本校希望各教员及学生均能极深研究"，"对于各学科之著名高等专门人才应极力罗致，使之尽毕生精力以从事各科学之教授与研究"。因此，他要求教授既承担科学研究又亲自授课，所有教授无一例外开设2—4门课程，形成了通过科学

---

① 戴岩：《爱厦大，爱校主——厦门大学四种精神》，《人民日报·海外版》2001年9月18日第10版。

研究促进教学的优良传统。抗战期间，萨本栋校长十分重视教学质量。他说："本校一向对于学生程度之提高，非常注意。在量与质不能兼顾的情形下，对于质的改良，比起量的增加，尤为重视。"从培养通才型人才出发，他认为大学的工科，应该是"基础课与专业课并重，专业课应是理论课与实习课并重"。为了保证基础课的教学，他要求教授、副教授全力授课，要求教学经验丰富的教师担任基础课教学，萨本栋校长本人亲自教授微积分、普通物理等课程，有力地保证了厦大在西迁时期的办学质量。抗战胜利后，继任校长汪德耀提倡学术自由，要求教师"戮力研究高深学术，理论与实用并重，以期能完成本大学教育之使命"。在这一办学方针的指导下，厦大云集了众多著名教授，各家各派的学者走上讲坛并自由地阐述他们的见解和主张，极大地活跃了学术氛围，使这一传统得以发扬光大。

新中国成立后，厦大更加重视教学与科研的融合，王亚南校长认为："教师如果不从事科学研究工作，就会变成教书匠"，"教学工作必须建立在科学研究的基础上"。同时，他也明确指出："大学一方面是个教学机构，同时又是一个科研机构，但首先还是教学机构。"教学与科研脱节"不符合综合性大学的精神"。改革开放以来，厦大根据社会发展需要，及时地把学校在研究方面的优势转化为人才培养的优势，始终坚持高水平教师进入本科教学第一线，通过开展教育及教学改革研究、引导教师把科研成果转化成为教学内容；发挥学科人才优势，用浓厚的学术氛围和高起点的科研训练，培养创新型人才。由于学校长期坚持教学与科研相互融合，使得学校教学成果无论在数量上或在质量上都取得了较好的成绩。

一代代厦大人继承和发扬这一传统，形成了鲜明的办学特色。厦门大学的经济学科、会计学科长期居于全国高校领先地位，化学学科、生物学科和海洋学科长期处于全国一流地位，南洋研究、台湾研究、高等教育学研究和国际经济法研究在全国颇具特色，独树一帜，在这些学科领域已形成有较大影响的"厦大学派"。

三、积极的国际化办学实践

厦门大学自创办之日起，即把"国际化"作为自己的办学方向和目标之一。《厦门大学校旨》开宗明义指出："本大学之主要目的，在博集东西各国之学术及其精神，以研究现象之底蕴与功用，同时阐发中国固有之美质，使之融会贯通，成为一种最新最完善之文化。"建校近90年来，厦门大学始终坚持这一目标，遵循开放式办学的思路，在办学理念、人才培养、科研合作、办学资源等方面努力与国际接轨，形成了自己独特的国际化办学特色。

国际化的办学传统。翻开厦大校史，我们就发现厦门大学在创办初期的国际交流便极为活跃。1921年4月6日，厦门大学开学之日，美国著名哲学家、教育学家杜威博士及其夫人就应邀出席厦门大学开学典礼并发表重要演说。1923年，厦门大学便开始聘请外籍教师，俄籍著名人类学家史禄国、美国著名生物学家赖特等一批国际知名学者纷纷来校任教。1926年美国费城世博会，厦门大学与北京大学、清华大学、北京师范大学、国立东南大学等当时国内最著名的大学一起，代表中国高等教育参展，并和它们一起获得世博会最高荣誉奖章——甲等大奖。1931年，荷兰阿姆斯特丹大学300周年校庆，厦大也应邀参加。20世纪30年代，厦大生物学科与世界名校的交往频繁，美国哈佛大学阿诺得植物园是厦大植物园最主要的种子供应者；厦大与中华教育文化基金会联合举办了4期"暑期生物研究会"，几乎汇集了国际生物学界精英。1944年春，英国纽开索大学教授雷立克、美国地质地理学家葛德石先后来校访问，对厦门大学倍加赞扬，称之为"加尔各答以东之第一大学"。

国际化的人才培养。厦门大学是中国最早开展对外教育的机构之一，1956年开始海外函授教育，1981年接受来华留学生，50多年来共接受了来自100多个国家和地区的上万名国际学生。此外，厦大还在中国经济、中国民商法、海洋生物等11个专业启动建设全英文授课的"国际硕士"项目。目前，约有2000多名外国留学生和港澳台学生在厦大校园里生活学习。厦门大学在私立时期就提出要实现让学生"与世界各国大学受同等之教育"，为此，厦大将国文和英文等基础课放在全校课程的首要地位。多年来，厦大通过多种举措大力推动开放式教学，通过种种措施吸引高层次留学生来校学习，并通过多种渠道派出本校学生到国外交流和学习，培养具有国际视野和国际交流能力的高层次人才。仅在2009年，厦门大学共派出600多名学生通过校际交流和院际交流渠道到境外高校学习和交流，海外经历有效拓展了厦大学子的国际视野，提高了人才培养的质量。目前，厦大已与英国卡迪夫大学、美国天普大学、加拿大滑铁卢大学等多所学校开展联合学位项目。2010 年，厦大又在经济学、会计学、数学类、化学类、生物科学类和海洋科学类首次开办国际化试点班，试点班也招收国际学生，核心课程全部用英语教学。目前，厦大专任教师中具有国外教育背景的教师有 794 人，占学校专任教师总数的 36.5% 以上。[①]

服务华侨华人，拓展国际化办学道路。作为我国第一所由爱国华侨创办的大学，厦大与海外华侨关系十分密切。《厦门大学校旨》指出："本大学与海外各埠华侨关系甚深，故予华侨子弟以返国求学之机会，俾得发扬其眷爱祖国之热忱，使国内外之民族精神得以团结，并研究南洋及其他各地华侨之情况，以图将来之发展及进步。"从创办至今，学校一直坚持这一办学传统，已成为海外华侨子弟归国求学主要的高等学府之一。20 世纪 50 年代，为适应"面向东南亚华侨和面向海洋"的需要，厦大成立华侨函授部，后发展为海外函授部、海外函授学院暨国际教育中心，教育对象也从海外华侨扩大到华人以及其他海外人士。1991 年海外函授学院经教育部批准更名为海外教育学院。1993 年，学校又成立"台港澳学生先修部"，建立起了进修生、高考补习生、函授生、本科生、硕士生、博士生完整的海外学生人才培养体系。2000 年，学校中文和中医两个本科专业获得海外成人高等教育学位教育授予权，成为全国唯一可授予海外成人高等教育学位的高校。目前，厦大不仅是海外华侨华人、台港澳同胞的一个重要人才培养基地，在弘扬和传播中华民族优秀文化，联系和团结海外侨胞、台港澳同胞，促进祖国和平统一，增进与东南亚国家地区之间的文化交流，发展友好关系等方面发挥了重要作用。随着海峡两岸交往不断加强，厦大也成为国内两岸学术交流最为活跃的高校。

国际化的交流平台。长期稳定的国际合作平台是国际化办学的基础和依托。截至 2009 年，厦大已与英、美、日、法、俄等国家和港澳台地区的 160 多所高校建立了校际合作关系，有 100 多名外籍教师在校长期任

---

① 潘世墨：《海外校友资源在大学教育国际化当中的作用》，http://tieba.baidu.com/f?kz = 158163875。

教，共有涉外教育/科研合作机构 30 多个。自 2006 年 11 月起，在短短四年间，厦门大学已有 10 所孔子学院走进亚、非、欧、美四大洲。2004 年 4 月，厦门大学与韩国仁荷大学、美国罗德岛大学、美国华盛顿大学、法国勒阿佛尔大学、以色列海法大学、澳大利亚墨尔本皇家理工学院签订了"全球七校联盟"联合协议，建立了七校在教育、科研、行政等多方面的多边合作。2008 年 9 月，厦门大学建立汉语国际推广南方基地，成为国家汉办八个汉语国际推广基地之一。2009 年 9 月，厦门大学与清华、北大等国内十所一流大学一同被邀加入欧盟"伊拉斯莫斯世界对外合作窗口"这一欧盟著名高校合作交流项目。多年来，厦大积极搭建国际交流合作平台，全方位积极发展与海外的交流，成为国内开展国际合作和交流最频繁的高校之一。

宝贵的海外办学资源。由于厦门大学一直注重为海外华侨主动服务，学校事业的发展也因此得到海外华侨华人、校友以及其他友好人士的大力支持。在美丽的厦大校园，有 1921 年建校时，陈嘉庚捐建的首批校舍——群贤楼群；有 1951—1955 年，陈嘉庚女婿李光前捐建的雄伟堂皇的建南楼群、芙蓉楼群、国光楼群和丰庭楼群以及容纳 2 万观众看台的上弦体育场。20 世纪 80 年代以来，在校主陈嘉庚倾资兴学的精神感召下，海外校友及华侨丁政曾、蔡悦诗、黄保欣、洪文炳、吴定基伉俪、钟江海兄弟、邵建寅、黄克立、蔡清洁、许自钦、王少华等捐建的建筑有：颂恩楼、保欣丽英楼、祖营楼、成枫楼、钟铭选楼、亦玄馆、克立楼、清洁楼、自钦楼、清明游泳馆、学生活动中心、钟美林广场、明培体育馆、医学院实验楼、厦大医院门诊楼等，厦大捐建的校舍共约 17.89 万平方米。相当于主校园教学行政用房和学生宿舍面积 50.1 万平方米的 35.7%。以上捐建项目除了校主陈嘉庚和其女婿李光前建立的李氏基金会的捐赠外，其余均为厦大海外校友以及主要是海外校友募集的华侨捐赠项目。据统计，1981—2005 年间，厦大校友和社会捐款总数高达 5 亿元人民币，海外校友为厦大的发展提供了宝贵的办学资源。①

---

① 潘世墨：《海外校友资源在大学教育国际化当中的作用》，http://tieba.baidu.com/f? kz = 158163875。

第二节　暨南大学的办学特色

暨南大学是第一所由政府创办的华侨高等学府，"面向海外、面向港澳台"的办学方针是国家赋予暨南大学特殊的办学使命。暨南大学是我国第一所招收留学生的高等学校，也是目前境外和海外学生最多的高等学校。由于学生生源的多样性，使得暨南大学在教学组织、学科专业、校园文化等方面呈现出自身的特色。一代又一代暨南人，秉承"宏教泽而系侨情"的办学宗旨，坚持"为侨服务"，经过不断探索，形成了自身的办学特色。

一、董事会领导下的校长负责制

暨南大学是全国最早设立董事会的高等学校之一，是新中国成立后第一所实行董事会领导下的校长负责制的高等学校，也是目前国内少有的实行董事会领导下的校长负责制的国立高等学校之一。暨南大学历任董事长和董事均为热心华侨教育事业的政界、学界和商界名流，鲜明地表现出暨南大学在中国高等教育体系中举足轻重的特殊地位。暨南大学第六届董事会董事长由钱伟长担任，马万祺、王凤超、朱小丹、刘谦、李刚、李本钧、吴红波、何厚铧、侣志广、宋海、宋涛、赵阳、胡军、曾宪梓担任副董事长。董事会领导下的校长负责制，有利于国内侨务界、教育界的领导同志和海内外热心华侨教育的华侨名流参与学校决策，有利于形成新的适应时代发展需要的办学思想，有利于增强学校与社会的广泛联系，促进学校更好地发展。在学校与政府、学校与社会之间，董事会发挥了咨询、指导、监督和协调的重要作用，为暨南大学的建设和发展作出了积极的贡献。

二、独特的教学运行机制

为适应学生来源多样性和需求多样性的特点，暨南大学在长期办学过程中建立了富有特色的教学运行机制，有效满足了华侨华人学生和港澳台侨学生入学、就读与就业需要，形成了自己的办学优势与特色。

1. 独特的招生与毕业制度

暨南大学实行单独命题，联合招生。依照教育部《关于华侨、港澳、台湾青年学生回国和回内地报考大学问题的通知》精神及对华侨、港澳台青年学生实行"提前单独命题、考试和录取"的指示，暨南大学从1980年开始，实行单独命题，与华侨大学联合招生的制度。后曾在短期内，暨南大学按照相关指示与其他8校联合招生，但很快又回复两校联合招生，并一直实行至今。学校实行多种类型的预科教育制度，暨南大学成建制的预科教育开始于1918年设立的补习科，1925年，《改进商科大学、旧制高中计划书》提出，增设预科，以提高南洋和国内旧制中学毕业生进入大学本科的素质。至此，预科的性质和功能基本稳定，即是为提高学生素质以达到接受本科教学的基本要求。暨南大学的预科发展至今，针对学生主要来源地的学制及毕业时间设置了半年制、一年制、两年制等多种类型，以提高尚不具备接受本科教学的学生的基本素质，为其接受本科教育做好准备。暨南大学实行两季招生与毕业制度。考虑到学生主要来源地的学制和就业特点，为方便港澳台侨学生入学和就业，暨南大学于1998年开始，对海外和境外招收春季学生，形成了特色鲜明的一年两次招生、两次授予学位的制度。

2. 先进的教学管理制度

面对多样化的学生，暨南大学坚持"有教无类、因材施教"的教育思想，努力增强教学的适应性。学校以制度创新为重点，创设了以"标准学分制"为核心，以"分流教学制"为关键，以"课堂教学质量'三重'评估"为基本质量保障的教学管理制度，构建了良性运行的教学运行机制。

弹性的"标准学分制"。暨南大学于1978年开始试行学分制，是新中国成立后最早试行学分制的高校之一，也是执行过程中不曾中断的少数高校之一。1993年对学分制进行了较大的改革，实行"标准学分制"。经不断完善，现行学分制规定：统一每学期的"标准周数"为20周，包括16周教学、2周复习和答疑、2周考试；规范各专业学生毕业应修满的"标准总学分"；规定每学期可修习的"标准学分"为20学分，并围绕标准学分构成每学期修习学分的区间（15—30学分），平均学分绩点高的学生可以多修，平均学分绩点低的学生可以在区间规定内少修，并允许学生重修刷新自己不满意的考试成绩；在校学习年限在学制基础上延长 4 年，学生可提前毕业，也可暂时中断学习。暨南大学"标准学分制"与其他高校学分制不同在于，实现了"宽严并举"，既保证了学生修读学分的主动性，又确保学习的质量，有效克服了学生随意选课的弊端，使教学管理制度富有真正的"弹性"。

合理的"分流教学制"。分流教学是指：立足于内地学生与港澳台侨两大类学生不同的文化背景、学业基础和不同的需求，在保持一定共性的基础上，按照内地生"加强基础、目标上移"、港澳台侨学生"面向世界、应用为主"的原则，通过选择不同的教学内容、构建不同的课程体系、采用不同的教学方法等途径，对两类学生实行有针对性的教学。在实行分流教学过程中，学校注重落实三个方面的要求：第一，分流教学并非决然分开，而是分中有合，合中有分，一些基础性的课程，内地学生和港澳台侨学生都必须学习；一些基本的素质，内地学生和港澳台侨学生也都必须具备。第二，分流教学是一个以课程分流为主体的体系，包括招生分流、学制分流、专业或方向分流、课程体系分流、选用不同的教材、采用针对性的教学方式和方法等，分流教学必须兼顾必要性和可能性。第三，加强中文和计算机教学，强化双语教学。由于学生来自不同国家和地区，在主要使用中文教学的环境下，学生要学习中国文化和世界科学文化知识都必须具备较强的中文阅读、理解能力。自暨南学堂设立以来，在学校发展的各个阶段，加强学生的汉语水平一直是学校强调的重点，多年来暨大一直将"大学语文"、"大学写作"等课程作为全校的公共必修课。

从 2004 级学生开始，内地学生、港澳台侨学生的人才培养计划分开制订，构建了保持必要的共性、适度彰显个性的学科专业课程体系；加强对港澳台侨学生通识课程的改造，创建了面向港澳台侨学生的公共必修课课程体系，侧重中华文化的传承和爱国主义、法律意识、公民意识的培养，以及中国国情民情的介绍、分析和体验，弘扬中华民族传统文化，培养港澳台侨学生的民族荣誉感、文化认同感。

从 2001 年开始，暨大取消限定选修课，提倡增大选修学分占总学分的比例，力争高于 30%。为增大学生合理选择的空间，满足学生发展个性需要，从 2004 级学生开始，实行以学科或学院为基础的"平台"招生和教学制度，学生入学时不分专业，待学习一年半至两年后，由学生自主选择专业；按照"平台＋模块"的形式构建课程结构，明确要求各专业必修学分不得超过毕业要求总学分的70%；增大专业选修课的比例，学校进入教学计划的专业选修课总量至少要达到应修课程的二倍，从2005级学生开始，多数专业不固定专业选修课的开课学期。学校每学期开设大量的公共选修课供学生自主选择，学生还可利用学校自主开发的选课管理系统选择其他学校的课程。选课制与"标准学分制"有机结合，形成了学生可以自主选择课程、选择专业、选择学习时限的灵活选择机制，有效满足了学生个性全面发展的需要。

3. 系统的激励与培优机制

1985年，暨大制定了《优异学生培养工作条例（试行）》，强调"在教学过程中，必须因材施教，使各种不同类型的学生，都可以在其原有的基础上得到发展和提高"，"特别要为优秀学生创造不断得到发展和提高的条件，为某些有较大潜力和特殊才能的学生采取特殊培养措施……"1991年，暨大又明确要求，各单位确定优异生名单，并指定专门的指导教师，针对学生实际情况和发展意向，制订个性化的指导计划。

为促进学生学习的主动性和积极性，从2003年开始，暨大面向全日制本科在校学生实行校长免费学分奖励金制度，2006年又进一步修订。每学年按学生一学年所修课程平均学分绩点高低排列，对各专业学生人数的10%进行奖励（国家基地班、名牌专业12%）。从2004级学生开始，在本科人才培养方案中设立"创新学分"作为选修学分，在科技创新方面取得优异成绩的学生最高可获得4个学分。2005年开始，实施"本科学生科技创新工程"，学校出资支持学生的科技创新项目，培养学生的创新精神和创新能力。

三、特色鲜明的学科体系

多年来，暨南大学紧密联系华侨华人集聚地经济社会发展需要，以"经世致用"为原则，坚持"为侨服务"，加强学科建设，建立了特色鲜明、实力雄厚的学科体系。

1. 自有暨南，即有商科

暨南大学的商科始设于1917年暨南恢复时，当时根据南洋华侨对商业的需要而设置。1921年春，暨南大学与东南大学商定合办上海商科大

学，定名为"国立东南大学暨南大学合设上海商科大学"，成为国内第一
所商科大学。因此，就出现了"自有暨南，即有商科"的美誉。暨南大
学的商科发展至今，已经孵化出管理学院和经济学院，在国内率先获得了
企业管理等学科点的硕士学位授予权，现在有 2 个博士后科研流动站、3
个具有博士学位授予权的一级学科、20 个具有博士学位授予权的二级学
科、18 个硕士学位点、5 类专业硕士学位教育点、1 个国家高等学校重点
学科、1 个省级重点学科、1 个广东省高校人文社科重点研究基地。

2. 四个历久弥新的学科

在暨南大学起落、播迁的历程中，学科专业设置发生了较大的变化，
但是文学、历史学、商科、海洋水产生物学科等四个学科一直不曾撤销。
在这四个学科中，文学、历史学是"求经问史"，弘扬中华文化的必备学
科，而商科、海洋水产生物学科则是增强以南洋、美洲为主要聚居地的华
侨华人谋生、发展能力的主要学科。发展至今，这四个学科的优势更加
明显。

3. 实力雄厚的华侨华人研究体系

了解华侨华人，研究华侨华人，为华侨华人发展及其所在地发展服
务，既是贯彻"面向海外、面向港澳台"办学方针的需要，也是"为侨
服务"、增强教育教学适应性的现实要求，这也成为暨南大学学科发展的
内在动力。在这种动力的推动下，暨南大学与"侨"相关的学科专业，
以及学术机构、学术团体、学术活动、学术期刊在全国一直引领华侨华人
研究的潮流。

表 2-1　暨南大学与"侨"相关的学术机构、教育教学基地、学科专业一览表

类别	名称	设立时间	设立（授予）单位
人文社会科学重点研究基地	华侨华人研究院	2006 年	教育部
学术机构	海外华文文学与传媒研究中心	2007 年	广东省教育厅
学术机构	华人留学文化研究所	2006 年	珠海市、暨南大学
学术机构	海外华语研究中心	2005 年	教育部
学术机构	对外汉语教师培训及资格证书考点	1998 年	国家汉办
学术机构	华文教育研究所	1996 年	暨南大学
学术机构	汉语水平考试（HSK）考点	1995 年	教育部

类别	名称	设立时间	设立（授予）单位
学术机构	华侨华人研究所	1981 年	暨南大学
学术机构	东南亚研究所	1964 年	暨南大学
教育教学基地	国家对外汉语教学基地	2005 年	国家汉办
教育教学基地	支持周边国家汉语教学重点院校（全国十所之一）	2001 年	教育部
教育教学基地	华文教育基地	2000 年	国务院侨务办公室
教学机构	暨南大学华文学院	1993 年	暨南大学
教学专业	华文教育专业	2005 年	暨南大学
名牌专业	对外汉语	2004 年	广东省教育厅

四、国际化与本土化共生共荣的校园文化

暨南大学学生多元，类似于"小联合国"，但来自众多国家和地区的师生虽文化各异、性格不同，但仍能和谐相处，相得益彰。在暨南大学，既可以听到字正腔圆的普通话，也可以听到114个国家和地区的方言。暨南大学多元和谐的校园文化，生动地阐释了"和而不同"的内涵，也为国际与本土共生共荣提供了鲜活的例证。

思想活跃、兴趣广泛是暨南大学学生的一大特点。暨南大学学术团体之多，学术讲座之盛久负盛名，尤以"孤岛"时期和"百年校庆"筹备时期为最。在战火纷飞的"孤岛"时期，暨南大学成为"孤岛"中的"文化堡垒"，讲学风气之浓厚，学术团体之多样与活跃，鲜有出其右者。2000年，学校开始创立"名师讲座"，"百年校庆"筹备期间形成高潮，数百场学术讲座、"中外校长论坛"为暨南学子和周边高校学子提供了丰盛的学术大餐，代表不同文化背景的三位世界著名管理学大师，杜维明、彼得·圣吉、尼克·赞纽克齐聚暨南校园，成为铭刻在暨南师生中的一段佳话。

暨大学生活动多样而活跃。自行车协会在20多年前就骑车前往北京倡导尊师节，在"百年校庆"庆典上上演了集自行车技巧和历史文化于一体的极具观赏性的表演；学校于1988年11月创办了"国际土风舞大赛"，这项活动每届必受广大学生和新闻媒体的关注，并曾在中央电视台《新闻联播》中报道，具有世界民族风情的土风舞"渔歌"还获全国大学

生艺术展演一等奖，并在人民大会堂向国家领导人进行了汇报演出。正是得益于国际化与本土化共生共荣的校园文化氛围，首届亚洲大学生田径锦标赛于 2005 年在暨南大学举行。同时，在深厚的文化熏陶下，暨大学生自主创新的风气也十分浓厚，在国际、国内各级各类大学生科技竞赛中，暨大学生都获得了骄人的业绩。

董事会领导下的校长负责制增强了暨南大学与社会的联系，增强了学校主动适应社会经济发展需要的能力，使"为侨服务"、增强教学适应性办学思想的践行获得基本的制度保障；独特的招生、毕业制度满足了港澳台侨学生入学、求学、就业的合理需要，使"为侨服务"、增强教学适应性办学思想的落实成为现实；特色鲜明、实力雄厚的学科基础为实现"为侨服务"提供了坚实的学术基础；国际化与本土化共生共荣的校园文化相得益彰，这些办学特色相辅相成，成就了暨南大学，也成就了数以十万计的暨大五洲英才。

第三节　华侨大学的办学特色

华侨大学是我国政府为方便海外华侨青年和归侨子女接受教育于1960年创办的高等学府。华侨大学是我国高校群体中一所非常特殊的学校，"招生的主要对象是港澳同胞、海外侨胞、台湾青年和外籍华人，也适当招收少量在大陆的归侨、侨眷、港澳同胞子女和台湾省籍青年"。在华侨大学创立初期，境外生占在校生的绝大多数，目前有在校境外生近2000人。境外生与境内生相比，文化背景不同，受教育的程度不同，基本价值观也不尽相同。学生群体的特殊性是华侨大学区别于国内其他高校的主要特点，对这部分特殊学生的教育教学，凸显了华侨大学办学的艰巨性。由于华侨大学担负着特殊的办学使命，不仅要广泛录取境外生，而且必须让他们学好，达到国内高校学生的毕业标准，要让境外生学成回到居住地具有就业优势，成为拥护祖国统一大业的爱国者，成为友好的政治力量。结合这一办学目标，华侨大学经过50年的办学历程，针对特殊学生群体开展教育教学活动，形成了自身的办学特色。

一、"会通中外，并育德才"的办学理念

华侨大学两类学生的生活背景、知识基础、价值观念、文化修养、志趣追求等各不相同，决定了学校必须从"一校两生"（即一个学校，境内生、境外生两类学生并存）的实际出发，探索独特的办学理念，并以此指导学校各项工作，提高教育教学水平，培养适应海内外经济和社会发展需要的应用型人才。根据学校"为侨服务"的办学定位，根据海内外经济和社会发展的需要、学校的自身条件和发展潜力，经过长期办学实践的提炼，华侨大学形成了"会通中外，并育德才"的办学理念。其主要内涵体现在：

传承民族精神。民族精神是中华文化的精髓。华侨大学通过中华文化的教学和多种形式的渗透使民族精神在华大学生中得以继承和发扬，这是华侨大学为中外学生构建的重要的政治和文化教育平台。

融通多元文化。多元文化是华侨大学的基本特征。通过培育"宽容为本，和而不同"的校园精神，使得华大境外、境内两类学生都受到多元文化的感染和熏陶，使学生能在多元文化交融的环境下健康成长，这也是华侨大学为中外学生构建的优势项目。

构架培养模式。科学的人才培养模式是实现人才培养目标的关键。华侨大学结合两类学生的特点，通过独特的教学过程，因材施教，努力探索和完善适合"一校两生"特点的人才培养模式。

并育两生德才。并育两生德才是侨校的根本任务。通过学校教育，努力使境内外两类学生德才兼备，全面发展。尽管国内生、境外生德才的起点、标准并不一致，但从华侨大学走出的每一个毕业生都应成为华侨大学教育理念的杰出样本。

二、"宽容为本，和而不同"的校园精神

大学精神是一所大学经过长期的发展所形成的特有气质，它对学生的成材及社会的发展具有重要意义。华侨大学"一校两生并存，多元文化交融"的校园环境，必然要求学校形成适应两类学生和谐共处、多元文化相生相长的校园精神。经过50年的办学实践，华侨大学形成了"宽容为本，和而不同"的校园精神。学校强调以"团结、宽容、大爱"凝聚人心。华侨大学原校长吴承业指出，一所好的大学不仅要有"大楼、大师，更要有大爱"精神。在学校的发展建设中，"大楼"是基础，"大师"是关键，"大爱"是学校工作的落脚点。所谓"大爱"就是要强调一种团结奋进的氛围、宽容与"和而不同"的精神。在华侨大学，这样的思想理念已深入人心，成为华大师生的共识和行动指南。

作为外向型办学的高等院校，华大师生深有体会：越是外向型高校，越是多种学生并存的高校，越是多元文化交融的高校，越要有团结的精神、宽容的精神、大爱的精神；大学之所以为大，就是要有大气、大度、大爱、大局的胸怀；越是大学，越是高级知识分子集中的地方，越要营造自由、宽松、民主、融洽的工作氛围。担负侨务工作重任的华侨大学尤其需要"团结、团结、再团结，宽容、宽容、再宽容"的精神面貌。如今，这种独特的校园精神已成为华侨大学办学的人文精神支柱。华侨大学多年来不遗余力，精心设计，全力营造学生之间、教师之间、师生之间、干群

之间、党政之间的宽容氛围和民主自由的学术环境。这种"宽容为本，和而不同"的校园精神，是根据华侨大学特殊现实提出的治校方略，更体现出华大师生员工哲学层面的理想与追求。

华侨大学以"宽容为本，和而不同"的校园精神团结一切可以团结的力量，为学校的建设和发展服务。学校积极拓展境外生源，大力培养亲中国、爱中国的境外友好使者。充分发挥侨联、台联、留学生同学会等统战团体的作用，根据他们各自的特点，开展形式多样的联谊活动，拓展在海外和港澳台的统战渠道。积极做好海外及港澳政协委员、董事、华侨和校友的工作，联络感情，激发他们的爱国爱校热情，发动华侨校友支持学校建设，为学校的可持续发展提供直接而有力的支持。

三、"一校两生，因材施教"的培养模式

华侨大学肩负着"为侨服务"的办学使命，50年来，学校始终将对外招生作为招生工作的重点，形成了鲜明的"一校两生"的生源结构特色。基于两类学生的生活背景、知识基础、价值观念、文化修养、志趣追求等各不相同，为更好地实现人才培养的目标，学校科学构建人才培养模式，通过独特的教学过程，因材施教，精心培育，探索和完善具有华大特色的人才培养模式。

独特的教学组织管理。为适应境外学生的特点，华侨大学采取春秋两季招生，并由学生自主选择入学时间，有的甚至可以推迟一年入学。在招生录取上，境外学生既可参加华侨大学单招考试，也可参加教育部"对外联合招生考试"，也可凭相关国家或地区的有关成绩直接申请入学。为扩大境外生招生数，境外生凡达到学校本科或预科入学标准者，都可以无名额限制的录取。学校还特别设立大学预科班、先修班及各种性质的短期班（如华文师资短训班、华文教育夏令营等），吸引境外生入学。接轨国际惯例，对境外生实行弹性学制和学分制，即主辅修制和双学位制，取消学年制和留级制。学校还通过奖学金、贷学金、助学金、勤工助学等对境外学生予以资助，对来自缅甸、柬埔寨、老挝、印尼等国家经济较为困难的学生还实行减免学费及提供困难补助等办法。通过采取一系列富有实效的对外招生措施，华侨大学海外华侨华人学生和港澳台学生在校生的数量，无论是绝对数还是相对比例都居国内高校前列。

对境外生因材施教。中央 24 号文件明确指出："华侨大学在院系专业设置、课程安排、教学要求、学校管理等，可以与国内其他大学有所不同。"根据境外生的特殊情况，华侨大学因材施教，对境外生的教学内容、教学组织、教学环节、考试环节和学籍管理等方面均有特殊安排。学校专门为境外生设计培养计划，单独设置课程。为适应境外就业竞争的需要，华大特别加强英语、计算机语言和汉语言（简称"三语"）的教学，注重对境外生基本技能的训练。学校坚持从严要求，把住培养质量关，努力培养适应海外和港澳台经济和社会发展需求的应用型人才。

改革思想道德教育课程。根据境外生的实际情况，华大采用有别于境内生的学习内容和方式，将政治理论课和思想品德课"两课合一"，形成专门的"人文社会科学"课程体系。学校还为香港、澳门学生单独开设《香港基本法》和《澳门基本法》等课程。

切实加强华文教育。华文教育是华侨高等教育的重要组成部分，没有华文教育，就没有华侨教育。1997 年 2 月，国务院侨务办公室将集美华侨补习校成建制并入华侨大学，与华侨大学对外汉语部合并组建华文学院。学院成立后，华侨大学将华文教育作为特色专业重点扶持，华文学院的办学水平不断提高，成为教育部首批有招收外国留学生资格的院校、国务院侨办首批华文教育基地、国家汉语水平考试（HSK）在福建省唯一定点考场。2003 年，被教育部、国家汉办列为支持周边国家汉语教学重点学校。

四、"一元主导，多元交融"的校园文化

华侨大学的校园文化植根于华侨文化。华侨文化的鲜明特征表现为：一是艰苦奋斗，每个华侨在异国他乡的生存和发展都充满艰辛；二是团结互助，团结是华侨在举目无亲的异国他乡生存的法宝，也成为华侨文化的重要特征；三是爱国情怀，广大华侨华人在他乡心系祖国、热爱家乡；四是对异域文化的宽容与接纳，能主动融入所在地的文化之中。华侨文化的这此特征也使华侨大学的校园文化充满多元化特征和异域风采，凸显着华大独特的办学特色。华侨大学校园文化建设工作也更加注意突出"一校两生"的学校特色，以促进学校多元文化的融合与提高为核心，形成了"一元主导，多元交融"为特色的校园文化格局。

　　以中华优秀传统文化为主导，传承民族精神。华侨大学的办学性质，要求学校必须将传承中华民族优秀传统文化作为一项重要任务，而"一校两生"并存的现状，又必然带来多元文化的碰撞与融合。因此，学校十分注意营造以中华优秀文化为主导、多元文化相交融的文化氛围，实现文化育人。华侨大学的境外生以港澳台青年和华侨华人青年为主体，都是炎黄子孙，都对中华文化有着高度的认同和浓厚的学习兴趣。因此，学校十分注意以中华民族优秀文化为载体，在学科建设上，把中华文化作为学校重点发展的学科群之一给予重点扶持，大力开展以弘扬中华文化为主题的学术活动，如国际方言学术研讨会、北美华文作家作品研讨会、第十届世界华文国际研讨会、中国思想史和文学史研讨会等，积极邀请海内外著名的从事中华文化研究的专家学者来校讲学。在校园文化活动方面，以弘扬中华优秀传统文化为主线，以爱国主义教育为重点，开展系列丰富多彩的活动，如中华文化大观园、古诗词吟诵会、迎（庆）港澳回归文艺汇演等。学校还通过每年暑假组织港澳台和华侨学生开展以考察祖国大好河山为主要内容的社会实践活动，加深境外生对中华民族优秀传统文化和祖国的感性认识，增强他们对祖国的认同感和归属感。

　　推动多元文化相互交融，打造侨校文化特色。华侨大学是"一校两生"并存的学校，来自不同国家和地区的境外生使华侨大学校园文化充满多元交汇的魅力。如在校园文化活动上，每年的境外服饰展、马来西亚文化节、境外生圣诞晚会、马来西亚二十四节令鼓等，这些别具异国特色的文化活动在国内其他大学很难领略。近几年，华侨大学学生男篮在CU-BA中国大学生篮球联赛上成绩优异，活跃在球队中的主力队员有来自澳门、香港和马来西亚等地的境外生，呈现在华大赛区中场表演的文艺节目更是充满异域风情，如拉丁操、菲律宾顶杯舞、竹竿舞、印尼风情舞、爱尔兰彩虹舞等，构成了华侨大学特有的CUBA文化，通过中央电视台直播给全国观众留下了深刻的印象，CUBA华侨大学赛区被称为最富激情与梦想的赛区。

　　以校园文化特色项目为重点，提高侨校文化品位。长期以来，华侨大学把创建特色项目作为校园文化建设的重点，注重提高项目质量和文化品位，重点是弘扬中华文化、建设特色队伍，推动校园文化的可持续发展。学校在校园文化建设中注意发现和培养特色团队，如以马来西亚学生为主体的二十四节令鼓队，以澳门学生为主体组建的金龙队、醒狮队等，以留学生为主体的华乐园，以港澳生为主体的电脑俱乐部等。在境外学生的影响下，国内学生也组织起鼓队、龙队、二胡演奏组合等特色文艺小组，这些特色团队成为构建华侨大学"一元主导，多元交融"校园文化的重要元素。

突出校园文化的育人功能，促进两类学生的交流与融合。校园文化是学校育人的重要组成部分。来自不同文化背景、使用不同语言的两类学生面对多元的文化和价值观，容易引发心理冲突。因此，华侨大学在学生管理和校园文化建设中十分注意加强两类学生的引导和教育，建设开放、和谐、宽容、大爱、和而不同的校园文化氛围，积极创造条件，开展以增进两类学生交流为目的的各项活动，通过文化的融合、思想的碰撞、心灵的沟通使两类学生和谐相处于华侨大学校园。境外生在举办"境外生文化节"等各种活动时都主动邀请内地学生参加，马来西亚学生通过举办马来西亚文化节展示马来西亚民间工艺，教内地学生跳竹竿舞和民间舞蹈，还把在中国大陆早已失传的二十四节令鼓带到了华大，越来越多的境内外学生参加到这支队伍中来，形成了一个"联合国"鼓队；缅甸学生教内地学生着民族服饰，烹缅甸特色小吃，内地学生则带领他们了解泉州，了解祖国的山山水水。当境外学生举办普通话大赛时，内地学生主动帮助参赛者进行语音矫正；每年境外学生举办的活动都吸引众多内地学生参加，每年的中外新生迎新年晚会，成为多元文化交流和展示的聚焦点。希望工程活动、为灾区捐款或内地同学有特殊困难时，境外生都慷慨解囊；当东南亚出现金融危机、台湾地区发生地震时，内地学生也主动关心境外学生。种种爱心奉献，使两类学生找到了思想的结合点，一种团结、宽容、互爱、和睦的华侨大学校园文化精神在沟通和交流中得到升华。

第四节　汕头大学的办学特色

在我国现在的高校群体当中，汕头大学是独特的。没有大规模扩招，没有一分钱贷款，没有设立独立学院，学生小班制教学，教授年薪制待遇，聘请外籍执行校长，董事会拍板决策，打破班级院系界限实行学生混住管理等。汕头大学被《南方日报》记者称为"当今中国一所特立独行的大学，一个异乎寻常的标本"。在 20 多年的办学历程中，汕头大学在李嘉诚基金会的强力支持下，充分利用海内外教育资源，持续进行变革与创新，形成了自己鲜明的办学特色，主要体现在高校决策管理体制创新、人才培养模式改革和推进国际化办学等方面。

一、创新高校决策机制与管理体制

汕头大学创办于改革开放之初，是唯一一所得到李嘉诚基金会长期支持的大学。多年来，汕大致力于建设有特色、国际化、受人重视的高等学府，利用独特的办学条件，积极推进高校决策机制与管理体制创新。

1. 组建董事会，改革学校决策机制

汕大的决策机制与传统大学有比较明显的区别，是全国为数不多的实行董事会领导下的校长负责制的大学之一。学校董事会具有重大事项决策权，校长全面负责学校的日常运作，党委发挥政治保障作用。与其他设立董事会的高校不同，在汕大，董事会绝不是摆设，它掌握着学校重大事项的决策权力。①

1987 年，经广东省人民政府同意，承担创校任务的原汕头大学筹委会改组为汕头大学董事会，并制定了《汕头大学校董会章程》。《章程》规定，校董会"协助政府对汕大的建设和发展，进行积极的实质性工作，对学校的重大事务起决策和审议作用"，其职权主要包括：提名汕头大学校长人选，报省政府任命；审议由校长提名的副校长和医学院院长人选，

---

① 梅志清：《一所"特立独行"的大学　一个"异乎寻常"的标本——汕头大学：根植特殊土壤的制度变革》，《南方日报》2008 年 12 月 10 日。

报省政府任命；定期听取校长的工作报告，提出改进学校工作的意见；听取大学财政预决算年度报告，积极帮助学校筹集办学资金；根据国家的教育方针、政策和高等教育立法，审定大学发展基金，发展规划纲要、校舍规划设计、学术基金和奖学金的使用及有关大学建设与发展等重大问题；对大学的重大决策进行审议和指导；推荐和组织国内外专家、教授到汕头大学任教和进行学术交流；向海内外人士宣传汕头大学的办学宗旨和办学成就，积极争取各方面人士对汕大的支持；审议对教学、科研和管理工作作出优异成绩的教职工的特殊奖励。

目前，汕大校董会设名誉主席1名，由李嘉诚基金会主席担任；校董会主席1名，由现职广东省主管教育的副省长担任；其他校董包括省市政府负责人4名（广东省人民政府办公厅与省教育行政部门负责人各1名及汕头市委书记、市长），李嘉诚基金会代表4名，汕头大学代表6名（校长、党委书记、医学院院长及1名副校长和2名教师代表），学术界、教育界知名人士和其他专业人士9名。汕头大学校董会一般每年举行两次会议，听取并审议学校工作报告、医学院工作报告以及学校其他重大项目或计划等的执行情况报告。这一制度在长期的实践中不断完善，已形成稳定的结构和良性的运行机制。汕头大学校董会凝聚了海内外各有关方面的力量，为汕头大学营建了延伸至海内外的高等教育资源网络，使学校的快速发展得到了强有力的支持。

2. 精简行政机构，推行高校学术管理制度

多年来，汕头大学坚持高校管理服务于教育事业发展的理念，探索利用现代信息技术提高行政管理效率的途径，不断精简和完善校部党政职能机构。目前，汕头大学校部党政机构只有12个，与国外的高校大致相当，而国内同类高校一般都保持在20—30个之间。在精简行政机构的同时，汕头大学借鉴国外著名大学的经验，大力推进学术管理这一核心环节的制度改革。2003年，学校成立了以教师代表为主体的教学科研评议会，审议决策重大的教学科研事宜。在取得一定运行经验的基础上，又于2006年将教学科研评议会并入学术委员会，并重新定义其职能，进一步理顺学校的学术管理制度。汕头大学学术委员会是制定学校学科发展战略和教学科研政策的最高学术权力机构，其工作范围涉及教学、科研的各个方面。学术委员会下设计划与指导委员会、教学委员会、科研委员会、学位

（研究生教育）委员会和学术纪律委员会，它们分别受理有关职能部门提交的重要事宜并提出决策建议，最终由学术委员会讨论决定。在学术委员会中，教师代表占大多数，突出了教师在教学、科研活动中的主体地位，体现了学术独立和学术自由的教育思想。学术委员会同时吸收学生代表参加，目的是在学校的重大教学、科研决策中落实"以学生为本"的办学理念。

3. 建立透明的高校财务管理体制

汕头大学从 2004 年起着手财务管理体制改革，强力推行中央会计制。学校设立财务总监一职，财务管理的组织结构力求扁平化，减少管理环节，提高财务效率。在校董会的大力支持下，学校不断深化财务管理的国际化、现代化改革，采用海外大学财务报告体系编制年度财务报告，推进财务公开化，提高财务透明度。汕头大学每年除编制政府法定报表外，另编制年度财务报告，增加按支出性质分类的财务统计事项，行政支出、学术发展支出、学术支援支出、校舍保养及维修支出、一般教育开支、学生福利及设施、杂项开支 7 个大类列示支出数据，并将有关数据刊于汕头大学年报，上网公布。汕头大学将预算与预算执行结果公开，增强了财务公开化，提高了透明度，有助于优化资源配置，也增强了师生对财务工作的认同和理解。

汕头大学校董会下设财务管理委员会，借鉴海外大学的先进财务管理经验，帮助学校建立健全现代化的财务管理制度。近年来，汕大实行全面预算制度，杜绝没有预算的开支，使资金使用完全置于计划之中，主要做法是采用监控系统对专项资金进行远程、实时的监控，有效保证开支的合理性，以加强总体财务预算及收支管理。学校还加强资金审计监察工作，把监督的关口前移，从预算计划开始，到工程监督，公款审核，以至付款审批皆受到严格控制，以确保资金使用合理。学校从 2001 年开始聘请国际四大会计师事务所之一的普华永道会计师事务所对财务会计报表进行审阅，增强财务报告的公允性。同时，事务所就审计发现的问题、内部控制系统缺陷及管理领域前沿问题等，对学校相关业务人员进行培训，提高员工素质，更新管理知识和理念。

4. 率先开展高校人事管理和分配制度改革

从 20 世纪 90 年代初期开始，李嘉诚基金会在汕头大学设立敬业金

（后改名为教育奖励金），对教学、科研、行政管理等方面有突出贡献的学校教职员工进行奖励。为更好发挥教育奖励金的积极作用，学校邀请国际著名咨询机构麦肯锡公司进行人力资源改革方案设计，在麦肯锡公司的专家指导下逐步推进人事管理和分配制度改革，在全国高校中先行一步，推行全员合同聘任制，彻底打破大锅饭的人事管理和分配制度。在具体做法上，一是完善教育奖励金分配制度，强化其应有的激励功能。从1993年起以李嘉诚先生的捐款设立校内岗位津贴，实行以国家工资和校内岗位津贴双轨运行，统一管理的分配制度改革。2000年，汕头大学改变了以前按职称职务高低确定分配标准的做法，参照国际上的通行做法，重点奖励对学校有突出贡献的单位、专门项目集体和个人，突出业绩导向，强化激励功能。二是推行校内特聘教授岗位薪酬制度，逐步实施国际上通行的教授年薪制。汕头大学于2001年开始实行特聘教授岗位津贴和奖金措施。2005年着手实施年薪制改革方案，第一批对十几位业绩突出的优秀教授实行了特聘教授年薪制，鼓励他们集中时间和精力从事需要较长时间艰苦努力才能取得成果的高水平工作。三是改革定编定岗方法，切实加强和科学规范编制管理工作。2004年下半年，开始探索适合汕大自身特点的定编定岗方法。编制管理工作以是否有利于人才培养、科学研究和师资队伍建设，有利于学校各项工作的正常运转，有利于办学效益的提高为标准，确保学校当前与未来发展的需要。参照国际著名大学的经验，合理设定岗位和薪酬标准。

二、以精细化为导向，开展人才培养模式改革

精细化教育是汕头大学近年来教学改革的重点，是指以学生需求为导向的"精耕细作"式的教育方法。在实践中，学校注重强化学生的学业指导机制，以学分制为核心，精心设计课程体系和评教体系，细化教学环节，激发并满足学生多样化的学习需求，培养学生的终生学习能力，由此确保教学质量的稳定和提高。

1. 稳定生师比，强化学生学业指导

在20多年的发展过程中，汕头大学一直重视保持相对稳定的办学规模，强调走内涵发展的新兴大学之路，并以此作为提升人才培养质量的重要保障。汕头大学是国内极少数没有大规模扩招的高校之一，目前学校的

生师比为11.9∶1，明显优于教育部对本科院校评估的优秀标准16∶1，这也保证了师资和教学设施的充分投入和合理使用。①

表2－2　　　　　　　　2002—2010年汕头大学招生人数统计表

年份	招收本科生人数（人）
2002	1430
2003	1451
2004	1529
2005	1524
2006	1761
2007	1749
2008	1781
2009	1769
2010	1770

在保持相对稳定办学规模的前提下，汕头大学采取一系列措施，强化对学生的学业指导，主要有：控制开课班的班级规模，一般情况下，专业课每班不超过80人；在学分制条件下，选课学生实际达到10人即可开班；学校为每一位本科学生配备指导教师，每位教师指导的学生数不超过30名，在有的学院，每10名学生就配备了1名指导教师，有力地保证了对学生学习的指导，也有利于深入了解并及时满足学生的学习要求。

2. 推进学分制改革，拓展学生学习空间

实行学分制的目的是为了给学生提供更多的空间，让学生选择课程和学习进度，达到对学校教学资源的最充分利用。汕头大学于2003年开始全面推行国际基准的学分制，对人才培养提供理念上、管理上和技术上的全面支持，其目的是培养学生宽阔的跨学科知识基础和思维方式，为学生的终生学习和发展打下良好基础。在实施过程中，学校以选课制为基础，以发展学生个性为核心，进行配套改革，主要涉及人才培养模式改革和通识教育改革两个方面。在人才培养模式改革方面，学校致力于从"以教为主"转变为"以学为主"，在向学生传授知识的过程中，让学生学会如

---

① 汕头大学招生网，http：//zs. stu. edu. cn/。

何学习，着重培养学生的学习能力。通识教育的改革则注重拓宽学生的知识面，要求各专业学生必须完成 12 学分的通识课程，这些通识课程涵盖了自然科学、社会科学和人文艺术学科，其数量也从 2003 年的 20 多门增加到现在的 100 多门。学校还要求所有学生在通识课程中选修"区域研究"（Regional Studies）课程，让学生了解特定国家或地区的政治、经济、文化面貌，拓展他们的国际视野。

3. 开展学评教工作，保证教学质量的提升

从 1998 年开始，汕头大学在每学期末都进行课堂教学质量评估，以期保证教学质量。2003 年，又从美国引进了新的课堂教学质量评估系统，该系统的设计理念先进，指标体系比较合理。它主要以学生"学会了什么"作为测评教师上课质量的出发点，系统共有 37 个评价指标，每一个都可以找到相应的教育学、心理学依据。学校还制定了相应的政策，使那些不能胜任教学工作的教师能够及时转岗。有些学院还结合自身的情况，制定了教师末位转岗制度，在一定时期内，将全院评教得分处于最后两名的教师作转岗处理，同时将排名前三位的教师给予加薪奖励。这些措施提高了教师队伍的素质，也促使教师将更多的时间和精力用在教学工作中，在一定程度上保障了"精细化教育"方针的贯彻落实。

4. 改革教学管理，满足学生主动学习的需求

为了适应学分制的需要，汕大从推进素质教育、突出创新培养的角度出发，开展教学管理改革，在管理过程中努力贯彻"以学生为本"的教育理念。学校尊重学生的学习自主性，把教育的选择权交给学生；采用导师制对学生的学习和成长进行及时引导，制定了《汕头大学本科学生指导教师职责》，对导师的素质做了明确的要求，并结合学校分配制度改革，对执行情况良好的院系进行奖励。提倡建立教师接待制度，为学生提供个性化的学业帮助。成立互助学习中心，培养学生的自学能力。汕头大学于 2004 年 10 月创办了学生互助学习中心（SLC）。互助学习中心为学生提供了一个免费的朋辈学业互助平台，推动学生形成更积极主动的学习习惯。同时，中心采用导生制、学生职员制管理的办法，实现学生对学习的自我管理。学校每年拨出专项经费，用于互助学习中心的管理，同时大力支持互助学习的研究，项目"大学互助学习研究——一种促进学习质量大幅提高的课程形式"被列为全国教育科学"十五"规划重点课题。

学校除注重培养学生的学习能力之外，还下大力气培养学生的创新能力。在李嘉诚基金会的支持下，设立了总额为480万元的专项经费，用于资助学生的科技创新活动和其他学生活动。目前，汕头大学已经形成了以"挑战杯"竞赛为龙头、学生科研立项和学生横向合作科研为基础，以青年科技节活动和社团科技活动为载体，以社会实践活动为补充的工作体系，众多的学生从中受益。

三、大力推进国际化办学进程

1986年，邓小平同志接见李嘉诚，提出"要更开放一些，汕头大学一开始办就要办成高水平的学校"。为了早日实现小平同志的期望，汕头大学把推进国际化办学作为高水平大学建设的重要抓手，以此来培育提升学生的国际竞争力，不断提高汕大的人才培养质量。

1. 提升师资队伍的国际化水平

进入新世纪，汕大校董会提出要突出国际化办学特点，进一步提高办学水平的重大决策，学校采取有力措施加以贯彻落实。"十五"期间，汕头大学开始在全球范围物色、引进优秀的领导人才。2002年，聘请担任美国加州大学伯克利分校助理副校长的美籍华人萧泽丽女士出任副校长，负责实施旨在提高大学生英语教学质量的"英语提升计划"；2005年，又聘请加拿大工程院院士、教育部长江讲座教授顾佩华教授任副校长兼工学院院长，领导工学院依照国际CDIO教育理念，开展人才培养模式改革。几年来的实践证明，具有丰富国际教育经验的外籍专家加入领导班子以后，学校的国际化办学的步伐明显加快。

在师资队伍建设上，汕头大学从20世纪80年代中后期起，就分批选送50多名教师到香港大学等著名高校深造，有力地提升了师资队伍的整体素质，开拓了教师的国际化办学视野。进入新世纪以来，汕大加大资源投入，积极招揽海外优秀人才，经过多年的努力，师资队伍的国际化程度不断提高，具有国际化教育背景的教师人数明显增加。2006年，汕大本部专任教师中具有海外大学学位的教师所占比例就已达到21.60%。学校还采取多种灵活方式，引进一大批海外教师任教，推升国际化教育能力。如长江新闻与传播学院聘请了一批具有海内外新闻媒体实践经验、注重理论联系实际的教师，从2003—2006年，共开设全英语课程31门次，占全部课程门次的24%，开设双语课程27门次，占全部课程门次的21%。长江艺术与设计学院拥有国际顾问团，成员有来自美国、丹麦、中国香港等地的著名专家，为学院迅速建立国际学术平台、开展国际学术交流作出了重要贡献。汕大英语语言中心中外教师的比例为20：20，为学生提供了学习英语的良好环境。[①]

汕大充分利用李嘉诚基金会的资金和海外关系，加强国际学术交流和合作。众多国外一流大学的知名学者访问学校，为本科学生开设课程或讲座，开阔师生的学术视野。诺贝尔奖获得者李政道、丁肇中、詹姆斯－莫里斯、朱棣文，以及丘成桐、潘毓刚、何大一等一批世界级大师，剑桥大学、加州大学伯克利分校等世界一流大学的一些著名科学家被聘为学校名誉、客座或兼职教授，并到校讲学。

2. 探索符合国际标准的课程体系

汕头大学以建立符合国际标准的课程体系为抓手，积极推动办学国际化进程。学校选择若干具有战略意义的发展领域，探索建立符合国际化基准的课程体系。2002年5月，启动"英语提升计划"，按照"确保优质的教学，提供完善的语言学习环境，通过开展形式多样的课内外活动，激发学生的积极性，培养他们的批判性思维"这一思路，确定了提高学生交际能力、基于科研成果的教学创新、批判性思维与自主学习、课内外活动长期共存等四个方向。"英语提升计划"参照国际上英语作为第二语言教学的先进理念，并结合学生英语分级考试结果的实际情况，编制了由七个级别组成的基础英语课程设置方案，并根据一些学生的英语水平和需要，开出了相应的英语课程。同时推出了一系列辅助课堂教学的英语课外活动，例如英语节、英语加油站、英语角等，编写适合汕大学生需求的英语辅助教材。

2005年，汕大参照国际上先进的CDIO（Conceive-Design-Implement-Operate）工程教育框架，提出EIP（Ethics-Integrity-Professionalism）-CDIO人才培养模式，并积极推进该项改革。EIP-CDIO人才培养模式注重培养学生的系统工程技术能力，尤其是项目的构思、设计、实现和运作能力，以及自我发展能力、团队合作精神和系统调控能力。为了顺利实施这一人才培养模式改革，工学院制定了新的培养方案，建立了以工程设计为

① 《人才培养的优势与特色》，汕头大学招生网，http://zs.stu.edu.cn/。

导向、符合国际工程师认证的集成化课程体系，其根本目的是改善汕大工学院乃至相关学科的人才培养质量，提高办学水平和效益，力求从根本上解决中国工程教育存在的理论脱离实践的问题。2006年1月，汕大工学院成为中国高校首个国际CDIO组织的成员。

汕大法学院于2005年大幅度修订了法学本科教学计划，突出国际化和职业化特点，专业方向调整为非诉讼纠纷解决、英美法和日本法3个方向。该学院积极建设谈判技巧、仲裁和争议解决的课程和教材，同时向国际专业机构申请课程认可，期望让学生通过学习和实践得到专业资格。该学院于2005年成功获得香港国际仲裁中心认可开设的调解课程。此外，其他学院也在各自学科以个别课程或课程群体为突破口，借鉴国外大学的教育标准，积极开展国际化教育的实践。

3. 为学生提供国际交流机会

在李嘉诚基金会的支持下，汕头大学是国内为数极少的全部由学校出资支持学生到境外交流学习的大学之一，每年都资助相当数量的优秀学生到境外学习、参观、实习和竞赛，使学生具备开阔的国际视野。汕头大学与澳大利亚墨尔本大学、美国华盛顿州惠特曼学院、日本早稻田大学等国外高校签订了学生交换协议，每年均选送学生到这些大学进行短期学习。汕大还和英国剑桥大学、美国加州大学伯克利分校、加拿大曼尼托巴大学、加拿大卡尔加里大学、加拿大阿尔伯塔大学等国际知名学府建立了紧密关系，开展合作项目。在李嘉诚基金会资助下，每年有25名学术表现优异的汕大学生获得到境外优秀学府进修的机会。"海上学府"项目在中国大陆仅有汕大学生获得机会参与，从2003年开始，汕头大学每年从二年级学生中选派2名优秀本科生参加由美国弗吉尼亚大学组织的前往世界十多个国家作为期3—4个月的"海上学府"学习。同时，汕大努力扩大在海外招生的地域范围，提高海外学生的比例，以此来加快办学国际化步伐。

在李嘉诚基金会的强力支持与推动下，办学不到30年的汕头大学的特色正日益明显。有人说，汕大的变革因其特殊性而不可学，在目前中国的大学体制下，汕头大学相对有能力选择自己的发展道路。但汕大的变革也让我们看到，确实可以用一种新的途径来办大学。前国务院副总理李岚清非常欣赏汕大的变革，曾两次到汕大视察，他对汕大的评价是"中国高等教育改革的试验田"。

第五节　宁波大学的办学特色

宁波大学是一所在改革开放中崛起的新兴地方综合性大学，伴随着宁波城市的快速发展，得益于海外"宁波帮"的广泛支持，学校在短短20多年的办学时间中获得了快速发展，也在校园文化建设、人才培养模式改革、服务侨乡经济社会发展等方面形成了自身的办学特色。

一、富有"宁波帮"文化特色的校园文化

1984年，邓小平同志发出"把全世界'宁波帮'都动员起来建设宁波"的号召。1985年，世界船王包玉刚先生捐资5000万元创办宁波大学，自此以来，60余位"宁波帮"人士关心支持宁波大学的建设与发展，不仅为宁大建设带来了可观的发展资金，更为宁大师生带来了宝贵的精神财富，"宁波帮"文化也成为宁大校园文化的一大特色。

1. 对"宁波帮"文化精神的解读

"爱国爱乡、创新创业"是学者对"宁波帮"文化精神的一种内在解读。1992年，江泽民同志为宁波大学包玉刚纪念馆题词"爱国爱乡、造福桑梓"，这是对以包玉刚为代表的"宁波帮"群体爱国精神的肯定。"宁波帮"也为近代中国社会经济的近代化与现代化作出了重大贡献。在近代上海滩，"宁波帮"工商界人士积极推动国货运动，创新民族品牌，与外国资本进行抗衡。改革开放后，"宁波帮"又为香港回归和推进国家改革开放事业做出了重大贡献。"宁波帮"人士在事业有成后，报效祖国，重教兴学，热心公益，造福桑梓，以不同的方式支持祖国和家乡建设。宁波大学的创建与发展更是众多海外"宁波帮"人士"爱国爱乡、造福桑梓"的集中体现。"创新创业"也是"宁波帮"文化精神的核心内容。近代"宁波帮"以面向时代、艰苦创业的精神，创造了工商业界的许多第一，成功实现从传统商帮向近代企业家群体的转变。正是由于"宁波帮"勇于开拓的创新创业精神，创造了辉煌的事业，获得了卓越的成就。

2. "宁波帮"文化在宁大校园的传承

传承和弘扬"宁波帮"文化是宁波大学校园文化建设的重点内容。

早在建校初期，学校就开展了多种形式的"宁波帮"人士专项纪念活动，每幢捐助大楼奠基与落成典礼、各类"宁波帮"奖助学金颁赠仪式、"宁波帮"文化专题讲座、甬台宁波籍大学生交流互访活动等也成为学校传承"宁波帮"文化的良好载体。学校成立了"宁波帮"研究中心，启动了"宁波帮"文化宣传与研究工程，有系统、有规划地在校园里传承和弘扬"宁波帮"精神。

"宁波帮"校园建筑雕塑。宁波大学校园就像"宁波帮"捐赠陈列馆，校内教学楼、办公楼基本上由"宁波帮"人士捐资助建，并以"宁波帮"人士名字命名，如包玉刚图书馆、包氏教学楼群、包玉书科学楼群、邵逸夫图书馆、李达三外语楼、曹光彪科技楼和信息楼、安中大楼、汤于翰医学楼、宗瑞航海楼、思禹建工楼、绣山工程楼、魏绍相馆、严信才楼、黄庆苗楼等等，师生徜徉其中，切身感受到"宁波帮"人士捐资助学、造福桑梓的恩泽。学校还敬塑了包玉刚、邵逸夫、顾宗瑞、朱绣山、赵安中等塑像，设立了包玉刚纪念馆，在校史馆中专门陈列了"宁波帮"捐资助学事迹，浓郁的"宁波帮"文化特征成为宁大校园的一大独特人文景观。

每年举办"宁波帮"文化节。"宁波帮"文化节每年5月份举行，每次历时一个月，每届文化节的活动项目都在20个左右。"宁波帮"题材话剧的创作和排演是文化节的一大亮点，近年来，以白桦林话剧社、霁云话剧社等学生社团为平台，相继创作并排演了《风雨半生路》、《传薪商人》、《新传薪商人》、《四明银行1938》、《台北之约》等"宁波帮"题材原创话剧小品10余部，观看师生达2万余人次。学校还成立了《宁波帮与宁波大学》讲师团，由研究专家和职能部门负责人组成，面向全体新生开展专题讲座，着重讲述宁波大学的创业发展史和"宁波帮"爱国爱乡、创新创业的故事，以传承弘扬"宁波帮"精神、培育侨校特色校园文化。

开展"宁波帮"文化创作研究。学校把"宁波帮"文化创作研究作为传承弘扬"宁波帮"精神的一种重要载体予以积极推进，立项了"宁波帮"人士传记作品、创业故事、人物史话等创作研究课题。近年来，宁大教师已创作出版了"宁波帮"人物传记和研究著作20余部，如《宁波帮大辞典》、《宁波小港李氏家族》、《鄞县籍宁波帮人士》、《马衡传》、

《浙江籍港台巨商》、《钱业巨子秦润卿传》、《走出象牙塔：蒋梦麟传》、《一诺九鼎·朱葆三传》、《宁波帮志·教育卷》、《宁波帮志·科技卷》等等。另外，"宁波帮"动画短片，"宁波帮"人物绘本等也正在积极创作。

3. 秉承"宁波帮"文化的办学实践

"宁波帮"文化是宁大校园文化的基因，它深刻影响着学校的办学实践与师生的行为选择。在"宁波帮"文化的滋养下，宁波大学及其广大师生以实际行动践行着"宁波帮"精神、传承着"宁波帮"文化。

爱国爱乡、回馈社会。宁波帮"爱国爱乡的行动激发了宁波大学师生回馈社会、报效祖国的内在热情。宁波大学历任领导和师生在"宁波帮"捐资助学精神感召下，无不以办好宁波大学为己任，千方百计抢抓机遇，加快宁波大学发展。宁波大学利用自身侨资性大学的办学优势，积极为推进祖国统一大业服务。自1993年起，由宁波大学为主举办的甬台宁波籍大学生交流互访活动已成功举办18届，如今，这一活动已成为宁波大学与在台高校和在台宁波籍人士紧密联系的纽带，对促进海峡两岸青年学子的相互了解和沟通起到了十分积极的作用。宁波大学的志愿者是文明宁波城市建设的一支生力军，每年暑期都有100多支青年志愿者队伍义务奔波在宁波大地，为外来民工子女辅导功课，为困难人群提供法律援助等，如今，宁波大学党员义工队伍已达4000余人。宁大学子还用自己的爱心帮助四川省沐川县底堡乡建起了干剑白鹭希望小学。许多宁大毕业生在事业有成后，也以"宁波帮"为榜样，积极履行社会责任，以实际行动回报"宁波帮"的深情与厚爱。仅2006年宁波大学校友总会成立以来，共收到来自各界校友捐赠款物总值超过2000多万元，资助和奖励了6000多名学生、100多名优秀教师、60多个创业团队。

创新创业、造福桑梓。"宁波帮"创新创业的精神是推动年轻的宁波大学不断进取、争创一流的强大动力。在20多年的发展历程中，宁波大学勇于开拓、敢于创新。在人才培养上，宁波大学是国内高校最早实施学分制的高校之一，并于2001年开始按学科大类招生，探索实施"平台＋模块"的教学改革，成为国内许多高校学习借鉴的样板；宁波大学于1999年4月创办了浙江省首家国有民办二级学院---宁波大学科学技术学院，为浙江省乃至全国高等教育改革发展做出了积极的贡献；宁波大学也是国内最早开展高校人事分配制度改革的高校之一。在学科专业建设上，宁大以服务侨乡经济社会发展为已任，面向侨乡经济社会发展实际需要设置学科专业，2011 年 3 月，当《浙江海洋经济发展示范区规划》获国务院正式批复，海洋经济发展上升为国家战略之时，宁大及时组建海洋学院，服务浙江海洋经济建设。"宁波帮"创新创业精神也激发了广大宁大学子创新拼搏的激情，学生创新创业能力不断增强，在 2008 年全国"挑战杯"大学生创业计划竞赛中，宁波大学"M-home"特种用房创业团队更是一举夺得了金奖。2011 年，在全国"挑战杯"省级选拔赛中，宁波大学 25 件参赛作品中共有 24 件获奖，其中特等奖 3 项、一等奖 4 项，二等奖 8 项，三等奖 9 项，取得了重大突破。近年来，有近 60% 的宁大毕业生留在宁波工作，毕业校友中有不少人利用宁波的良好环境，在外贸、信息、建筑等行业中创业有成，成为推动宁波经济社会发展的一支生力军。

二、富有宁大特色的人才培养模式改革

宁波大学在 20 多年的办学实践中，始终坚持"学生为本"的办学理念，在人才培养的体制机制方面进行了一系列改革，成功探索了基于"平台＋模块"课程结构体系的人才培养模式，并构建了基于学生自主选择的人才培养体系，形成了人才培养上的宁大特色。

1. 学校的人才培养理念

我国传统的人才培养往往以"配给"的方式，让学生被动接受学校的教学资源，忽略了其对教学要素的自主选择，不利于学生学习兴趣和创造潜能的调动。宁波大学通过改革实践体会到：学生是学校教育教学改革的直接受益者和主要参与者，有权利且有必要选择学校的教学资源，学校应为学生的成长成才选择创造良好的条件、提供有效的指导。为此，学校提出了"把成才的选择权交给学生"的人才培养理念，即赋予学生自主选择专业、课程等教学资源的权利，让学生学习喜爱的专业和课程，从事感兴趣的学习活动。

把成才的选择权交给学生，不仅增强了学生学习动力，调动其主观能动性，而且发挥了学生创造潜能，促进其个性发展。同时，自主选择是学生个人爱好与社会需求统一协调的过程，能使学生更好地认识社会、认识

自我，培养自主、自立、自强的责任意识，也能够锻炼学生的选择能力，逐步学会选择。把成才的选择权交给学生，相当于将市场经济的竞争机制引入学校，使专业和教师面临竞争压力甚至生存压力，这种压力能有效地激发教师的教学改革与创新热情，并转化为持续发展的动力，促进教学质量的提高。学生对学校教学资源的选择也一定程度上反映了社会的人才需求，为学校合理配置教学资源、优化专业结构提供了依据，提高了学校人才培养的社会适应度。

2. 基于学生个性化发展的人才培养方案设计

基于"平台＋模块"的课程结构体系。在"把成才的选择权交给学生"的理念指导下，宁波大学根据人才培养的共性要求和专业培养的基本规格，基于学生的成才选择，构建了通专结合的"平台＋模块"课程结构体系，该课程体系由通识教育平台、学科大类教育平台、专业教育平台、专业方向模块、创新创业训练计划组成。通识教育平台课程面向所有学生，涉及人文素养和科学素养的培养，旨在拓宽基础、沟通文理、增强能力、健全人格，包括人文科学、社会科学、自然科学、工程技术、综合五大板块的课程。学科大类教育平台涉及同一大类各专业最基础的课程，着眼于为学生构筑宽厚的学科基础和宽广的发展空间；学科大类以学科相近、基础融通为原则，由相同或相近学科门类的专业归并而成，目前有经济与管理、法政文史、工程技术、自然科学、生物与化学等12个学科大类。专业教育平台的课程主要体现专业的知识、能力和素质的共性需求，旨在培养初步的专业素养，掌握基本的专业理论和技能。专业方向模块旨在强化学生的专业知识，培养专业应用能力和社会适应能力，其课程兼顾了前沿性和实际性。创新创业训练计划由第二课堂教学体系规范整合而成，以项目形式开课，旨在提高学生的创新意识和实践能力，实现第一课堂与第二课堂的良性互动。整个课程体系平台之间逐层递进、平台与模块之间有机联系，学生具有多层次的学习选择机会，即按学科大类招生，入学后还可以选择学科大类、在学科大类中选择专业、在专业中选择专业方向模块，体现了通识教育不断线、能力培养不断线、创新创业训练不断线、自主选择不断线。在该课程结构体系的支持下，传统的学生培养流程得以重构，如下图所示。

专业培养方案架构。为确保各专业的培养质量，在培养方案设计中，

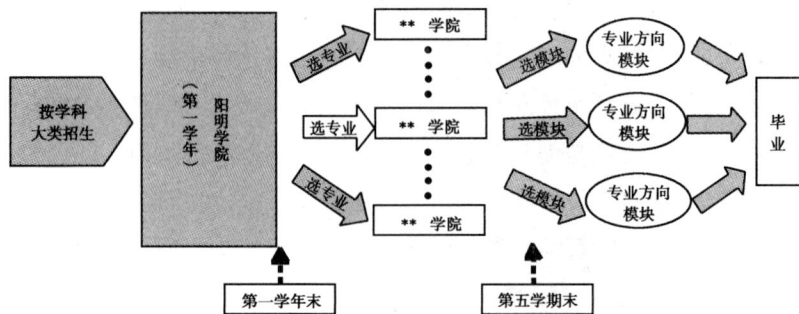

图 2-1 面向学生多层次选择的人才培养流程

通过合理分配学分构成，协调通识教育与专业教育，统筹理论教学与实践教学，规划第一课堂与第二课堂；通过设置各种教学模式的课程，提高学生学习能力。为扩大学生的选课空间，在培养方案中规范了必修课与选修课的比例，并在每个平台和模块中科学地设置选修课程；要求所有课程每学年开课，部分课程每学期开课，确保学生能够自主安排学习进程。为拓展学生发展渠道，各专业还以专业教育平台课程为核心，采用逐层递进的方法，设计了辅修专业、双专业、双学位的培养方案。据此，各专业的培养方案从整体架构的设计上确保了专业培养的共性要求与学生发展的个性需求的协调，也为不同学习能力、学习需求的学生选择个性化的课程创造了条件。

3. 体现以"学生为本"的人才培养机制

学生管理机制。为构建基于学生自主选择的人才培养体系，实施按学科大类培养，指导学生适应大学、学会选择，宁波大学成立了阳明学院，专门承担按学科大类培养的一年级学生的教学管理、学习指导、学习习惯培养和专业分流等。目前除航海、体育等特殊专业外，全校新生入学时不分专业，第一学年统一由阳明学院实施教育教学管理，第二学期末选定专业后进入相关学院学习。这样对学生实行大类培养和专业培养的分段式管理，可以在师生中建立公平竞争的平台，使学生更加努力学习，使教师更加关心学生，使学院更加注重学生培养。

自主选择机制。宁波大学制定并逐步完善了面向学生选择的各项管理规则：对于专业分流，实行"志愿＋考核"的规则，即在尊重学生选择志愿的前提下实施择优分流，近三年专业分流第一志愿满足率均超过

92%。允许专业特长学生、成绩优秀学生以及因专业志向或身体原因的学生按规定转学科大类和转专业。专业方向模块则基本由学生自主选择确定。在选课方面,学校将各类选修课以课程菜单的形式向全校学生开放,学生根据学校的选课细则选择修读,各专业的必修课则按先修后续规则由学生选择修读学期。

学习指导机制。宁波大学成立了校院两级学习指导机构,组建了由专任导师、班导师、任课教师、教学管理人员、辅导员、优秀学长等组成的学习指导队伍,开通了学习指导网站,形成了一个立体化的学习指导网络。通过专业展示活动、讲座、咨询、网络交流等形式,对大一学生进行成才规划、专业选择、学习方法、管理政策和心理调适等方面的指导,帮助学生合理规划人生,理性选择专业。通过学习预警、网络交流、班级学导制、专业导师制等形式,指导高年级学生安排学习进程、科研训练、专业能力等,使学生更好地成长成才。

教学建设机制。学校制定了重点专业、优秀课程、优秀教材、实验室的四大建设管理办法,规范教学建设制度,逐步形成涵盖国家、省、市、校的专业、课程、实验室的优质教学资源体系。其中充分重视课程建设在教学建设中的核心地位,通过打破课程壁垒、优化课程体系、整合课程内容,形成科学的课程模块。通过开展探究式(示范)课程建设,推行启发式教学、讨论式教学、案例教学、问题导向教学等,并以说课评比、座谈沙龙等形式推广普及。实行课程考核方式多样化,重视学生学习过程和学习能力的考核。通过对实验课的内容、手段、形式的改革,提高实验效果;以校企合作的形式保障学生的实习资源和实习质量,提升学生实践能力。

质量管理机制。学校建立了学院、基层学术组织、教师等层面的教学质量责任体系,通过教学业绩考核,将教学工作、学生成才质量成为学院党政一把手的教学责任,把教学创新、教学质量的责任落实到教师。通过领导干部听课、学生评教、专家评教,对教师的教学工作进行过程监督和全面评价。实施"百万教学奖励计划",表彰、鼓励教学团队和教师积极投入教学改革。

资源优化机制。学生的选择促进了宁大教学资源配置方法的改革,宁波大学在人才引进、人员编制、经费分配等方面建立了与教学工作、学生规模密切相关的制度，使教学资源的结构趋于优化、使用效益得以提高。同时，学生的选择使专业和教师逐步形成了优胜劣汰的倒逼机制，有效激励各专业改造、发展，使专业人才培养更符合社会的需求。

三、服务侨乡经济社会发展的办学实践

宁波大学秉承依托侨乡、融入侨乡、服务侨乡的办学宗旨，以宁波经济社会发展需求为重点，以科学研究和技术创新为途径，大力提高学科建设水平；以构建服务型教育体系为指导，积极推进宁波市应用型人才培养基地建设；以科技创新平台为载体，着力开辟产学研工作新渠道；以政策措施为保障，以与宁波地方部门、企业的科技合作为载体，调动广大教师积极投身地方服务；通过一系列举措的有效实施，增强了学校服务侨乡宁波经济建设的能力，提升了服务社会发展的水平，也有力地促进了学科、专业特色的加快形成。

1. 强化服务侨乡办学理念，积极构建服务型教育体系

宁波大学在创建之初就确立为宁波开放服务的办学宗旨，确定建设具有鲜明地方特色的综合性教学研究型大学的办学目标定位，坚持"立足宁波、紧贴浙江、面向全国"的办学方针，坚持优化资源配置，增强创新能力，突出发展重点，加快融入地方，形成鲜明特色的办学思路。同时，宁大明确提出要"培育特色、融入地方"，积极构建和完善服务型的教育体系。

宁波大学在办学过程中，结合宁波社会经济发展对各学科专业、各层次人才需求状况，及时改造学校的传统学科与专业，调整人才培养规模、层次及类型结构，积极发展与宁波市经济社会发展紧密相关的高素质人才。学校以学科为依托、以专业为载体、以产学研结合为途径，联合在甬高校及相关企业合作培养应用型人才，建设专业人才培养基地。在宁波市组织建设的 10 大应用型人才培养基地中，宁波大学主持经管经贸、机电模具、IT 产业、文化服务等 4 个基地建设，并全面参与其他 6 个基地建设。

宁波大学围绕侨乡发展需求，致力于应用型人才培养。初步形成了多层次、多形式的办学培训体系，培训项目主要有：政府招标、补贴或授权培训项目，行业委托培训项目，以及各学科专业自主开发的面向社会的培

训服务项目等三大类型。2006—2009 年累计开展各类教育培训项目 216个，培训人数近 9 万人次。如针对宁波新农村建设需要的现代农业人才，宁大举办了"优秀农民进高校"高级研修班；宁大还承担了海水养殖、农产品加工与营销等宁波市委托培训项目。宁大开展的"母亲素养工程"社会培训项目，受到全国妇联的高度评价。针对宁波开放城市建设需要的涉外平台和人才，宁大利用学科优势开展涉外管理人才的专项培训，与宁波市委组织部等开展高级干部国际化战略人才培养合作。宁波大学作为我国培养和培训航运事业各层次人才的重要基地之一，多年来为宁波及周边地区多家航运企业培养培训具有国家认证资格的专门人才。宁大致力于为社会培养高层次创新型人才，举办了宁波市中小企业高级工商管理研修班、中澳 MBA 项目等。宁大还通过加强在职研究生的合作培养，积极与地方政府管理部门、企事业单位开展专业硕士推广班等途径加大为地方培养专业人才的力度。

2. 充分发挥特色学科优势，服务地方产业转型升级

宁波大学重点建设与地方产业发展相关的优势特色学科，以地方支柱产业和主导产业为重点，找准与地方的结合点，建立校地、校企、校所合作平台，创新产学研合作模式，开展地方急需的重大项目研究，在"立地"基础上去争取"顶天"的项目，并在国家级重大奖项、重大项目方面取得了一批标志性成果。

一是进行"强强合作"的技术集成创新。围绕地方海洋与水产产业发展的关键共性技术，与农业产业化国家重点龙头企业、国家重点高新技术企业——宁波天邦股份有限公司合作，开展了海水生物活饵料与全熟膨化饲料的技术创新研究。该项科研成果获得 2006 年度国家科技进步奖二等奖。二是"面向产业"的科技成果转化。针对地方电子信息产业的关键共性技术，与地方龙头企业开展"无线多媒体通信传输与终端系统关键技术"研究，该项成果获得 2009 年度国家科技进步二等奖。三是科研团队服务行业龙头企业。宁大充分依托重点学科、科技创新团队、科技创新平台，加强与地方行业龙头企业联合攻关，"宁波大学与金田集团组建跨学科团队解决关键问题"产学研合作案例被评为 2008 中国高校产学研合作十大优秀案例。实践证明，侨资性大学只有和侨乡经济社会发展紧密结合，才能保持全面、协调、可持续发展。侨资性大学的优势特色学科只

有在服务侨乡产业转型升级中作贡献，才能凸显学科的优势特色和社会影响力。

3. 提高咨询服务能力，为区域发展提供全方位的决策服务

宁波大学充分利用学科综合优势，与地方政府部门联合组建了宁波市区域经济研究中心、宁波市新农村建设研究中心、宁波市社会工作教育研究基地、宁波市城市管理研究中心等一批决策服务平台，同时，围绕区域经济发展战略和地方产业布局，积极引导和鼓励广大教师深入基层开展调查研究，为地方政府提供决策参考依据和咨询服务，形成了一批人文社会科学创新成果。

应用经济学科团队依托国际贸易学浙江省重点学科和浙江省海洋经济与文化重点研究基地，组织学科队伍，在港口经济与国际贸易、金融发展与经济增长等研究方向开展创新研究。研究报告"涉及农村金融促进农产品国际贸易的对策建议"得到国家领导人和银监会领导的重要批示。研究成果"农村金融与农村经济协调发展机制与模式研究"获得 2009 年教育部人文社会科学优秀成果二等奖。

宁波大学与宁波市委市农村工作办公室联合成立的宁波市新农村建设研究中心近年来完成各类新农村建设规划、新农村建设相关技术研究等 50 余项，并牵头编制《宁波市新农村规划建设技术导则》，在宁波多个乡镇建成"宁波市新农村示范基地"。承担世行新农村生活污水治理工程项目可行性方案研究通过世行专家组论证，世行正式予以立项；编制的《宁波市农村生活污水综合治理实施方案》受到了宁波市政府的肯定，并被采纳。

4. 深化战略合作，建立"双向互动、以点带面"的合作平台

在宁波市委、市政府的支持下，宁波大学与宁波 11 个县（市）、区政府和市国家高新区建立全面合作关系，先后与宁波各县市区地方政府部门联合举办了十余次大型的科技合作交流活动，促成各类签约项目达百余项，极大地推动了校企合作的积极性，也孕育了一批合作成果。宁大还采取与地方政府部门建立公共服务平台、设立技术转移中心、选派科技特派员（块状经济专家）等一系列有效措施，服务于地方行业和产业的建设。宁波大学还通过"百名教授进企业"，启动"百名企业家进校园"活动，实现技术与市场的真正联动。到 2009 年底，宁波大学已组织四批"百名

教授、博士进企业"活动，共有 400 余人次的教授、博士深入 250 余家宁波地方企事业单位，参与企业的生产实践活动。2007 年，启动"百名优秀企业家、高级管理人才进校园"活动，共有百余位优秀企业家、富有经验的高级管理人才受聘为宁波大学相关学院的兼职教授，将企业对技术和人才的要求直接传递给学校的教师和学生，缩短技术研发与市场需求的距离。多年来，宁波大学利用多学科、综合性优势，以地方经济产业发展为导向，联合宁波行业龙头企业共建一批联合实验室、研发基地及相关工程技术中心等产学研创新平台，有力地推进了产学研相结合的技术创新体系建设。

第六节　五邑大学的办学特色

五邑大学的创建是五邑乡亲集腋成裘，众志成城建成的产物。它承载着侨乡人民的梦想和希望，侨乡民众不仅给予五邑大学物质和精神方面的极大支持，同时赋予学校一种特殊的侨乡人文情怀。办学以来，五邑大学以服务侨乡发展为使命，不断推进应用型人才培养，形成了自身的办学特色。学校大部分毕业生留在了五邑侨乡工作，为侨乡经济建设和社会发展造就了一大批"下得去、留得住、用得上、干得好"的高素质应用型人才。

一、传承和弘扬侨乡优秀文化，构建有特色的侨校育人体系

五邑侨乡人杰地灵，具有深厚的历史底蕴和丰富的文化积淀，特别是近代以来，外来文化和本土文化有机融合，形成了鲜明的侨乡文化特色。作为根植于侨乡的大学，五邑大学始终把传承与弘扬优秀的侨乡文化作为自己的办学使命。经过长期努力和探索，学校形成了用侨乡文化精髓育人的办学特色，即充分利用侨乡文化资源，把以爱国爱乡、开放兼容、开拓进取、艰苦创业为主要内容的侨乡文化精髓，融入人才培养之中，建立了具有侨乡文化特色的育人体系。

1. 体系产生的背景

侨乡文化的优秀传统为五邑大学育人体系的形成提供了丰富的资源。五邑侨乡素有"唤起民众，提倡教育"的传统，近代以来，侨乡形成了从小学到高中的完整教育体系，至今五邑城乡最漂亮的建筑多为学校。侨乡办学最主要的目的是育人，"博我以文，约我以礼；健吾之体，正吾之心"，希望将侨乡子弟培养成为德、智、体、心、艺全面发展的人。五邑大学作为侨乡教育体系中最高端的部分，理应发扬侨乡文化的育人传统，重视育人体系的构建。①

对学生进行社会主义核心价值观和爱国主义教育是大学的职责。如何使这种教育贴近实际、贴近生活、贴近学生，通俗易懂、生动活泼，是大

---

① 引自《五邑大学教学评估材料》。

学思想政治教育的一个重大课题。而侨乡文化具有鲜明的爱国爱乡精神，这种精神体现在丰富而又生动的历史事件和人物行为之中，表现出个人命运与民族、国家命运紧密联系的显著特点。这些历史事件和人物行为恰恰可以成为社会主义核心价值观和爱国主义教育的生动案例。所以，五邑大学建立具有侨乡文化特色的育人体系，既是自己的使命又具有十分有利的资源条件。

2. 体系建立的过程

五邑大学具有侨乡文化特色的育人体系的建立，经历了一个从形式到内容，从物质到精神，从单一到系统的逐渐探索、培育、发展的过程。学校创办之初，广泛征询各界意见，用"五邑"这个对侨乡海内外乡亲最有感召力的俗称为大学命名，并参照海外华人社区鼓励慈善公益行为的惯例，用捐建者的姓名为楼宇命名并铭刻在楼体最醒目的地方。现今，五邑大学校园内以华侨华人和五邑域名命名的50多幢教学行政与生活楼宇形成了一道独特的校园侨乡文化风景线，给人一种直观的文化视觉冲击，让生活在校园中的每一个学生都时常感受到海内外乡亲爱国爱乡的情怀，形成了学校育人环境的文化底色。

进入20世纪90年代中后期，一批专家学者深入侨乡社会，积极挖掘、整理、研究侨乡文化，在侨乡历史、侨乡建筑、侨乡名人等方面，取得了一批研究成果。校园的侨乡文化学术氛围日益浓厚，为构建具有侨乡文化特色的育人体系不断提供新的资源。有的专家学者逐渐将自己的学术研究成果引入课堂教学。学校对侨乡文化育人特色的培育发生了从"自在"向"自觉"的转变，校园的侨乡文化底色升华为侨乡文化研究的特色，形成了侨乡文化育人体系的雏形。进入新世纪以来，五邑大学明确提出，要将侨乡优秀文化全面、深入地融入校园，丰富校园文化内涵，充实大学精神，通过第一和第二课堂的结合，以侨乡文化精髓教书育人，培养学生"系侨情、学侨史、知侨心、懂侨务、建侨乡"，进一步完善了侨乡文化育人体系。

3. 体系的基本构架

以校园的建筑景观为育人体系外在的物质基础。五邑大学的建筑环境设计，一座座铭刻捐赠者姓名的楼宇，以及镌刻在楼宇内的具有中国传统文学韵味的纪念碑记，彰显着海内外乡亲捐资办学的义举，表达出侨乡人心胸开阔、爱国爱乡的情感，营造了具有浓郁侨乡文化品位的校园育人氛围。

五邑大学将侨乡文化的研究成果融入课堂教学，丰富教学内容，实施了思想政治理论课"05 方案"，充分利用五邑侨乡文化资源，在形成思想政治理论课教学内容的地方特色方面重点开展工作，积极寻找侨乡文化教学资源与统编教材的结合点，进行了有益的探讨和尝试。学校在思政统编教材的基础上，编写了《五邑侨乡历史文化概论》，作为"中国近现代史纲要"教学内容的有益补充；编写了《侨务工作与侨务政策法规》，作为"思想道德修养与法律基础"和"形势政策"课教学内容的补充。在"毛泽东思想、邓小平理论和'三个代表'重要思想概论"课程中，大量使用侨乡社会经济、文化、法制建设方面成就的事例，增强大学生对邓小平理论、"三个代表"重要思想、科学发展观的理解，取得了良好的教学效果。

学校还将侨乡优秀文化融入其他课程教学当中。中文系的课堂教学多方面吸纳侨乡文化，"中国古代文学史"专章介绍明代大儒陈白沙的诗歌；"古代戏曲研究"专章讲授粤剧；"方言与文化"专章分析五邑侨乡方言的特点；编写《五邑魂——五邑人与五邑文化精神》作为"中国文化概论"的乡土辅助教材；在"中国文化地理"教学中介绍五邑侨乡的地理环境特征和历史地理变迁，研讨其与侨乡形成之间的关系，而且带领学生实地考察五邑地理、村落、街市，研究世界文化遗产开平碉楼，使学生收获良多；在"中国民俗文化"课中，对五邑侨乡的风俗民情分类进行详细讲述，并从文化学、历史学、民俗学、社会学的角度进行解析，帮助学生更感性化地贴近五邑侨乡；学校开设了"五邑华侨华人史"、"五邑民俗"等公选课程；不定期举办开平碉楼、侨乡文化的学术讲座，让学生多渠道多形式地了解侨乡文化丰富多彩的内涵。学校还将侨乡优秀文化融入常年开展的科技节、学生课外科技活动之中，以丰富的课外学习实践促进育人体系内涵的扩展。

4. 体系的具体实施

结合大学生认知规律，五邑大学根据不同年级的实际情况，在实施侨乡文化育人过程中设定了不同的教育重点：一年级重点抓"系侨情"教育，组织新生参观五邑华侨博物馆和校史展，到开平碉楼、陈白沙纪念馆、梁启超纪念馆等校外爱国主义教育基地开展活动，并开设《五邑魂》等专题讲座和选修课，使一年级学生了解侨乡的基本情况，热爱侨乡，热爱邑大。二年级重点抓"学侨史"，从"中国近现代史纲要"课程中安排四个课时，专门学习《五邑侨乡历史文化概要》，让学生通过五邑侨乡历史这面镜子，看中国近现代史的兴替，进一步认识中国人民为什么选择中国共产党的领导和选择走社会主义道路。三年级重点抓"知侨心"，结合暑假社会实践"三下乡"和专业实习，开设《五邑商业巨子》等课程，让学生从理论到实践真切了解侨乡发展的历史演变规律和改革发展趋势，学习侨乡商业巨子艰苦创业的精神，真正知道侨乡人民所思所想所盼，从而把握侨乡文化的精髓，立志做侨乡人民满意的大学生。四年级重点抓"懂侨务"、"建侨乡"，结合就业指导，进行"侨务工作与侨务政策法规"教育，给学生提供在侨乡工作必备的侨务知识，鼓励学生们留在家乡，下到基层，建设侨乡，为侨乡实现社会主义现代化建功立业。

在侨乡优秀文化熏陶下，五邑大学学子身上逐渐形成了"博爱、感恩、通达、兼容、和气、务实"的侨乡文化特质，促进了学生将个人的追求与国家的利益相结合，形成正确的人生追求；帮助学生养成知恩图报，回馈社会的意识，形成良好的道德品格；帮助学生体验人生的艰辛，领悟深邃的人文世界；开阔了学生的视野，培养他们胸怀天下、海纳百川的气度；也培养了学生锐意进取、开拓创新、与时俱进的精神境界。

二、培养高素质应用型人才，服务侨乡经济社会发展

20 世纪 80 年代，改革开放初期的五邑侨乡独立建市，不论是干部队伍还是专业技术队伍，都面临着人才难求的困境，尤其机械、化工、电子和工业与民用建筑以及英语、中文、经济管理等方面的专业人才更是短缺和急需，这就决定了学校在创办之初的专业设置必须紧密地与侨乡最急迫的社会需求相结合。五邑大学一开始就是按照本科综合性大学来建设的，学校创办之初就确定了以工科为主，多学科协调发展的学科专业建设思路。

1. 打造应用型人才培养特色的背景

培养应用型人才是地方需要和学校定位的必然结果。侨乡经济社会的快速发展及其产业结构决定了地方需要大批上手快、能实干的应用型人才。五邑大学作为位于地方中心城市、办学历史不长的高校，要在高校林立、竞争激烈的大环境中求生存、上水平，必须坚持"找准定位，错位发展"，在自己应有的类型和层次上争创一流、办出特色。因此，培养应用型人才不仅是适应侨乡需要，更是学校的必然选择。

应用型人才必须突出实践能力及创新精神的培养。在我国，生产方式正由传统的劳动密集型逐渐向技术密集型转变，作为一所定位于应用型的地方本科院校，必须在人才培养模式上有所创新，即在保证学生具有一定的通识教育基础和较强的专业基础的前提下，突出实践能力和创新精神的培养。这样，培养的人才既具有较强的专业发展潜力，又具有上手快、适应能力强的特点和初步科技研发的能力。

实践能力及创新精神培养必须因地制宜、拓宽渠道。要实现具有实践能力和创新精神的应用型人才培养目标，除了要合理构建以应用为导向的基础及专业知识结构体系外，还必须强化实践教学体系的设计并有效实施。当前，由于受到客观环境和办学资源的限制，高校的实验实训环境和条件与企业及社会的实际情况存在较大差异。此外，学校自身也缺乏动手能力强、实践经验丰富的教师。因此，要实现具有实践能力和创新精神的应用型人才的培养目标，仅仅依靠教学计划内的实践教学环节和校内资源是远远不够的，必须探索向课外和校外延伸的途径。为此，五邑大学从1999年起，就确定了第一课堂和第二课堂相结合、校内校外相补充，充分利用各种资源，大力开展产学合作教育和课外科技活动，拓宽实践能力及创新精神培养渠道的工作思路，在培养具有实践能力和创新精神的高素质应用型人才方面进行了积极的探索与实践。

2. 推进应用型人才培养特色形成

为了探索在新形势下开展产学合作教育的途径，五邑大学提出了"一个坚持、两个提高、三个加强、四个到位"的工作思路。"一个坚持"是：坚持从培养高素质应用型人才的目标出发，大力推进产学合作教育。"两个提高"是：提高对在新的形势下加强产学合作教育重要性和紧迫性的认识；提高学校和院系两级教学主要领导产学合作教育方面的理论水平和开拓能力，积极探索新形势下开展产学合作的新途径和新方法。"三个加强"是：加强学校和院（系）两级班子对产学合作教育工作的领导；

加强与相关政府部门和企事业单位的沟通和联系，建立一批稳定的产学合作教育基地；加强对产学合作教育的理论总结和研究，及时总结和推广一些好的做法和经验。"四个到位"是：在开展产学合作教育的过程中，要做到领导到位、政策到位、指导教师到位和经费到位。同时提出要注意"三个结合"，即：在内容上，专业教育与动手能力培养相结合；在时间上，学期内正常教学环节与假期生产实践活动相结合；在组织形式上，集中和分散相结合。

由于思路明确，制度保障，措施有力，多年来，五邑大学各专业根据自己的实际情况，扬长避短，积极探索开展产学合作教育的途径和方式，学校也及时对一些成功的做法进行总结和推广，逐步形成了学校开展产学合作教育的基本模式和主要特色。

在组织形式上，产学合作教育采取了"团队组织"和"化整为零"两种模式。五邑大学从 2000 年开始，在暑假期间就组织部分专业的学生以班级为单位到相关企业进行半个月左右的生产实践活动，除特殊情况外，要求所有同学均要参加。学生除了解相关企业的生产和管理流程外，还通过跟班参加生产劳动，了解具体的生产工艺和技术。计算机、经济管理和文科类专业一般不具备组织学生大批量集中参与生产实践的条件，就采取"小规模作战"或"单独作战"的方式进行。如计算机专业的学生以 3—5 人为一组分散到银行、海关、通信公司等行业几十个点实习；汉语言文学专业也是 3—5 人为一组利用假期到各级政府部门、电台、电视台和报社进行新闻采访或文书档案管理实习。

在目的和效果上，学校针对不同年级学生的状况与需求，形成了"专业适应性训练"、"创新与科技研发能力培养"和"毕业设计（论文）与择业兼顾"三种产学合作教育模式。对于一、二年级学生，考虑到他们对社会缺乏认识，对自己所学的专业不甚了解，不懂得如何自主学习，学校主要对他们进行"专业适应性训练"，组织工科和文科专业的一、二年级学生利用暑假去相关企事业单位进行 2—3 周的生产实践活动。通过听相关人员的讲座和直接在一线工作等方式，让学生了解企事业单位的基本情况，了解管理程序，了解自己将来所要从事的专业，从而提高认识，明确学习方向，为下一步的专业学习奠定好基础。对于已经具备一定专业知识的三、四年级学生，学校则采取三种形式着重对他们进行"创新与科技研发能力培养"：一是通过各种途径了解合作单位在管理或技术改造等方面的需求，组织学生有针对性地开展研究活动。二是学生在工厂或企事业单位从事生产实践的过程中，直接参与合作单位的工程设计或技术改造项目。三是吸收学生参与学校与企业合作开发的项目。学校还提倡"毕业设计和就业兼顾"的产学合作教育模式，以使毕业设计（论文）的选题更多地来自企业实际工程技术或管理问题，以提高毕业设计（论文）的针对性和质量。

为了给开展产学合作教育提供条件，学校还根据需要适当调整教学安排。如为了抓住每年春秋两次"广交会"和江门市旅游节、机械产品交易会需要大量的翻译人才的机会，及时调整教学安排，组织外语系高年级学生参加翻译实践，不仅解决了地方的急需，也有效地提高了学生的翻译能力。

在开展产学合作教育的过程中，五邑大学注重解决产学合作教育基地建设和加强对产学合作教育的理论研究。在基地建设方面，以"双赢"为目标，通过为企业提供发展战略和管理战略咨询、为企业技术改造提供技术支持、提供人力资源培训和为企业推荐优秀毕业生等，有针对性地为企业办实事，使企业在产学合作教育的过程中也成为受益方，从而取得合作单位的信任和支持。2000年以来，学校与江门五邑及珠三角地区400多个单位建立了产学合作关系，并与其中127个单位签订了协议，成为学校长期稳定的合作基地。

第七节　仰恩大学的办学特色

1994 年 7 月，仰恩大学作为中国教育改革的试点，由仰恩基金会独立办学。作为全国第一所具有颁发国家本科学历证书和授予学士学位资格的私立大学，仰恩大学坚持社会主义办学方向，坚持育人为本、德育为先的教育理念，通过构建立德树人育人体系，形成了自身的办学特色。

一、立德树人，校训先导

仰恩大学建校之初，吴庆星便提出了"学会做人，守信笃行；学会做事，创业有成"的十六字校训，以此彰显办学理念，激励全校师生。仰大校训，是在吸收中华民族优秀文化传统基础上，又融汇了吴先生个人丰富的人生经验而形成的，其中充满了具有真知灼见的教育理念，是仰恩大学立德树人，走特色办学之路，办有特色大学的理论基础。

仰大十六字校训，囊括了处于经济全球化背景下，仰恩学子如何主动适应社会需求，实现个人价值的全部内容，概括精准，含义深刻。"学会做人，守信笃行"，体现了对立德树人的高度重视和对传统美德的自觉继承。正己修身，古代贤哲十分重视。儒家强调"自天子以至于庶人，皆以修身为本"。修身之事，本非一端，吴庆星却突出强调为人处世以诚信为本，是有其深意的。一方面，诚信是从古至今都十分强调的道德标准；另一方面，诚信又包含了使命感、责任感和报效祖国、服务人民等人格修养内容。仰大校训不仅继承了中华民族的优秀传统，而且体现了鲜明的时代精神，体现了举办者对学生创新精神、创业能力的高度重视。"学会做事，创业有成"不仅体现了吴庆星对仰恩学子的要求和期许，也为学校如何培养人才、培养什么样的人才指明了方向。

"学会做人"和"学会做事"，强调的是"学会"，这体现出对学生主体地位的强调与重视。仰大校训集中表现了仰大的举办者和管理者对大学功能的正确认识和对国家教育方针的自觉认同，它包含了以下教育理念：私立大学和公立大学一样，应始终把立德树人放在首位；在育人中，应把讲诚信、有使命感作为学生人格培养的重点；学校教育的每一环节中，都应充分尊重学生的主体地位；学生的人格修养，是一个在学校引领下，充分发挥个人积极性、主动性，在实践中逐渐养成的过程；高等学校培养的人才应该德智体美全面发展，成人与成才不可偏废。这些理念，已经成为仰恩大学教育教学改革的理论基础。

二、完善"立德树人"的教育制度

建立与办学理念和谐一致的相应学生管理制度，是学校实现人才培养目标的重要保证。吴庆星和仰恩大学历届领导对这一问题都十分重视。经过十几年的努力，仰恩大学逐步建立起较为完整的学生管理、教育制度体系，为学校立德树人目标的实现提供了有力的制度保证。

1994 年 7 月，在吴庆星主持下，仰恩大学制定了学生管理方面的第一部文件《仰恩大学学生守则》，确定了仰大立德树人的基本规范。此后，学校还制定了一系列教育管理制度。为增进学生的爱国情感，学校建立了升国旗制度，自建校以来，仰大始终坚持每天升国旗制度。建立了以爱国主义为核心的民族精神和以改革创新为核心的时代精神、社会主义荣辱观的宣传教育制度，学校利用政治课和校园网、广播、宣传廊等形式开展宣传教育活动，加强学生的理想信念教育、国情与形势教育和社会主义道德教育。建立了增强诚信意识的考试制度，严格考试各环节管理，从命题到成绩评定都制定质量规范，以减少乃至杜绝作弊现象，体现公平竞争原则，培养学生诚实守信品德。建立培养竞争精神的学习奖励制度，仰恩基金会自出资金，建立仰恩奖学金、吴庆星奖学金，奖励德智体美全面发展的学生。建立了增强集体观念的班级组织制度，仰恩大学各班级，除班委会组织外，另设学习小组，学习小组在教师指导下，开展学习互助或其他有利于提高学生素质的活动，由于优秀小组的评选，使小组成员的竞争意识、集体观念明显增强。建立了加强情感体验的劳动制度，仰大的教室、宿舍卫生和草坪管理，都由学生负责，通过学生的日常劳动，培养其热爱劳动、热爱劳动人民的情感。

仰大的学生管理制度，以社会主义核心价值体系为中心，以社会主义道德为价值取向，以学生在校期间应遵循的爱国守法、明礼诚信、团结友善、积极向上的基本道德规范建设为重点，表现出基本道德与综合素质并重，约束与激励兼行，诚心关爱与从严管理相统一的特点，在立德树人工作中，起到了规范与导向作用。

三、落实"立德树人"教育的有效载体

人的道德水准的提高是一个在实践中逐步养成的过程。实践为行为主体提供了培养道德情感，加强道德意志，增强道德修养自觉性的条件。正是基于这种认识，仰恩大学始终以实践养成作为立德树人的主要途径，通过落实有效的教育载体，加强对学生的实践教育，取得了显著成绩。

长年坚持升国旗仪式。吴庆星虽生长于国外，但对祖国却怀有赤子之心。他看到在商品经济日益发达的社会背景下，青年学生中爱国主义意识淡化和爱国行为淡漠的现象比较严重，对此深感忧虑。他借鉴其他国家举办国旗月的经验，决定在仰恩大学各校区长年举行升国旗仪式，以此激励师生爱国热情，培养他们对自己国家的认同感、归属感和自豪感。仰大学生，每人每周都要在自己的宿舍区参加一次升国旗仪式。仰恩大学于1996年9月组建国旗班，目前，共有成员近500人。这是一个由校学生事务部直接领导的学生组织，采用半军事化管理，主要负责仰恩大学周一至周六的升降旗任务，以及国庆庆典等校内大型活动的升旗、前导等仪仗任务。国旗班以弘扬爱国主义精神为己任，力求展现当代大学生朝气蓬勃、积极向上的精神风貌，在爱国主义教育中，起到了较好的榜样示范作用。这一爱国主义教育实践活动，从建校开始，一直坚持下来，对培养学生的爱国主义情感，发挥了积极的作用。

重视民俗节日和革命节日的教育功能。在全球化背景下，有一些大学生对西方文化情有独钟，热衷于过"洋节"，这种现象反映出在我们的教育中传统与现代断裂的严峻现实。针对这种现象，仰恩大学的举办者和管理者，十分重视民俗节日和革命节日的纪念活动、庆祝活动。无论元宵、清明还是中秋，学校都要举办相应的纪念活动。吴庆星辞世后，每到清明之日，全校各班学生都自觉地到他的墓前祭拜、宣誓，缅怀其爱国兴学之功德，表达立志成才之宏愿。对革命节日，学校十分重视，办图片展，举行各种纪念活动。一年一度的"五四"合唱节，更是全校师生人人参与的盛事。通过举办这些活动，不仅增强了学生爱国、爱校的情感，而且增强了他们对中华文化的认同感。

发挥传统文化的育人功能。在仰大校区附近，吴庆星兴建了两处景观：山上为康济庙，山下为霞井延陵吴氏宗祠。宗祠之修，自有颂祖德、聚族众之意，但据祠内碑文载，"桑梓民族情感不衰，宗祠实为维系之纽带，因倡新祠之议"。可见，建宗祠更寓有"爱国正德"之意。康济庙始建于五代，祀奉神主为林公昭德。林公为唐代镇闽官员，因其"铲邪芟恶"、"康弱济贫"，多惠政于民，故闽人敬呼其为王公，修庙祀之。自五代至清，祭祀香火不绝。仰大建校前，此庙几成废墟。2001 年，吴先生出巨资兴建。吴氏宗祠和康济庙已成为仰大周边重要的文化景观。仰大师生于课余假日，三三两两登仰恩亭，游康济庙和吴氏宗祠，瞻先贤之丰仪，感殿堂之肃穆，饱览湖光山色之胜，不仅丰富了业余生活，更能于骋目游心之际，收化育之效。①

开展多种形式的实践教育活动。为使学生了解国情，在实践锻炼中增长才干，仰恩大学坚持开展包括假期社会调查、国庆社会宣传、青年志愿者活动和到素质教育基地接受教育等形式的社会实践活动。每年国庆期间，学校组织若干文艺小分队，到周边农村演出，同村民一起欢度国庆。这项实践活动，已坚持了十多年，受到地方政府和村民的好评。校团委组织的青年志愿者活动，经常利用课余假日帮助周围小学的学生开展丰富多彩的课外活动，或到敬老院开展关爱老人的活动，利用暑假开展社会调查、社会宣传活动等，广大学生在实践中受到了教育、增长了才干、得到了锻炼。

培养提升学生审美能力。仰恩大学建校以来，始终把开展全员性审美教育放在重要地位，积极创造条件，坚持开展美育工作。建校伊始，便从全国各地招聘多名音乐、舞蹈和美术教师，组建音乐教研部和书画艺术研究室，作为开展美育的骨干力量。学校规定，学生在校学习期间，必须学会一种西洋乐器或民族乐器，并要通过文艺部老师的考核。学校为给学生搭建自我教育平台，积极支持社团活动。学校坚持开设艺术概论、影视鉴赏、戏剧鉴赏、唐诗鉴赏、书法基础、音乐选修等人文素质类课程，引领学生走进美的天地，在审美熏陶中逐步形成自己美好的品德和高尚的人格。此外，还通过开设有针对性的讲座、举办演讲活动和读书活动来抵制

---

① 引自《仰恩大学教学评估材料》。

社会上低俗化、感性化等不良审美风尚的影响，帮助学生分清美好与丑恶、崇高与低俗，引导学生走出感性沉沦的误区，进而树立正确的审美理想、审美观念和对生活的审美态度。

积极构建全员育人体系。2002 年 6 月，仰恩大学建立了党委。为加强与改进立德树人工作，学校建立了党政齐抓共管的工作制度，积极构建全员育人的工作体系。学校认真贯彻落实思想政治理论课改革方案，不断加强教师队伍建设，切实提高思想政治理论课教学效果。学校加强班主任队伍和辅导员队伍建设，2007 年，仰大从具有硕士学位的共产党员教师中，选拔德才兼备者 76 人，担任辅导员工作，建立起专兼结合的学生工作队伍，为立德树人工作提供了坚实的组织保证。学校各级党组织充分发挥政治核心作用，加大社会主义核心价值体系的宣传力度，充分利用网络、宣传廊和讲座等形式，加强理想信念教育、形势任务教育和社会主义荣辱观教育。在要求入党的学生中，加强党的知识的宣传，积极慎重地扩大党的队伍。这些措施为学生思想道德教育工作的开展，提供了坚实的保障。

仰恩大学在办学过程中始终不渝地坚持开展以爱国主义教育为重点，以提高学生综合素质和竞争能力为目标的立德树人活动，逐步在全校形成了尚德、崇学、务实、进取的风气，熔铸了仰大学生爱国重义、勤勉质朴、诚实守信、开拓进取的品格。全国侨联和福建省教育厅先后授予仰恩大学"爱国主义教育基地"称号。2006 年 4 月，福建省委授予仰恩大学"党建和思想政治工作先进高等学校"光荣称号。

第 三 章

侨资性大学的管理体制

侨资性大学办学体制多元、资源渠道多样、海外联系广泛，有着天然"混血文化"的优势。在多年的办学实践中，侨资性大学积极改革、努力探索，在高校管理体制改革方面作出了很多有益的探索，其多元的管理体制在我国高校群体中十分独特。不断深化侨资性大学独特管理体制的探索实践，总结其中的经验得失，对进一步深化我国高校管理体制改革有着积极的现实意义。

第一节　高等学校管理体制改革概述

由于特殊的办学目的、资金来源、所负责任等因素，侨资性大学从建立之初便实行各具特色的管理体制，在管理体制改革道路上作了很多有益的探索。作为我国众多高校中的一个类群，侨资性大学管理体制的深化改革也应沿着我国教育管理体制改革的基本走向进行，要朝着我国高校管理体制改革的目标——建立现代大学制度的方向努力。

一、我国教育管理体制与高等学校管理体制的历史演变

高等学校管理体制主要是指高等学校的组织系统、管理制度、管理手段及其运行机制，也可以说是指高等学校如何组织和管理，以实现各个系统、各种要素的合理配置、组织和运作。[①] 不同国家、不同时期的高等学校管理体制有所不同，这同经济体制、政治体制等有关，尤其与教育管理

---

① 谈松华：《我国高等学校管理体制的未来模式初探》，《教育研究》1995 年第 9 期。

体制密切相关。因此，研究高等学校管理体制改革，首先要把握我国教育管理体制改革的基本情况。

所谓教育管理体制，是一个国家在一定的政治、经济和文化制度基础上建立起来的对教育事业进行组织管理的各项制度的总和，教育管理体制是整个教育体制得以构成和运行的保障，它对学校教育管理体制改革和发展的方向、速度、规模有直接的影响。[①] 教育管理体制涉及教育系统的机构设置、职责范围、隶属关系、权力划分和运行机制等方面，其外延包括以教育领导体制、办学体制和投资体制为核心的一系列教育制度。对高等学校的管理体制而言，高等教育管理体制的影响则更为直接和具体。高等教育管理体制是指中央和地方行政组织机构的设置、隶属关系和相互间的职权划分，以及政府主管部门和高等学校的关系。[②] 高等教育管理体制改革的进程直接影响高校管理体制改革，而高校管理体制改革的不断推进也将使教育管理体制不断得到完善。

（一）新中国高等教育管理体制改革进程

1. 新中国成立至 1957 年：高等教育整顿期，建立高度集中的中央集权管理体制

这一时期我国正处于国民经济恢复时期，高等教育也处于整顿和发展的初期，高等教育结构较为单一，学校数量也较少，实行高度集中的中央集权管理是符合当时的国情实际的。据统计，1954 年全国共有高等学校 188 所，由省、直辖市、自治区代管的学校只有 17 所，占全国高校总数的 9.5%；1955 年全国高校发展为 227 所，全部隶属于高教部和中央业务部门领导。[③]

2. 1957—1978 年：高等教育管理体制调整期，实行中央与地方两级分权管理

从 1957 年下半年开始，我国高等教育管理体制进入了调整时期。这一时期的教育管理体制仍然体现明显的计划经济时代特点，主要表现为权

---

① 参见 http://baike.baidu.com/view/660377.htm。

② 刘宝存：《改革开放以来我国高等教育管理体制的回顾与前瞻》，《复旦教育论坛》2009 年第 7 期。

③ 孙秀斌：《我国高校管理体制的沿革、现状及改革模式》，《科学决策》2008 年第 11 期。

力仍然集中于中央，同时实行条块分割的管理模式。据统计，1965 年全国有高等学校 434 所，由高等教育部直接管理的 34 所，中央业务部门管理的 149 所，各省、直辖市、自治区管理的 251 所，形成了统一领导、中央与地方分组管理的格局。[①] 受当时的历史条件所限，这一时期进行的高等教育管理体制改革，实际上只是调整高等学校的隶属关系，尚未涉及高等学校独立实体地位的改革。

3. 1978—1997 年：高等教育管理体制恢复时期，逐步形成比较完善的高等教育管理体制

1978 年 12 月 18 日，党的十一届三中全会召开。党中央重新确立了"解放思想、实事求是"的思想路线，对政治、经济领域进行全面拨乱反正。在这样的大背景下，高等教育管理体制也进行了一系列改革。1985 年颁布的《中共中央关于教育体制改革的决定》提出"必须从教育体制入手，有系统地进行改革，改革管理体制，在加强宏观管理的同时，坚决实行简政放权，扩大学校的办学自主权"。这也构成了这一时期高等教育管理体制改革的主要内容。

4. 1997 年至今：高等教育快速发展时期，开始新一轮高等教育管理体制改革

1997 年党的十五大召开之后，高等教育开始新一轮更深层次管理体制改革，其核心内容是进一步落实高校办学自主权。此轮改革尤其强调调动各方面的积极性和主动性，增强高校的自主性。通过政府转变职能，逐步建立中央、地方两级管理、以地方为主的领导模式，努力把高校建成相对独立的办学实体，进一步扩大和落实高校办学自主权。2010 年全国教育工作会议召开和《国家中长期教育改革与发展纲要》颁布，必将对高等教育的发展产生极为深远的影响，可能会标志性地将高等教育带入另一个发展阶段，但这种预判还需要若干年以后检验。

（二）我国高校管理体制改革的几个主要阶段

从前面关于教育管理体制改革进程的回顾，可以发现在高等教育整顿和调整期，高校的自主权尚未受到足够的重视。直到 1978 年十一届三中全会后，尤其是 1985 年《中共中央关于教育体制改革的决定》颁布，才

① 孙秀斌：《我国高校管理体制的沿革、现状及改革模式》，《科学决策》2008 年第 11 期。

系统地提出了扩大高校办学自主权等问题，也开始了实质意义上的高校管理体制改革。因此目前关于高等学校内部管理体制改革的标志，比较公认的说法是《中共中央关于教育体制改革的决定》的颁布。[①] 回顾我国高校管理体制改革历程，基本可以分为以下几个阶段：

1. 1985—1993 年：高校管理体制改革试点阶段

1985 年 5 月，《中共中央关于教育体制改革的决定》颁布为标志，高校管理体制改革在教育体制改革的大背景下拉开了帷幕。改革先期在南京大学、东南大学进行试点，初见成效后，1991 年底又新增 5 所试点高校，1992 年试点推广至国家教委下属的 36 所高校。[②] 1992 年 11 月，又出台了《关于普通高校内部管理体制改革的意见》。总的来说，试点阶段的高校管理体制改革是在国家教委主导下的部分高校稳步推进。

2. 1993—1997 年：高校管理体制改革全面铺开

1993 年 2 月，国家教委颁布《关于普通高校内部管理体制改革的意见》，之后中共中央、国务院颁布《中国教育改革和发展纲要》，明确提出要"积极推进以人事制度与分配制度为重点的改革"，高校管理体制改革开始以人事制度与分配制度改革为突破口，全面铺开。改革内容涉及学校面向社会自主办学的体制、学校的后勤体制改革、学校的招生和毕业生就业制度、学校科研和科技开发体制（含科技产业）、学校董事会制、基金制及对学生采取收费后的奖贷学金制等。

3. 1997 年至今：高校管理体制改革深入推进阶段

1997 年党的十五大提出"优化教育结构，加快高等教育体制改革步伐，合理配置教育资源，提高教学质量和办学效益"，从此高校管理体制改革得以向纵深发展。1998 年 8 月、1999 年 2 月，《高等教育法》与《面向 21 世纪教育振兴行动计划》的颁布和实施进一步推动高校管理体制改革向纵深方向发展。正是高校内部管理体制改革的不断深化，为高等教育大众化、高校合并重组、"211"工程、"985"工程等高等教育领域

---

① 张应强、程瑛：《高校内部管理体制改革：30 年的回顾与展望》，《高等工程教育研究》2008 年第 6 期。

② 毕宪顺：《高等学校内部管理体制改革研究综述》，《中国特色社会主义研究》2005 年第 2 期。

的重大变革打下了重要基础。

二、教育管理体制改革的基本方向

从对新中国成立 60 多年来我国教育管理体制改革发展的历程回顾，可以发现我国教育管理体制改革的基本方向表现出几个明显的特点。

1. 领导体制从高度集权到适度分权转变。从新中国成立初期的高度中央集权，到后来的条块分割，再到中央地方共管、以地方为主，以及现在强调高校法人实体地位，落实高校办学自主权，这是教育管理体制改革的基本路线。在这个过程中，我们看到政府在不断下放权限，过去教育管理权高度集中于中央政府和中央教育行政管理部门的状况已经得到很大扭转，地方政府和高校自身正在获得更多的管理权和自主权。具体表现在两个方面：一方面是地方各级政府对本地方教育活动的管理权限进一步扩大。过去，无论是学校的建设、专业的设置和学科的调整，还是课程、教材、教学大纲与教学计划的审定，基本上是由中央政府和中央教育行政管理部门集中统一管理，地方政府只是执行者而已。现在，基础教育管理权已经属于地方政府所有，高等教育管理的权限也正逐步下放给地方，如已经高度集中于国务院学位办的博士学位授予权审批等，现在都通过改革给予了地方政府更大的自主权。另一方面是学校尤其是高等学校的办学自主权进一步扩大。《高等教育法》第 32—38 条明确规定了高等学校的七项办学自主权：招生权，学科、专业设置权，教学权，科学研究权，国际交流权，人事配置权，财产使用权。

2. 办学主体从政府包揽向多元办学转变。随着民办教育的快速发展，我国教育管理体制正不断改变过去政府包揽办学的格局，逐步建立以政府办学为主体，社会各界共同办学的体制。主要表现在两个方面：一是学校的举办主体由过去一元化向现在举办主体多元化迈进。各种不同的社会力量办学的兴起，民办学校的涌现，以及与国际上有关组织机构的合作办学等，都说明了教育管理体制改革中举办主体多元的走向。而且这种趋势还在不断深化和进一步扩大。二是学校的举办者、管理者和办学者也逐渐从混同走向分离。过去，在政府包揽办学的体制中，学校的举办者、管理者和由政府任命的学校领导基本上都是同一的，即实际上都只是代表政府。如今，由于政府以外的举办主体得到不断壮大，而学校也获得了较大的自主权，从而带来了举办者、管理者、办学者之间的分离和差异。这有利于更好地动员各种社会资源发展教育，有利于调动办学者的积极性。

3. 办学模式从计划体制向市场机制转变。这种转变主要表现在教育供给与教育需求间关系的转变上。社会的教育需求逐渐从完全由政府提供教育供给的约束下解放出来，获得了相对的独立性，同时教育供给本身也呈现出多元的状况。通过经济体制的改革和社会主义市场经济体制的不断健全，各个地方、各个部门初步形成了一定的利益主体，有了相应的利益驱动和约束，成为教育需求的现实主体。市场经济大背景下进行的劳动人事制度、工资制度等改革，也使得教育，尤其是高等教育与人们的自身利益有了内在的联系，从而促使个人在教育需求上有了更为实际和主动的选择，高等教育的计划性正不断融入市场元素。

三、高等学校管理体制改革的基础

从 1985 年《中共中央关于教育体制改革的决定》颁布，高等学校管理体制改革启动至今，经历了 25 年的改革历程，取得了令人瞩目的成绩。但这一改革并未完成，大部分领域还处在摸索、攻坚阶段，个别地方还存在一些值得注意的问题。这些成绩与问题，构成了高等学校管理体制改革的基础，也是我们研究下一步改革任务与内容的前提。

（一）高校管理体制改革的初步成效

1. 通过强化政府教育服务职能，初步实现高校自主办学。随着社会主义市场经济地位的进一步确立，教育领域也开始积极探索建立面向社会依法自主办学的体制和运行机制，学校自主办学、政府宏观管理、社会积极参与的新型管理体制逐步形成。在行政管理体制改革的大背景下，教育管理也不断改革"行政化"管理模式，不断强调教育行政部门的服务与指导职能。同时，社会评估监督制度不断建立健全，相对独立于教育部门的督导机构和机制正在不断完善。

2. 通过调整高校内部权力结构，逐步实现学院制管理。随着高校规模不断扩大，多数学校通过改革已初步建立校院系三级管理体制，学校的教学、科研、人事、财务等学术、行政权力适当下放给院系一级。但当前学院、系更多只是进行一般教学管理和学生管理，如何实行真正意义上的学院化管理，还需要不断摸索，使院系真正成为相对独立的办学实体，拥有更大的自主权，以增强基层自主适应能力和自我寻求发展的动力。

3. 通过扩大学术民主管理权力，探索"教授治校"组织形式。"教授治校"指的是大学教师参与学校的管理。让教师拥有治学权和参与决策的权力是改革的方向，也是高校学术活动的内在逻辑决定的。部分高校已经通过建立和完善决策机构、咨询审议机构和监督机构，重视发挥教师民主参与管理和监督的权力。在探索"教授治校"的进程中，需要注意的是要避免简单认为"治校"就是具体担任某一行政职务，而要注重探索保障教授参与决策与监督的权力。

（二）高校管理体制改革中的几个问题

可以说，高等教育现在是我们社会中发展最快、也是最为复杂的社会事业之一，大多数高校总是忙于一轮又一轮的管理体制改革，以努力开创新的局面和推动事业的发展。在看到改革成效的同时，我们也要清醒地意识到，高校管理体制的改革也存在一些值得我们注意和讨论的问题。

1. 改革自上而下，高校的改革主体作用未发挥。从高校管理体制改革进程的回顾可以看到，我国高校管理体制改革带有明显的"统一规划、自上而下"的色彩。我国高校管理体制改革是在教育主管部门的主导下进行的，改革的内容和思路大多是根据教育主管部门的规定。这种改革方式，容易形成范围广、规模大的改革浪潮，且易于控制改革的方向和进程。但这种改革模式也导致高校改革的被动性，高校缺乏改革主体的内发自主性。这样，高校从一开始就可能以一种被动的方式去对待改革，主动性和积极性受到抑制，校内难以形成对改革作出积极反应的内部力量，从而最终影响改革的成效和质量。

2. 改革方向趋同，高校的个性化特征不明显。在前几轮改革中，高校的主要取向是"趋同"，而不是"求异"。在自主权相当有限的情况下，高校改革基本按照上级的意见和要求来进行。而体现个性化特征的"求异"改革则鲜有见到，一方面是由于前面说的改革本身就是自上而下的；另一方面也是由于"求异"意味着风险。根据教育管理的客观规律，高校改革应具有内在的主体规定性，即必须从自身存在的问题和条件出发，才能真正具有意义和取得较好的效果。而且改革本身就带有革新和创造的成分，不"求异"的改革不是真正的改革。"趋同"

的改革从本质上只能说是模仿，是套用，不利于高校的长远发展。政府应更加宽容地鼓励高校根据自身特点，开展自发式的个性化改革。

3. 改革认同不一，来自利益群体的阻力难消除。改革实质上是关系和利益的重新调整或变更，管理体制的改革更是涉及内部关系的重新调整。利益的重新分配是较为敏感的问题，难免会引起利益群体的密切关注，这种关注对改革而言往往是负面和消极的。由于这种关注，学校内部会出现利益全体分化，进而导致内部的冲突和竞争，使内部无法形成合力去推进改革。以往的改革主要是凭借行政权威和科层组织来推进，这时内部利益群体更容易觉得成了改革面向的对象，而不是改革依靠的主体，从而对改革消极抵制。这种对改革认识上的不一，势必影响不同群体和个体对改革的参与程度和主动程度，可能使改革在基层和特定群体中受到阻碍，甚至落空。

四、高等学校管理体制改革目标：现代大学制度

现代大学制度是相对于计划经济体制下的传统大学制度而讲的。现代大学制度是指与社会主义市场经济体制相适应，符合高等教育规律，政府宏观调控，高等学校依法自主办学，管理体制与运作机制相统一的高等学校管理制度的总称。[①] 现代大学制度分为广义和狭义两种，广义的现代大学制度是指高等教育系统，举办者、管理者、办学者权责清楚，政教分开，与社会主义市场经济体制相适应，符合高等教育规律的高等学校管理制度。狭义的现代大学制度是指高等学校（办学者），面向社会，依法自主办学，实行民主管理，与社会主义市场经济体制相适应，符合高等教育规律的高等学校管理制度。本书所言我国高等学校管理体制改革的目标是建立现代大学制度，就是指狭义上的现代大学制度。现代大学制度包括两个基本层面，一是国家层面的关于大学的制度安排，涉及大学与政府的关系、大学与社会的关系、大学与大学的关系等方面。二是大学自身层面的内部制度设计，主要表现为大学的内部治理结构。现代大学制度的核心是"面向社会，依法自主办学，实行民主管理"。

---

① 毕宪顺：《建立现代大学制度：高校管理体制改革的目标》，《山东师范大学学报（人文社科版）》2003 年第 4 期。

1. 面向社会，就是要依靠社会、服务社会，这是现代大学制度的发展方向。面向社会办学，从根本上说是面向社会的发展，是为社会的可持续发展，为人类、民族带来幸福和进步的发展办学，而不只是眼前需要什么就办什么专业，什么赚钱就办什么专业。面向社会，不仅要体现在专业设置、办学形式、教学管理和实施等方面，更为根本的是要从培养人的质量方面努力。面向社会，也是学校办学走向开放的最基本特征，它不仅意味着高校要为社会发展服务、满足社会要求，同时意味着高校要善于依靠社会，积极吸取社会对学校发展的有利因素，提高学校对社会发展的影响力和社会地位。唯有从各方面建立高校与社会的双方向沟通，积极相互作用，高校才会在新世纪获得新的动力，形成新的生长点。①

2. 依法自主办学，就是依法治校、落实办学自主权，这是现代大学制度的实现路径。高等学校自批准设立之日取得法人资格，在民事活动中依法享有民事权利，承担民事责任。《高等教育法》第32—38条明确规定了高等学校的自主权：招生权，学科、专业设置权，教学权，科学研究权，国际交流权，人事配置权，财产使用权。依法治校是实现自主办学的条件，办学自主权本质上也是一种公共权力，高等学校在实施这些权力时，必须符合国家和社会的公共利益，必须贯彻国家的教育方针，遵守法律和国家主管部门规定的条件与程序，不得根据自己的主观意志，任意行使，也不得放弃和转让。这就是说自主办学是有条件的，这个条件就是依照法律和国家规定进行。这种"边界"既是对高校的一种限制，也是对高校的一种保护。

3. 实行民主管理，就是要积极推进"教授治校"，这是现代大学制度的保障。民主是现代社会的重要内容，任何一种社会制度，没有民主，就没有先进性。任何一种管理制度，离开民主，就不能成为先进的制度。高校要通过教代会等形式，依法保障教职工参与民主管理和监督。实事求是地说，民主管理是目前我国高等学校最为薄弱的一个方面。这和大的背景也是分不开的，应该说整个社会的民主与政治的现代化还需要相当长的时间，表现到高校即是"官本位"意识较强，学术氛围不浓，"行政化"倾

---

① 叶澜：《深化中国高等学校内部管理体制与运行机制改革的研究报告》，《教育发展研究》2000年第5期。

向较为严重；学术权力淡化，政治权力、行政权力不够规范；服务意识弱化，权力意识强化。高校决策也往往因领导人注意力的改变而改变，往往以领导职务的高低作为决策是否正确的标准，民主管理在体制和机制上都没有真正实现，在实际上也还有很长的路要走。

第二节　侨资性大学管理体制现状与改革优势

高等学校管理体制的核心内容是高校的治理结构，所谓治理结构是一个组织中各方利益群体的相互关系，它通过权力的配置和运作机制来达到关系的平衡，以保障组织的有效运行并实现其根本目的。[①] 我们从考察侨资性大学治理结构入手，研究侨资性大学的管理体制改革。

一、从治理结构考察侨资性大学的管理体制

所谓侨资性大学治理结构，简单地说，就是侨资性大学内外利益相关者参与侨资性大学重大决策的结构和过程，其核心问题是侨资性大学决策权力的分配问题。考察侨资性大学办学历史发现，侨资性大学具有独特的治理结构：厦门大学在设立之初便设立董事会，由陈嘉庚先生担任永久董事，学校管理体制几经变更，目前实行党委领导下的校长负责制，同时设立教育发展基金会，负责筹集资金、支持发展；暨南大学、华侨大学均设立董事会，对学校重大事务起决策和审议作用；宁波大学成立之初实行校长负责制，目前实行党委领导下的校长负责制，同时设立教育发展基金会，作为独立法人为学校发展募集资金；汕头大学设立董事会，协助政府加强对学校的领导，对学校的重大决策进行审议和指导；仰恩大学办学之初由福建省教委直接管理，后于 1994 年作为中国教育改革试点，由仰恩基金会独立办学。从办学历史和治理结构的发展轨迹可以看出，侨资性大学由于特殊的办学目的、资金来源、担负责任等因素，从建立之初大多构建了有利于发挥侨胞积极性的治理结构，其发展得到了海外侨胞的大力支持，也得到了政府的政策扶持，发展较快。随着时代变迁与高等教育发展，这些学校不断分化，采取了各自不同的治理结构，目前侨资性大学治理结构大致可以归纳为三种类型。

---

① 　熊庆年、代林利：《大学治理结构的历史演进与文化变异》，《高教探索》2006 年第 1 期。

1. 侨胞参与的董事会制度

暨南大学、华侨大学和汕头大学均设立董事会，实行校长负责制。侨资性大学的董事会一般由政府官员、侨胞、社会各界等知名人士组成，侨胞通过董事会获得了参与学校管理的机会。需要指出的是，这三所大学的董事会不同于国内其他公立高校董事会，二者在性质上有根本差别。国内其他公立高校所谓的董事会，只是高校为筹措资金、推动发展所采取的一种非决策组织形式。而这三所侨资性大学董事会定位为协助政府加强对学校的领导，对学校的重大决策进行审议和指导的组织。可见，这三所侨资性大学的董事会是具有实质内容的董事会，是学校的决策组织，这是我国公立高校治理结构的一种例外。在这三所大学中，暨南大学、华侨大学由国务院侨办直接管理，办学定位主要面向华侨，侨性特点非常突出。汕头大学则是其中受侨资捐赠最多的学校，一直受李嘉诚先生巨额资助，同时实行最严格意义的董事会制度，李嘉诚教育基金会通过董事会形式深度参与学校管理。

2. 党委领导下的校长负责制

厦门大学、宁波大学和五邑大学都建立了与一般公立大学基本无异的党委领导下的校长负责制。同时，为了发挥侨性优势，获取更多的支持，这些学校都在现有管理体制框架下设立了旨在帮助学校筹集资金、支持学校发展的组织机构，如成立教育基金会、董事会、发展促进委员会等。厦门大学在成立之初便设立董事会，学校管理体制几经变更，目前设有教育发展基金会负责筹集资金、支持学校发展。宁波大学也设立了教育发展基金会和发展促进委员会，为学校发展募集资源。五邑大学于2008年成立董事会，定位为学校筹措教育发展基金、调动各方面积极性和创造性，充分发挥各种特有资源作用支持学校改革与发展的重要组织形式，因此其性质更类似于教育基金会，而非真正意义上的董事会。

3. 基金会领导下的校务委员会制

仰恩大学于1994年作为中国教育改革试点，由仰恩基金会独立办学，侨资完全参与学校管理。由于仰恩大学是由基金会独立办学，在管理体制上具有很大的自主性，长期坚持实行校务委员会制。校务委员会在我国高校中并不陌生，但在1989年明确高校实行党委领导下的校长负责制后，校务委员会已经不再被明确提起。虽然一些高校保留了校务委员会，但一般也只是作为学校的咨询机构，往往不再发挥实质性作用。而仰恩大学校务委员会由仰恩基金会直接领导，是学校的核心领导机构，对全校教学、科研和行政工作负全面领导责任。仰恩基金会则作为仰恩大学的最高领导机构，确定仰恩大学的办学方向、办学模式、办学规模和培养目标等重大事宜，并监督、指导仰恩大学校务委员会的工作。

侨资性大学不仅在内部管理体制上具有各显特色的治理结构，在外部管理体制上也是各有千秋。如厦门大学属教育部直属重点建设高校，并由教育部、福建省和厦门市联合共建；暨南大学和华侨大学是国内两所受国务院侨办直接领导的高校，与其他高校管理体制有较大不同；宁波大学和汕头大学属省属重点建设高校，其中宁波大学实行省市共建共管体制；五邑大学属市属主要高校；仰恩大学 1988 年由福建省政府办学，从 1994 年7 月起，由仰恩基金会独立办学。可见，侨资性大学无论是内部治理结构，还是外部管理体制，都可以说是国内高校发展现状的一个缩影。

二、侨资性大学现行管理体制存在的问题

侨资性大学由于各校基础与发展阶段的不同，采取了各有特色的治理结构，对高校管理体制的探索作出了很多有益的尝试。考察侨资性大学治理结构，我们可以发现有一个共同的特点，总体而言侨资性大学管理体制仍保留着一定的特色，但这种特色没有被不断加强，反而有所淡化。归纳起来，侨资性大学现行管理体制主要存在以下一些问题。

1. 侨资参与不够，影响办学资源获取

办学资源对于高校发展具有极端重要性，然而随着我国高等教育的大发展，教育的进一步发展已经明显受限于资源紧缺。以资金为例，据胡卫教授等人的研究，2000—2010 年我国高等教育年均所需建设性投入为 150亿—210 亿元，而政府实际能够提供的只有 38 亿元，年均投入缺口为 112亿—172 亿元。[①] 高等教育大力发展的强烈需求与国家财政支付能力不足之间存在着尖锐的矛盾，高等教育财政资金来源的多样化已经被人们所认可。然而，在筹措资金方面具有明显侨资优势的侨资性大学表现却很一

---

① 胡卫、丁笑炳：《我国民办教育发展的目标模式与政策》，《教育发展研究》2000 年第 6期。

般。侨资性大学办学之初都得到了侨资的大力支持，但近几年来随着第一代侨胞逐渐淡出，侨资捐赠相对减少，而且捐赠项目愈加理性，资金的提供量与侨资参与管理的程度密切关联。汕头大学由李嘉诚先生通过董事会直接参与管理，也得到来自李嘉诚教育基金会的长期巨额支持，而其他几所学校虽然通过成立发展促进委员会、聘请侨胞为荣誉校长、院长等尝试，积极探索侨资参与学校管理、调动侨资积极性的有效办法，但现有体制下侨资参与管理的狭小空间使其收效甚微。

2. 治理主体单一，导致利益结构失衡

治理理论认为治理的主体不能是单一的，而应该形成多元的治理主体结构。然而中国大学的治理主体从总体上看，并没有摆脱和克服治理主体单一的状况，大学治理结构的单一性和畸形仍然比较突出，已成为影响大学治理效率的主要因素。[①] 侨资性大学虽然进行了各种不同治理结构的探讨，其中不乏董事会、校务委员会等旨在体现治理主体多元的形式，但由于受各种因素的制约，实际上仍无法摆脱单边治理的传统模式。如暨南大学、华侨大学主要按照国务院侨办的主导思想办学，厦门大学、宁波大学、五邑大学实行党委领导下的校长负责制，相对缺少侨资参与管理的空间，汕头大学、仰恩大学则受到来自基金会的严格控制。治理理论主张的是多元结构、共同治理，在高等教育发达国家，大学决策机构组成普遍出现了多元化的发展趋势。如英国大学最高权力机构校务委员会的成员包括地方知名人士、市政官员、各种协会和组织的代表及校友、教师和学生代表，美国公立大学最高权力机构董事会（如美国加州大学董事会）组成人员包括校外政界、企业界、校友、少数民族和妇女代表等各方人士。无论从治理理论的主张，还是英美等国的实践，都表明应当建立一种多元治理结构。

3. 办学者权力泛化，高校自主发展受限

现代管理科学的发展日益表明，现代有效管理的基础在于所有权与经营权的分离，高校更是如此。实际上，高校的出资办学者都有加强对学校控制的倾向，往往过多地介入学校管理，限制高校办学自主权的行使。如

① 史彩霞：《强制性制度变迁的困境——对中国大学治理结构低效率的制度解读》，《复旦教育论坛》2006 年第 5 期。

在严格的董事会制度下（且董事会往往受出资者控制），学校一些重要事项的审议受制于每年只能召开1—2次董事会议，一定程度上影响运行效率。党委领导下的校长负责制，由于党委的定位及职责并无明确规定，以致党委领导下的校长负责制是否运作得好，要看主要领导的风格和对这种体制的理解。这种体制下政治权力对高校内部权力具有一定制衡作用，但这种制衡的限度无法科学界定，时常会成为对高校办学自主权的一种牵制。基金会领导下的校务委员会制给了侨资很大参与空间，但在这种体制下校务委员会受基金会直接领导，对基金会负责，基金会很容易通过加强对校务委员会的控制，甚至直接代替校务委员会，而直接对学校进行领导，从而导致了出资办学者与高校经营者角色的混淆，不利于高校的自主发展。

三、侨资性大学探索管理体制改革的优势

与国内其他大学相比较，侨资性大学既有与其他大学相类同的办学特征，也有其自身的办学优势与办学特色。国内现有侨资性大学办学体制多元、资源渠道多样、海外联系广泛，有着天然"混血文化"的优势。在多年的办学实践中，侨资性大学积极改革、努力探索，在高校人才培养模式改革、现代大学制度构建、高等教育国际化探索、服务侨乡经济发展、服务国家统一战线工作等多个方面都逐渐形成了自身的办学特色，这使得侨资性大学在推进国内高等教育改革方面独具优势。侨资性大学的管理体制与一般大学有着比较明显的区别，这种多元的大学管理体制在我国高校群体中十分独特，深化侨资性大学独特体制的探索实践，总结其中的经验得失，对进一步深化我国高校管理体制改革有着积极的现实意义。

自20世纪90年代以来，"我国高等教育在办学体制改革、管理体制改革、经费筹措体制改革、招生就业体制改革、学校内部管理体制改革和后勤社会化等方面取得了很大成绩。五大体制改革打破了高度计划经济形成的一包二统的局面，使我国高等教育初步适应了社会主义市场经济体制的建立"①。但不可否认，与日益深入的经济体制改革相比，高等教育的

---

① 周远清：《大改革大发展大提高——中国高等教育30年的回顾与展望》，《中国高教研究》2008年第1期。

改革还远不能适应经济发展对高校人才培养、科学研究与社会服务提出的新要求。高等学校分类不清、职能不明、质量不高等问题制约着中国高等教育的科学发展，而核心原因就在于以计划为主导的高等学校管理模式与以市场为主导的社会经济运行模式之间的内在冲突。由于政府掌握并主导着高等教育办学资源的分配，致使大学办学对政府依赖严重，高校办学出现特色不明和办学目标严重趋同的现象。

当前，从国内外大学办学资源筹集方式来看，高等教育办学资源来源的多样化已经成为总的趋势。美国公立高等教育资金从 20 世纪 90 年代初期占学校总经费的 50% 左右逐年下降到现在的 20% 左右，学费收入、捐赠收入、科研与服务收入等逐渐构成学校办学经费的主体。但就我国高等教育办学现实而言，建立多样化的办学资源筹措机制并以此来引导大学多样化发展需要有一个缓慢演变的阶段，不可能一朝改变。就现实而言，政府对高校办学资源的投入还必须保持稳定的增长，但与此同时，政府也应当积极引导鼓励有条件的高校积极探索办学资源多元化筹措之路，并通过办学资源的多元化筹措来引导高校办学特色的形成，在这方面，侨资性大学带有某种天然的优势。

推动我国高等教育改革的重要突破点之一就在于推进中国高等教育事业的多样化发展，我国《高等教育法》中就有一条重要的规定："采用多种形式发展高等教育事业。"从侨资性大学发展的历程来看，在创建初期，由于资源获取方式侨性特色明显，侨资性大学的改革实践与办学特色形成内在驱动性大，但随着办学规模的扩大和侨性办学资源在大部分侨资性大学中的相对萎缩，同时由于国家对高等教育高度计划管理方式的影响，使得侨资性大学也同样受到了大学办学"同质化"趋势的冲击，侨资性大学的办学特色无法得到进一步拓展与强化。因此，引导和鼓励侨资性大学面向社会自主办学，建立起适应新时期高校发展需要的多元化办学资源筹措机制，并以此来推动自身办学特色的形成和强化，进而推进国内高等教育事业的多样化发展，这就是侨资性大学改革试点的核心价值所在。

第三节　境外高校管理体制的借鉴与启示

我国高校管理体制改革从 1985 年《中共中央关于教育体制改革的决定》颁布开始，至今也不过 20 多年。20 多年来的改革取得了令人瞩目的成绩，也逐步形成了具有中国特色的高校管理体制。但如何进一步推进高校管理体制改革，尤其是侨资性大学如何在管理体制改革方面作出更多探索与实践，境外部分国家和地区的做法是值得我们借鉴参考的。我们选择分析部分国家与地区值得学习借鉴的经验，以期对侨资性大学推进管理体制改革有所启发。

一、美国高校管理组织体系借鉴

（一）美国高校管理组织体系

美国高校同其他社会组织和政府机构一样，具有一套高度发展的严密科学组织体系，其最高权力结构是高校董事会，校内一般实行校院系三级管理组织体系。

1. 作为最高权力机构的董事会，是美国高校与社会联系的重要渠道，在享有学校重大事务决策权的同时，能够在学校资源获取方面发挥重要作用。美国大学董事会最早于 1642 年在哈佛大学创立，至今已经有 300 多年的悠久历史。经过长期的运行调整，美国大学董事会的运行体制可以说已经非常成熟，董事会的权限较大且职能清晰、责任明确。在美国，高校董事会享有裁决学校重大事务的权力，包括任命校长、制定学校发展规划、财政预算和人事政策等。同时，美国公立高校董事会和私立高校董事会的功能又有显著的差别。私立高校董事会的主要职责就是为学校筹集办学经费，因而董事会的权限以及董事的产生与高校的经费来源密切相关，董事会的经济性功能比较明显。公立高校董事会则侧重于吸引更多的社会人士参与大学建设，对高校进行管理，是州政府实现对高校宏观管理的手段，其功能是行政控制性的。但无论是公立高校董事会或是私立高校董事会，都毫无疑问是美国高校与社会联系的重要渠道，在享有学校重大事务决策权的同时，都能够在学校资源获取（包括经费物质资源和政策软性资源）方面发挥重要作用。

2. 校院系三级管理组织体系，构成了美国高校权力分配体系的基本架构，在严格等级制度的同时实现权力分散与制约。美国高校的校长是董事会下的首席代表，是学校最高的行政长官，主要负责学校的各项管理事务，并向董事会负责。校长对学校内部工作有最终决定权，其主要任务是聘任副校长，处理学校与董事会、政府、社会的关系并广泛筹措办学资金。校长虽然负责管理全校事务，但日常工作一般是由副校长以及专门委员会负责办理。在大学或独立学院一级至少有四个行政管理职能领域，即：教学科研与社会服务、行政事务管理和财务管理、学生服务、学院发展，包括筹集资金、公共关系以及与校友联系等。与之相应的有首席学术官员、首席行政事务官员、学生服务官员和开发官员进行负责。[1] 同时在美国高校的学校一级还一般设有一些集体性组织，如主要由教授组成的大学评议会及教师工会，教授在学科建设、课程设置、学位颁发、教师聘用，开展学术活动等方面都具有较重的话语权。美国高校的学院有专门学院和文理学院之分，其中文理学院通常承担本科生和研究生的基础教育任务，其院长一般由大学校长任命，并作为大学行政机构的成员进行工作。专门学院的院长大多数是任命的，也有一些由教授选举产生。无论是文理学院或是专门学院，院长都配有若干位负责教学、科研或学生工作的院长助理和其他辅助人员，同时每个学院都有一些代表群体利益的组织存在，这些组织一般能够听取各自院务委员会或院长的报告，可以向院长提出咨询意见，还能够参与一些问题的集体表决，因此其作用也不容忽视。美国大学中的系是最基层的单位，是由某一学科领域的学者组成的科研和教学单位。系的负责人是系主任，系主任在教师聘任晋升、教学计划安排、科研项目组织等方面都具有一定的发言权。美国高校校院系三级管理组织合理分配权力、履行相应职责，保障了大学的正常运行与发展。

（二）借鉴和启示

美国高校的董事会制度已存在稳定的形式和成熟的经验，它是一个聚集社会各界优秀人士协助管理大学的有效机构，学校董事会的成员由州的

---

[1]　冯志军：《美国高校内外管理体制评价与借鉴》，《长春工业大学学报（高教研究版）》2003 年第 12 期。

政府官员、著名企业家和社会活动家组成，董事会成员之间权力依董事会章程得以相互制衡和约束。校长等学校高级管理人员，由于他们比较了解社会的经济政治发展状况，又能筹集办学经费，因而他们能准确把握学校发展方向，又能保证学校发展的经济基础。校院系三级管理组织体系应该是符合我国大学目前发展实际情况的，尤其文理学院与专门学院的区分，也与我国部分高校正在推行的管理体制与人才培养模式改革不谋而合，对我国高校的改革有较大的参考价值。美国高校的系一级组织较为实体化，这对我们研究我国高校当前"学院强化、系弱化"的现象有许多地方值得借鉴，只有赋予系级组织相应的职责权力，才能真正发挥系级组织的管理职能，真正做到教学科研工作落实到基层。美国高校董事会给我们最大的启示是高校需要构建一种多方利益主体参与、有利于高校获取资源的组织机构，对内能够有高校重大事项决策或审议权，对外能够为高校争取各种资源。对我国高校而言，如何在保证党对高校的政治领导的前提条件下，进一步规范和理顺高校的内部管理关系是一个亟待解决的重大课题。

二、加拿大高校民主法治的启示

（一）加拿大高校的依法治校、民主治校

1. 依法治校。加拿大高校都必须是依法成立的，很多大学在成立之初，便有相应的大学法予以约束和保障，以此来规定大学的地位、办学宗旨、权利等内容。例如在著名的约克大学成立之初，省议会便通过了《约克大学法》，规定"约克大学的使命是追求、保存、传播知识"，"全体学院领导、学生和教职员致力于学术自由、社会正义、教育机会均等、学院自治"。《约克大学法》阐明大学的地位和权力，严谨地对董事会、教务会、名誉校长和校长的职权进行了规范，哪些是专属权力，哪些是共享权力，还有哪些是协商权利等，各自在职权范围内发挥作用。加拿大高校的具体运作则是根据大学法案和大学章程进行的，大学法案和大学章程对大学的管理体制都有详细的规定。如在学术方面规定"依法保证教师学术自由的权利，学校不得以任何理由干涉教师的研究和教学工作"。在师生的权益方面规定"教师一旦被聘用，其待遇和工作条件都有明确的规定，学校不能无故解雇职工"。否则，教职工将诉讼法庭，维护自己的利益，同时有工会组织的教职工也会代表职工的利益与学校交涉和谈判。

学生如果对学校的处理决定不满意，可以逐级向学校的申诉委员会申诉，甚至到地方法院提起诉讼，以获得客观公正的裁决，维护自己的权益。因此，法律人士在加拿大高校也显得特别重要，不少学校都会聘请律师来协助管理学校事务，对大学管理、资产经营、社会募捐、劳动合同等都有明确的法律要求，大到学校的行政事务，小到学生作弊的处理，都能纳入法律的范围内解决。

2. 民主治校。首先，在加拿大实行两院制的大学，董事会和教务会采用委员会制度，校长只是一名普通的委员，每个委员（包括学生）在委员会中均有权利表达自己的看法和建议，并享有一定的决定权，即最后的决策是无记名投票的方式，超过多数才能形成决议。且此过程为透明化，除特殊情况以外，委员会一般都公开进行，师生和社区人员可以旁听。其次，各个院系的教师分别参加不同的院系委员会，如约克大学人文学院政治系设立的聘任委员会、晋升委员会、学术创新委员会、课程大纲委员会、研究生委员会等，规定每位教师要有一定的时间参加学校组织的社会活动，从而很好地保证了教师参与大学民主管理的权利。另外，同社会各个单位一样，大学的教职工要分别参加工会组织，工会代表教职工了解并参与学校的决策，保障职工的工资和工作条件，与学校进行劳资谈判，大学的重大决定一般会与工会沟通，取得广大教职工的理解和支持。工会一般在大学教务会中有若干个席位，代表教职工的利益参与学校的决策。

（二）借鉴和启示

通过立法手段保证高校的运行管理，强化大学法、大学章程在高校管理中的重要作用，这是加拿大等西方国家的成功做法。我国已经通过立法授权并加强高等教育的办学自主权，明确提出要建立政府宏观管理，学校面向社会自主办学的体制，但如何真正落实这些规定还需要进一步研究。比如大学章程的问题，由于各种原因，我国的大部分高校都没有自己的章程，有些虽然设有大学章程，却只做一些非常宽泛的规定，实际上难以发挥作用。我们要在建立起完善的制度框架和合理的内部治理结构的基础上，不断完善高校依法办学的机制，合理配置并规范行使各种权力，才能保障大学获得更好的发展。我国高校的民主管理还处于不断摸索的阶段，还有很多需要进一步完善的地方。在推进民主管理方面，我们也有很多好的制度和好的做法，但现在大学在推进民主管理方面的工作却并不令人满意。我们还要不断探索建立健全民主的监督制度、民主的参与制度、民主的公开化制度、民主的管理程序制度等，保证教职工参与决策、执行、监督、检查的各个过程，通过推进民主管理来保证学校的良性运作。

三、港澳台高校与社会互动的借鉴

（一）港澳台高校管理的社会参与

港澳台地区以其独有的特色，成功地推进了教育管理的改革与发展，促进了当地教育的发展和社会的繁荣进步，创造了时代性的辉煌业绩。综观港澳台教育发展史，可以得出：教育的发展与经济的发展如同车之两轮，相辅相成，教育为经济发展提供人才支撑，经济又以其强大的财力资源支持教育发展。在港澳台地区，允许多种社会团体的办学方式存在，倡导自由办学，平等竞争。这种自由办学的理念与做法，促进了港澳台地区办学形式的多样化，使不同社会团体及经济组织都积极通过一定形式参与办学，从而使教育成为引导经济发展、促进社会进步的重要手段。这种多元化教育体制有利于激发全社会的办学积极性，在港澳台教育经费中既有政府对教育的投入，又吸收了广大人士的社会捐助，使得当地的学校并非仅仅依赖政府的拨款，而更多的是靠投资主体的多元化来实现经费渠道的多样化，获得更多的办学经费支持。在港澳台地区，无论是政府、企业组织或是个人，都非常重视教育，积极投资，热心办学，这正是教育现代化得以成功的必备条件。政府所拨的教育经费逐年上升，社会投资办学的踊跃，都大大推动了港澳台地区教育事业和高校自身的发展。同时，港澳台地区还设有大学教育咨询委员会、教育委员会等各界广泛参与的教育评估监督机构，通过发挥这些组织的作用促使教育更好地适应社会发展，推动教育与地区经济社会的良性互动发展。无论是宏观的教育体制，还是微观的高校管理，港澳台地区都贯穿着教育与社会互动的思想，都体现出社会参与高校管理的理念。

（二）借鉴和启示

港澳台教育经费中既有政府对教育的投入，同时又吸收和鼓励社会捐助，开辟了教育经费的多渠道来源，这是世界各国发展教育事业相似的途径和措施。目前大陆教育事业发展，主要靠国家和地方财政投入。随着教育事业的快速发展和人民群众对教育需求的不断增加，教育经费增长压力与日俱增。但我国现在还处于社会主义初级阶段，国家对教育经费的投入不可能在短期内增长很多。因此，无论是教育事业的发展，还是高校个体的发展，要千方百计开辟经费的多渠道来源。虽然近些年来不少高校尝试多渠道筹措办学经费，但由于教育管理体制机制尚未理顺、相关政策配套并不到位，我国高校要真正实现教育经费的多渠道来源还有很长的路要走。港澳台地区的高校通过与地方经济社会互动，向社会广泛筹集资金的做法值得我们借鉴学习。尤其是随着社会主义市场经济的不断发展和完善，以及高等教育进入大众化阶段，教育需求迅猛增加，迫切需要办学体制向着多元化方向发展，我们原有的较为单一的办学体制格局已经无法适应社会的需要，需要充分发动社会各界的力量，允许各种力量参与办学。在校内的管理机构方面，港澳台地区高校一个最大的共同点就是建立了有教育界业内人士参与的广泛咨询机构，使其成为各界关注教育并与政府沟通的渠道。大陆同样也可以借鉴港澳台高校机构设置的成功经验，主动邀请教育界以外的其他机构如科研机构、工商企业等组织机构对各类教育的实施效果进行评估反馈，同时还可以广泛地吸收教师、学生、家长的意见，共同为教育事业的发展出谋划策。

第四节　侨资性大学管理体制改革的任务

利用侨资性大学的办学特点，借鉴吸收境外大学发展的成功经验，通过深化办学体制改革，探索建立符合中国大学发展实际的现代大学制度是侨资性大学改革的主要任务。"具有中国特色的现代大学制度，是指在社会主义初级阶段条件下，与市场经济体制和高等教育发展的要求相适应的大学外部关系、内部组织结构及大学组成人员行为规范所构成的体系。其基本特征是：政府宏观调控、大学自主办学、校长依法治校、民主管理学术、社会评估监督"①。侨资性大学可以在探索高校法人治理模式、科学治理进程、国有民助新路、开放办学途径等方面，积极开展管理体制改革，为我国深化办学体制改革，建立符合中国大学发展实际的现代大学制度发挥实验区的作用。

一、探索高校法人治理模式

1991 年制定的《中国教育改革和发展纲要》中已明确指出："要把高等学校办成独立自主办学的法人实体。"但近 20 年后的今天，我国的公立高等院校还没有真正获得独立法人地位。高校法人治理的概念源于公司或企业法人治理的概念。公司法人治理结构是法学与经济学共同研究的一个重要问题，是公司运营制度的核心部分。从经济学的角度讲，"公司治理"主要涉及三个问题：一是公司控制权的配置与行使，二是对董事会、经理人员和职工的监控与评估，三是如何设计和实施激励机制。从法学的角度讲，"公司治理"也涉及三方面问题：一是构建公司的权力分配与行使关系，二是如何促使股东参与公司的经营决策，三是如何实现公司股东对公司经营者的监控。可见，法学对"公司治理"的着眼点在公司权力的分配与制衡上，而经济学对"公司治理"更注重公司利益的分配与制衡上，虽然两者侧重点不同，但都是为了达到一个共同的目标，以建立最优的公司法人治理结构为手段，实现公司价值的最大化，从而充分保障公

---

① 吴松：《我们离现代大学制度有多远》，《中国大学教学》2005 年第 1 期。

司出资者以及利益相关者的利益。

　　高校法人远比企业法人复杂得多，因为高校还有"事业单位"、"教学科研组织"、"公务法人"等多重身份。高校要处理的关系包括与政府的关系、与社会的关系、与学生的关系、与教职工的关系。政府与高校的关系不仅有行政法上的隶属关系，也有民法上的平等主体关系，更有政治上的内在联系。高校与社会的关系是双向互动的关系，高校为社会提供服务，社会对高校有期待，相互支持；高校与学生的关系也不能简单地理解为供需关系或者契约关系，而是以促进学生充分发展为目的，受国家公法保障的行政法律关系、平等主体之间的民事法律关系交织在一起的复杂关系。高校与校内教师的关系也不是单一的劳动合同关系，而具有多重关系。其中既有行政法的关系，有内部的管理关系，更为重要的是高校必须保护教师拥有不受干预的学术权利。可见高校无论是内部关系，还是外部关系，都远比企业复杂。

　　自《教育法》特别是《高等教育法》颁布以来，我国就确立了高校的法人地位。但在 10 年中，我国高校在法人治理方面进展缓慢，存在着不少缺陷，国内不少学者对此进行了探讨。如陈鹏、刘献君认为，我国高校法人治理结构的缺陷主要表现为高校法人权利高度集中、高校学术权利萎缩、监督权利弱化等。[1] 有学者认为，我国高校治理存在两类问题：第一类是教育教学权限范围问题。比如学校享有哪些教育教学权限，具体权限范围，以及通过什么途径来保障这些权限可以得到实现；第二类是体制问题。包括高校内部管理体制和高校外部关系问题。高校内部管理体制，比如治理结构问题。高校外部关系问题突出表现在高校与政府的关系问题仍然没有理顺等。[2] 虽然如上面所述，学校法人的问题远比企业复杂，但既然我国法律法规把学校作为法人，就要按照学校法人的特点建立现代大学制度。根据所有权与经营权分开的原则重建政府与学校的关系，理顺学校内部的各种关系，首先要做到的是政府与学校分开，建立健全高校外部法人治理结构，高校真正获得独立的主体地位。学校独立管理办学事务，

---

　　① 　陈鹏、刘献君：《我国公立高等学校法人治理结构的缺陷与完善》，《教育研究》2006 年第 12 期。

　　② 　杨琼：《学校法人治理问题研究评析》，《上海教育科研》2008 年第 11 期。

并承担由此所带来的责任和义务，而政府扮演投资者和监管者的角色，依法对高校进行监管，这种监管主要是看学校是否按照教育法律法规办学。政府要及时发现高校违反法律法规办学行为，并依法予以处理，但不能干预学校的具体办学事务。高校与政府之间的外部关系模式，可以借鉴国有企业与政府之间的关系模式。已经先行展开并获得成功的我国国有企业体制改革，为我们的高校体制改革提供了有益的参考。

大学独立自主办学是现代大学制度构架的核心内容，在当前现实条件下，侨资性大学探索法人治理模式的重要内容就是要理顺外部管理体制，要充分利用侨资性大学自身办学的特殊性和出台《中长期教育改革和发展规划纲要》的契机，积极争取政府对侨资性大学改革发展的支持，进一步理顺大学和政府之间的关系，让政府对大学"松绑"，将有关办学权力下放到学校。按照《高等教育法》的要求，落实学校应该享有的招生、专业设置、国际合作、机构设置、教学组织、科技研发、人员聘任、经费使用等办学自主权，通过大幅度提高大学办学的自主性来提升大学办学的责任意识，提升办学质量，强化特色战略，推进科学发展，努力建立起"政府宏观调控、市场适度调节、社会多方参与、学校自主办学"的办学体制。

二、推进高校科学治理进程

高校治理从本质上讲第一是一种制度安排，即基于所有权和管理权分离而必须建立的关于不同治理主体之间权力分配和制衡关系的制度安排；第二是一种契约关系，即以法律为依据，以简约的方式规范高校各利益主体之间的关系；第三是一种有效的运行机制，即通过一定的激励和约束手段调动各种因素、协调各种关系以及高校实现办学目标的组织和运转机制。① 现代大学开始于西方发达国家，西方发达国家的大学无论是公办还是私立，都有比较完善的内部治理结构，其中都建立有最高的权力机构。如德国的大学是典型的教授治校，其治理结构是校务会议、校长和学术评议会，校务会议成员由教授和校外人员组成。英国大学的治理结构一般由理事会、校务委员会、评议会和校长等组成，理事会是最高的权力机构，

① 王卫星：《我国公办高校治理结构的探讨》，《江苏工业学院学报》2008 年第 2 期。

并授权校务委员会日常决策，授权大学评议会对学术进行领导和管理。日本大学的治理结构有大学全体会议、校长和大学评议会，全体会议主要负责校长的选拔。

　　侨资性大学推进高校科学治理的主要内容就是要建立符合现代大学运行要求的内部机制。政治权力、行政权力和学术权力是我国高校运行过程中的主要权力架构，从高校的产生和发展来看，是先有学术权力，后有行政权力和政治权力，政治权力和行政权力产生的目的应该是为了更好地服务高校学术目标的实现。就现代大学的运行而言，既要保证高校政治权力和行政权力的实现，也要保证高校学术权力的实现，要求高校政治权力、行政权力与学术权力相平衡。但在我国当前高校内部权力运行过程中，政治权力被强化，行政本位现象突出，学术权往往依附于行政权力而得以实现，在高校的权力架构中，学术权力在演变过程中被边缘化，教授治学在高校的实际办学中缺乏必要的制度安排，政治权力、行政权力和学术权力缺乏合理的平衡机制。建立三种权力的平衡机制，推进高校科学治理，就是要实现高校治理结构的优化。

　　侨资性大学治理结构优化，关键是要解决两个问题，一是决策组织采取何种形式，二是决策权力在组织内部如何分配。先看决策组织形式的问题。在我国《高等教育法》中并没有明确规定高校的决策组织形式，也没有关于高校中哪个组织为决策组织的规定，却是将决策权力较为模糊地分散在党委的领导职责与校长行使的职权。而在我国《民办教育促进法》中规定"民办学校应当设立学校理事会、董事会或者其他形式的决策机构"，并列举了理事会、董事会行使职权的范围，同时规定"其他形式决策机构的职权参照本条规定执行"。由此我们认为，决策组织具体采取何种形式本身并不重要，关键是这个组织应当行使决策机构的职权，并且这个组织应该是多元参与的委员会组织。正如有学者指出的：在调整大学内部权力结构中，应注意进一步完善由多方人员组成的委员会制度，建立董事会、学校发展委员会等组织，广泛吸收校外人士参与，通过发挥其咨询、参谋甚至是决策的功能，形成一个广泛参与、共同协商的运作机制。[①] 再看决策权力在组织内部如何分配的问题。侨资性大学现有治理结

_____

① 季诚钧：《大学属性与结构的组织学分析》，人民教育出版社 2006 年版，第 177 页。

构存在的侨资参与不够、治理主体单一、办学者权力泛化等问题，其根本原因就是决策权力在利益相关者之间的分配不科学。我们可以将侨资性大学最重要的利益相关者归纳为政府、侨资、大学内部，如何在它们之间分配决策权力？根据三角制衡的基本原理，要保证三方力量的相对均衡、相互制约，就必须建立政府、侨资、大学内部共同组成的三角结构决策组织。在这个组织中，三方的地位是平等的，作用也是相当的。只有这样，这个决策组织内部才能够做到相互制约、共同治理。鉴于我国教育管理体制的实际情况，以及侨资性大学对于国家的特殊意义，在这个新型的治理结构中要有党委作为政治核心，并且可以代表政府在这个结构中起稳定作用，以确保侨资性大学的社会主义办学方向和加强政府对侨资性大学的扶持。需要说明的是，政治核心不是权力核心，这也是三角制衡结构能够正常运转的基础，否则一旦有权力核心的存在，则权力核心将实际上取代三角制衡的决策组织。根据上述思想，侨资性大学可以构建一种以政府、侨资、大学内部三角制衡的委员会为决策组织，校长为最高执行者的新型治理结构。

在这种治理结构中，政府、侨资、大学内部三方参与的委员会组织作为学校的最高权力机构，审议决定学校发展的重大事项，是学校的最高决策组织。校长在这个委员会组织领导下，全权负责学校行政事务。这种结构是适合侨资性大学的实际情况，也是符合侨资性大学发展需要的。理由有三：一是能够确保侨资性大学正确的办学方向。从高等教育的政治属性看，民间资本的增加，必然增加政府参与高校决策的难度，而这种结构让政府通过学校党委参与高校内部决策，能够充分保证侨资性大学在接受侨资支持的同时坚持社会主义办学方向。二是有利于调动侨资办学积极性。教育作为公共服务，具有不得以赢利为目的的特点，作为侨资参与学校建设、提供资源的动力就需要物质以外的因素予以调动。这种结构通过让侨资参与管理，可以加强侨胞办好侨资性大学的事业心与责任心，调动其积极性。三是可以增强侨资性大学自主发展能力。这种政府、侨资、大学内部三方参与的结构将为侨资性大学带来更多外部资本，势必引起侨资性大学产权结构的改变，同时将给侨资性大学带来新的管理理念和管理方式，从内部冲击侨资性大学原有治理模式，同时对政府扩大侨资性大学办学自主权创造动力。

侨资性大学经过多年实践，采取了各自不同的治理结构，我们应当肯定这种历史形成的多种治理结构共存局面。（1）董事会制度是侨资性大学作为公立大学的独有治理结构，为了保持董事会内部力量的平衡以及保证学校的办学方向，应当建立政府、侨资、大学内部共同参与的董事会，校长在董事会的直接领导下开展工作。（2）党委领导下的校长负责制实质是确定党委在高校的领导核心和政治核心地位，同时又充分发挥校长在行政工作中的主导作用。侨资性大学作为相对特殊的一类公立大学，可以在改进党的领导方式上积极探索。党委可以通过这种政府、侨资、大学内部共同参与的委员会组织，对侨资性大学实施领导，发挥政治核心作用。这个委员会组织的具体形式可以是多样的，我们认为董事会是这种委员会组织可以采取的一种较为理想的形式。（3）由基金会独立办学的仰恩大学选择实行校务委员会制，即基金会是学校的最高领导，校务委员会对学校实施全面领导。我们以为，基金会对高校的具体办学应该更加超脱，即基金会一旦完成对高校的资金投入，即应以监督者的身份而非单一领导者的身份参与学校事务。校务委员会则也可以构建政府、侨资、大学内部共同参与的结构，作为大学的最高决策机构。虽然在基金会独立办学的仰恩大学，基金会的投资是高校经费的主要来源之一，但鉴于侨资性大学对于国家的特殊责任，以及我国高等教育管理体制的实际，政府在这个结构中仍然应当发挥重要作用，以加大对侨资性大学的扶持。

三、探索高校国有民助新路

我国高等教育的资源配置模式总体上是与计划经济管理模式相适应的政府对高校人、财、物高度集中的集权分配模式。但按照这种高等教育资源配置模式，要进一步提高我国高等教育入学率、扩大高等教育办学规模，是不具备现实资源条件的。在国家不可能大规模新办大学，不可能大幅度提高高等教育经费投入的情况下，结合中国高等教育的客观情况，探索一条高校国有民助发展新路，是应对我国高等教育发展新要求的现实之路。

国有民助的高校发展模式可以理解为：学校资产属于国家所有，在保持和稳定增加政府对高等教育的常规投入前提下，学校办学新增资源将更多地依靠社会资助、学费收入和学校科研产业收益等。美国、日本高校在向社会筹资方面积累了许多丰富的经验。在这些国家，高校不仅有日常性的年度筹资活动，还有为特定目的进行的巨额筹资运动，如日本一些大学成立的父母教育后援会就是如此。美国、日本高校争取社会捐赠数量之大、募捐手段之规范、募捐范围之广都是令人羡慕的。我国大学的募捐尚处于初步的发展阶段，捐资助学规模小，捐赠收入占整个教育经费的比例较低，侨资性大学可以在提高捐赠收入比例方面做更多的尝试。

侨胞无疑是侨资性大学的独有资源，校友也是学校的宝贵资源，他们都是侨资性大学建立与社会联系和更好地为社会发展服务的桥梁和纽带。对侨资性大学来说，分布于海内外的侨胞和校友们与学校都有着特殊情感联系，是一个非常珍贵的资源宝库。侨资性大学大多已经成立了教育基金会，其初衷也都是为了方便争取资源、支持学校发展。但由于运作体制、社会环境等各种因素的影响，教育基金会实际运作效果并不是很理想，作用发挥不明显。随着社会主义市场经济的不断深化与高等教育投资、办学体制机制改革的不断推进，高校投资主体多元化是一个必然的进程，在这个进程中侨胞和校友将成为高校筹资渠道的重要组成部分。侨胞和校友们利用他们的社会影响和人际关系，为侨资性大学筹资牵线搭桥，同时他们直接通过捐赠、合作建设等方式对高校投资捐赠。因此进一步发挥教育基金会的作用，加强侨胞与校友工作，深入挖掘侨胞与校友资源，大胆探索侨资性大学投资办学体制改革，是深化侨资性大学管理体制改革，拓宽学校办学资金渠道，促进教育创新的迫切需要。

侨资性大学所处的侨乡一般具有较好的经济社会发展水平。侨资性大学向社会筹集资金，除侨胞和校友捐赠、投资外，还可以向企业进行募捐或合作办学。目前企业向高校的捐赠很少，究其原因，除企业自身因素外，更主要的是人们筹资的理念和筹资制度保障上。一些国家制定法律法规，鼓励人们对教育事业进行捐赠，对捐赠部分实行减免税政策，这就为企业捐赠高校创造了很好的外部环境。虽然我国也鼓励境内外社会组织和个人捐资助学，但政府还没有出台切实的支持政策。但对侨资性大学而言，一般都具有良好的捐赠文化和基础，要充分发挥自身优势，通过体制机制创新，加强学校与企业的合作力度，进一步吸引企业捐赠或投资。在高等教育深化改革的新时期，侨资性大学也可以大胆深化校企合作，创新合作模式。

　　侨资性大学是国内高校国有民助的典型，学校的建设与发展长期得到了海外华侨华人的大力资助，除了资金、物质等侨资资源外，海外华侨华人的创新创业精神、爱国爱乡事迹和华侨华人为学校发展争取的有利政策更是侨资性大学办学的宝贵财富。结合侨资性大学发展经验，探索一条国内高校多渠道筹集办学资金，多样化发展的新路，有着重要的现实意义，也是侨资性大学改革试点的重要内容。

四、探索高校开放办学途径

　　开放办学是现代大学发展的必然要求，现代大学区别于传统大学的核心特征就是现代大学与社会经济发展密切结合，通过人才培养、科学研究和社会服务来推进社会进步。开放办学，主要是面向社会开放办学和面向国际开放办学。

　　侨资性大学在推进开放办学中首要的是推进学校办学与侨乡经济社会发展之间的密切结合，既从侨乡经济社会发展中汲取自身发展所需的办学资源养分，也要通过服务侨乡经济社会的发展实现广大海外华侨华人捐资助建侨校，推动家乡发展的目的。侨资性大学的开放办学也要努力推进教育国际化的步伐，利用海外华侨华人的诸多有利条件，广泛开展与国外高校的合作，学习国外高校发展经验，积极吸收符合大学办学规律的、符合中国国情的现代大学制度规范。

　　高校面向社会开放办学是指教育必须适应社会发展需要，为经济和社会发展服务。主要体现在四个方面，一是科学合理地实现高等教育发展的大众化，为侨乡发展培养更多高水平、高层次的建设者。二是要实现人才培养机制社会化。在当今历史条件下，社会以不同的形式参与高校的建设、管理、教育和评估等工作，高校也从社会广阔的资源中不断吸纳物质、能量和信息，从而把人才的培养置于社会的大舞台。三是大学职能要面向社会转变。在新的历史条件下，高校发挥教育的人才优势和设备优势为社会服务，以多种形式向社会提供服务，是时代赋予高校重要的责任和使命。四是在服务社会中获取办学资源。高等教育的激烈竞争，单纯依靠政府拨款已经远远不能满足高等院校的生存和发展，这种严峻的形势也迫切需要高校面向社会，在服务社会的过程中赢得社会的支持和认可。侨资性大学服务侨乡经济，以贡献求得生存和发展，是侨乡经济建设和社会发展的迫切需求，也是侨资性大学实现开放办学，促进自身发展的现实选择。侨资性大学应树立服务侨乡经济和社会发展的开放办学观念，要做好科研工作和产学研相结合，鼓励支持教师在做好教育工作的同时，面向经济建设与社会发展的主战场，多层次、多形式为侨乡经济建设和社会发展作出贡献。具体来说，侨资性大学应着重做好几个方面工作：一是以全面适应侨乡经济社会发展需要和提高办学竞争力为出发点，建设好侨乡经济社会发展急需的学科专业，为侨乡经济社会发展提供人才支撑。二是依托与侨乡经济社会发展需求紧密相关的特色学科，积极开展科技咨询服务、科技攻关、成果转让等各种校企合作，主动融入侨乡经济建设和社会发展中，有效提升侨资性大学对侨乡经济社会发展的贡献度。三是重视侨资性大学人文社会科学研究，鼓励教师通过著书立说、编著各种读物，深入研究侨乡社会文化特点，挖掘侨乡精神文化资源，发挥侨资性大学在侨乡精神文化发展中的引领作用。

随着经济全球化和信息化社会的到来，国际间的交流合作日益扩大，世界各国的大学也无一例外地以面向国际的开放办学作为发展前提。侨资性大学在面向国际的开放办学过程中，在地理位置、政策因素、环境条件等方面都具有一定的优势。面向国际开放办学，并以其具有侨校特色的科技、文化和教育交流与协作参与国际教育竞争，进一步促进自身的适应能力与竞争能力，强化面向国际的开放办学观念应是侨资性大学发展的必由之路。侨资性大学国际化开放办学应包括以下几个方面：一是面向世界，加强教育的国际合作与交流。这对侨资性大学来说是有独特优势的，因为关心和支持侨资性大学发展的海外侨胞也都非常重视和支持侨资性大学开展国际交流与合作，并能积极推动侨资性大学开展国际交流与合作。二是在培养目标上面对世界范围内的挑战与竞争，侨资性大学要努力培养适应经济全球化、信息全球化，具有国际意识、国际交流和国际竞争能力的人才。三是构建国际化的课程体系，可以尝试以国际化的课程标准进行专业结构调整。这也是与侨资性大学人才培养目标国际化密不可分的，要培养国际化的人才，自然要设置国际化的课程与专业。四是加强教育国际交流，以聘请教学实际需要的外籍教师和派遣出国留学生为重点，加强国际间的教师和学生交流，充分利用国际教育资源，以促进教育的发展。五是不断开展国际合作办学，因地制宜，充分利用海外侨胞的各种社会资源，合理运用有关教育政策，开展跨国办学和校际联合办学，不断扩大合作办学的领域和规模，为促进自身发展和提高人才培养质量服务。

第 四 章

侨资性大学的资源获取

大学竞争从本质上讲就是一种基于办学资源的竞争，是一种获取资源、利用资源、创造资源的系统过程。大学的资源获取关乎学校能否形成自身办学特色，能否在林立的高校中寻得一方属于自己的位置。侨资性大学要在当前激烈的高校竞争中获得发展优势，必须采取积极有效的措施和战略来获取更多的优质办学资源。影响侨资性大学办学的资源有很多，其中侨性资源在办学中的存在及其功能的发挥决定了侨资性大学办学特色的形成与发展，本章将探讨与梳理侨资性大学中侨性资源的获取问题。

第一节　侨性资源的内涵分析

《辞海》对资源的解释是："资财的来源，一般指天然的财源。"《现代汉语词典》对资源的解释是："生产资料或生活资料的天然来源。"联合国环境规划署（UNDP）对资源的定义是："所谓资源，特别是自然资源，是指在一定时间，一定地点的条件下能够产生经济价值，以提高人类当前和将来福利的自然环境因素和条件。"[①] 由以上权威辞书对资源的概念界定可知，传统资源观是在自然的、物质的、有形的基础上形成的关于资源的总体观念。但随着社会的发展，人们对资源的认识总体上呈现出由具体到抽象、由狭窄到宽泛的演变过程，资源的内涵在不断变化，资源的形态在不断丰富，资源的功能在不断增加，资源开发的条件和要求也在不断提高，传统资源观念已经无法解释并从理论上指导实践。资源已不单单

---

① 石玉林主编：《资源科学》导言，高等教育出版社 2006 年版。

呈现为固有的资财性质的要素，更容纳了能够"带来"资财的要素，也就是说资源具有整合增值的特性，即能对原有的财富进行重新调整，形成新的使用价值。现代意义上的资源是指"在一定的社会历史条件下存在着，能够为人类开发和利用，在社会发展和经济活动中经过人类劳动而创造出财富、创造价值的一切要素及其组合"①。如土地资源、矿产资源、人力资源、信息资源、文化资源、政策资源等。

按照不同角度和不同标准，资源有多种分类。例如，按生产要素的实物形态来分，可以把资源分为人力资源和物资资源；按资源的根本属性来分，又可分为自然资源和社会资源；而从资源构成要素的存在形态来说，可分为有形资源（物质资源）和无形资源（非物质资源），有形资源包括物力资源、财力资源和人力资源等，无形资源包括政策资源、技术资源、信息资源等。高等教育资源一般按资源的形态特征进行划分，既包括人力、财力、物力等有形资源，也包括教育思想、办学理念、管理制度、校园文化等无形资源。

根据资源的广义定义，高等教育资源通常是指组成、维持、参与并服务于高等教育系统的资源。其中的侨性教育资源是海外华侨华人资助国内大学建设与发展的各类教育资源的总称，本章的研究侧重于侨资性大学对侨性教育资源的获取。纵观侨资性大学对侨性资源的获取历史，获取侨性资源的形态很多，从普通的财、物到未来时间的承诺捐赠，从传统意义上的捐赠到借助于现代金融工具衍生出的"捐赠与投资相结合"的捐赠方式等，在资源获取时充分体现了尊重捐赠人意愿和灵活创新的原则。根据资源的分类情况，侨性资源也可分为以下两类：

1. 有形资源：侨性资源中的有形资源主要是指华侨华人投入侨资性大学的物力资源和财力资源。

物力资源是华侨华人投资于侨资性大学的直接实物条件，为侨资性大学的创建与发展创造的物质基础。物力资源主要是指华侨华人捐赠的校舍、教学仪器设备、图书资料等硬件设施。在宁波大学，就有40余万平方米的校舍建筑都由海外"宁波帮"人士捐资助建；在华侨大学，

---

① 彭勃：《高等教育资源的生态化配置与培植》，中国矿业大学管理学院 2008 年研究生论文。

1985—1992 年期间，海外侨胞及港澳同胞先后捐建了回咤体育馆、丁氏体操馆、金川活动中心等十大建筑。物力资源还包括古董字画、个人住房等。如华侨大学曾接受校董捐赠珍贵文物若干、鼓浪屿别墅若干，宁波大学曾接受香港"宁波帮"人士名贵字画若干等。

财力资源是华侨华人所捐赠的用于侨资性大学运行的以货币形式体现出的各类教育投入，现金是最主要也是最直接的捐赠方式，汕头大学、宁波大学等几乎所有的捐赠都是以现金方式进行的。除此之外，还有非现金有价证券，包括股票、债券等，如华侨大学曾接受校董捐赠的有价证券若干。侨资性大学在获取侨性资源中也出现了一些"非典型"的资源，如捐赠者捐赠一笔资金，但是在若干年内仍然可以享受这笔资金的收益，在约定享受收益期过后，捐赠资金才完全归校方所有，有些类似于美国社会捐赠方式中常见的"慈善余款信托"。

2. 无形资源：无形资源从形态上看是非物质性的，其质量和数量有较大的弹性和伸缩性，它反映着人的思想、意识、知识、情感和愿望，在生产过程中能增加产品的文化价值和知识附加值。侨性资源中的无形资源主要包括政策资源、人文教育资源、制度资源等。

政策资源。政策资源主要是指政府制定的针对侨资性大学的优惠政策，也包括华侨华人为侨资性大学发展所争取的国家扶持性政策。因为政策资源不可能无限制地超越现实资源量能的允许范围，其施行往往有选择、有重点，政策资源不仅影响着侨资性大学的融资渠道，也影响着侨资性大学办学特色的形成。例如，1980 年 4 月，教育部发布的《关于华侨、港澳、台湾青年学生回国和回内地报考大学问题的通知》中指示暨南大学和华侨大学自 1980 年开始，对华侨、港澳台青年学生"实行提前单独命题、考试和录取"的办法。正是因为有了这一政策资源，使两校的华侨学生在国内高校中人数最多，其"面向海外，面向港澳台"的办学特色也非常明显，分别形成了"宏教泽而系侨情"、"会同中外，并育德才"的办学特色。在这一点上，不少大学尽管也有招收海外华侨学生的资格，但因所获得的政策资源没有两校那么大的力度，也就无法形成类似的办学特色。

人文教育资源。人文教育资源主要是指华侨华人的办学理念、人文精神、价值观等，这一资源经过倡导、培育和巩固，在侨资性大学中逐步形成了一种特有的校园文化和校园精神。而校园文化、校园精神是高校发展的核心竞争力之一，是高校发展的重要的无形资源。

制度资源。制度资源是教育政策法规和高校各种管理制度、管理方法、管理手段的总和，是维系高校存在和发展的基础，尤其是教育投资体制、内部管理制度对高校的发展影响很大。例如，汕头大学利用独特的办学资源，建立了由校董会掌握重大事项决策权，实行校长负责制的新型治理机制，该校充分利用制度优势，在目前中国的大学体制下，选择了自己独特的发展道路。根据学校的发展需要，积极进行管理体制创新，建立了国际化的学术管理制度、公开透明的财务管理体制、新型的人事管理和分配制度和规范高效的资源管理体制，成为"中国高等教育改革的试验田"。

侨性资源的获取，对侨资性大学办学产生着深远的影响。侨性资源既具有一般办学资源的相关属性，也独具其自身的特性，其具体体现在以下几点：

第一，价值性。资源之所以被侨资性大学认可并获取，主要在于资源的价值性或者说是有用性。如果侨性资源无用或者说价值不大，那么没有学校愿意去争取它。美国著名资源经济学家阿兰·兰德尔认为："资源是人们发现的有用途和有价值的物质，由于资源具有量、质、时间和空间等多种属性，因而，它应当是一个动态的概念。没有发现或发现了而不知其用途的物质不是资源，虽然有用，但与需求相比数量太大而没有价值的物质也不能算是资源。技术、信息和相对稀缺性的变化都可以把以前没有价值的物质变成宝贵的资源。"

第二，稀缺性。在高等教育进入大众化的时代，高等教育资源仍然存在紧缺的现象，侨性资源的稀缺也不例外。一方面，华侨华人对侨资性大学的捐赠较之以前有了一定的减少，同时，随着国内经济的快速发展和海外老一辈华侨华人的相继过世，来自海外华侨华人的捐资数额也在萎缩。另一方面，华侨华人捐资助学的义举并不只针对于侨资性大学，一些非侨资性大学也争取到了来自华侨华人的捐助。因而，相对于总量的有限性和争取者日益众多，侨性资源更显稀缺。侨性资源的稀缺性表明了侨性资源的价值，即稀缺的侨性资源对侨资性大学的发展至关重要。大学在发展的过程中总是面临着资源约束问题，侨资性大学也一样，办学资源的约束是当前困扰国内高校发展的主要问题。因此，侨资性大学必须不断地获取资源，尤其是对办学特色形成极具价值的稀缺性的侨性资源，这对于侨资性大学来说，其办学特色会体现得更加突出，而且，拥有这类稀缺资源，侨资性大学便可以获取其他高校所没有的竞争优势，提升学校的竞争力。

第三，公益性。"十年树木，百年树人"，尽管高校教育资源的投入要经过比较长的时间才能收到经济效益和社会效益，教育的社会效益还是社会所公认的，因为教育是潜在的、间接的生产力。对于教育资源的投入者来说，不管是政府、受教育者还是高校本身，都能在资源转化为生产力的过程中获得利益。但是，对于侨性教育资源来说，它是国家办学的重要辅助成分，促进了祖国教育事业的发展，它使受教育者受益，使社会和国家受益，也使侨乡受益，但并没有使投资者本人受益。华侨华人在自己故土捐资兴学，是出于他们对自己家乡的热爱、对故土的眷恋。在我国，侨资性大学的兴起和发展首先是因为海外华侨华人爱国热情的高涨及其经济实力的增强，愿意捐资于祖国教育事业。所以说，侨性教育资源具有公益性。

第四，生成性。资源具有生成性，资源的生成性主要针对资源的来源而言，所有的资源都是在一定的自然条件和社会条件下经过生长而形成的，即使通常被认为是天然资源的资源也是如此。资源的生成性特征有着特殊的意义，这一特征表明，资源是可以培植的，我们不应单纯等待资源的生成，而应积极创造和培植新资源，以满足社会发展和人类自身日益增多的需要。由资源的生成性可知，侨性资源并非一成不变，而是会在特定的社会经济和文化活动中逐步演化、发展，甚至人为培植。正因如此，侨资性大学在获取侨性资源后能进一步创造和培植新资源。

第五，开放性。侨性资源是一种开放性资源，这种开放性不仅在于它是来自境外的体制外资源，为侨资性大学带来了开放先进的办学理念。如汕头大学在办学理念的国际化方面就走在全国前列，该校早在1987年即吸取海内外办学的先进经验，成立校董会，形成了独特的内部管理体制；2005年，该校又在李嘉诚基金会的大力支持和指导下，建立了科学化管理平台，引入了国际通用的八大管理原则和目标管理、绩效考核、持续改进等管理机制，组建了环境管理系统，成为全国首家资源管理通过ISO9001/14001质量环境一体化认证的高校。侨性资源的开放性也指侨性资源具有共享特征，近年来华侨捐赠总量逐年递增，受益面不断扩大，侨性资源也是非侨资性大学争取的对象。

侨性资源的特点影响着侨资性大学对资源的获取。侨性资源的价值性和稀缺性表明侨资性大学在资源获取中要面对的竞争非常激烈；侨性资源的公益性和开放性使侨性资源在原有物质价值的基础上又演化出精神价值，使侨资性大学在获取的同时能进一步挖掘该种资源的隐性价值。侨性资源的开放性意味着资源获取对象广泛，不仅是侨资性大学，其他高校也可以吸引侨性资源。

第二节　侨性资源获取的实践与经验

受社会习惯和我国传统高等教育经费投入体制的影响，我国高等教育获取社会资源一直处于很低的水平。2007 年，我国高等教育事业获取的社会资源共计资金 274666 万元，不足全年高等教育总经费的 0.8%①，而美国高等教育所获取的社会资源近 20 年来一直稳定在高等教育总收入的 8%左右。② 基于此，侨资性大学在获取和利用侨性资源中的一些有益实践和经验，在高等教育办学资源来源多元化的现实趋势下，值得其他普通高等学校学习借鉴。

侨资性大学创立后的每一步都得到了华侨侨人和港澳台同胞的大力支持，侨性资源在侨资性大学创立与发展过程中发挥着举足轻重的作用。暨南大学自 1958 年到 2008 年，收到华侨、港澳同胞 10 万元以上（按捐赠时金额计）捐赠项目 130 余项，帮助学校进行校园建设、教学科研设备购置、设立奖学金等。华侨大学从 1978 年学校复办到 2005 年建校 45 周年庆典时，累计接受海内外捐赠款项合计近 2 亿元人民币。自 2005 年以来，华侨大学接受的现金捐赠共计 3400 余万元，平均每年募捐超过 1000 万元，高于复办以来每年平均约 700 万元的募捐水平。汕头大学自 1980 年筹备建校至 2010 年，李嘉诚基金会共向该校捐资总额超过 33 亿港元。侨性资源的获取规模大、来源集中，是这类大学不同于其他高校的明显特点。汕头大学 2006 年年报显示，汕头大学的收入主要来源于政府拨款、学生学费、李嘉诚基金会的捐赠以及营业收入，从 2002 年开始，李嘉诚基金会的捐赠已经超过政府经常性拨款而成为汕头大学最主要的收入来源。宁波大学在发展过程中，海内外"宁波帮"人士给予了大量捐助和

---

① 《各类学校教育经费情况（2007 年）》，《中国统计年鉴》2009 年版，第 20—37 页。

② 美国国家教育统计中心（NcEs）（网站 http：//nces. ed. gov）：Digest of Education Statistics, 2007 Tables and Figures, Chapter 3, Degree-Granting Institutions, revenue, table336, Current-fund revenue of degree-granting institutions, by source of funds：Selected years, 1919 – 20 through 1995 – 1996。

广泛支持，在 20 年校庆之前，60 多位"宁波帮"人士捐资近 4 亿元人民币，帮助学校建设了一批教学和科研大楼、造就了一支高水平的师资队伍，为学校高起点办学、跨越式发展提供了有力的帮助和支持。仰恩大学的办学经费全部由仰恩基金会统筹解决，五邑大学办学前 20 年获取侨性办学资金约 3 亿元。时至今日，几所学校的建设和发展仍然受到了华侨华人极大的关注，侨性资源已经成为侨资性大学办学资源的重要组成部分。

一、侨资性大学侨性资源的获取途径

在高校的创建及发展过程中，资源获取（resource acquisition）是一个重要且关键的步骤。它主要是指高校通过某种方式获得所需的、必要的以及关键的资源。理论上讲，每所大学在资源竞争上都应是公平的，包括起点公平、过程公平和结果公平，但事实上很难做到真正的公平。重点大学和非重点大学、中央所属大学和地方所属大学、经济发达地区大学与经济欠发达地区大学、综合性大学和专业院校之间很难站在同一个起点上获取资源。当然，即便如此，每所大学仍有自己的资源获取途径，侨资性大学也是如此，其特殊的属性也决定了资源获取方式与途径的相对不同。

侨性资源的来源有二：一是侨资性大学从外部获取侨性资源；二是侨资性大学通过内部的积累来获得和增加侨性资源。根据对象的不同，又可细分为以下三种途径：

第一，获得华侨华人援助。华侨华人援助是侨资性大学侨性办学资源来源的主渠道，主要通过海外华侨华人以资金、设备等捐赠形式出现。在侨资性大学中，除了暨南大学和华侨大学由政府创办外，厦门大学、宁波大学、汕头大学、五邑大学等都由华侨华人创建或助建，并在发展过程中继续受到海外侨资的支持，到目前为止，四所大学分别累计吸引侨资 31 亿元、4 亿元、33 亿港元、3 亿元。暨南大学和华侨大学则在学校发展中陆续受到海外华侨华人的资助，暨南大学自 1958 年到 2008 年，收到华侨华人大额捐赠 130 余项；华侨大学从 1978 年学校复办到 2008 年，累计接受海外华侨华人捐赠款项合计 2.3 亿元人民币。[①] 同时，侨资性大学不仅

① 相关数据由四校校长办公室提供。

得到了华侨华人办学物质资源的支持，还获得了宝贵的人文教育资源。

第二，争取政府扶持。在高校竞争日趋激烈的新形势下，按照国内高等教育现行办学机制，争取政府的办学资源是高校获取竞争优势的一个主要来源。利用特殊的办学身份，侨资性大学积极向各级政府争取物质资源、政策资源等的扶持，这也是侨资性大学侨性办学资源的一种外延。政府对高校的扶持是一个制度化的资源获取途径，也是其他高校获取资源的基本方式。但不同的是，侨资性大学需要绕过制度化的政治环境，利用侨校特点，尽可能谋求政府的扶持，因为政策往往具有一定的倾向性，能给高校发展带来强有力的影响。如汕头大学、宁波大学利用侨资性大学的身份优势，得到了教育部对两校学科建设的大力支持，两校分别于1998年和2007年成功解决了博士学位授权问题。就国内高校办学现实而言，政策是一种近乎完美、全能的资源。资金可以通过各种途径取得，但政策资源往往可遇而不可求。倾斜政策的受益者由于机遇的垂青，可以在一定限度内将政策资源所带来的资源兼收并蓄，以较小的成本得到较大的利益，同时政策在客观上对受益主体起到了保护伞和推进器的双重效能。

第三，再生侨性资源。因为侨资资源的生成性，侨资性大学在获取侨性资源后又可进行培育再生。侨性资源的再生主要在侨资性大学内部进行，一方面是将华侨华人对侨资性大学捐赠的物质性办学资源再生演变出精神性的办学资源，以华侨华人的爱国爱乡、勤俭创业的精神来进一步感召激励师生，如华侨大学的校园文化就植根于华侨文化，华侨艰苦奋斗、团结互助的精神，华侨的爱国情怀，以及华侨对异域文化的宽容都营造出华侨大学"一元主导，多元交融"的校园文化氛围。另一方面是利用华侨华人对侨资性大学的各种感人的捐助事迹来影响学子，培育侨资性大学独特的捐赠文化，使广大校友在事业有成之际，都会想到回馈母校，资助母校办学。宁波大学就运用侨性资源形成了富有侨性特色的校园文化。"宁波帮"人士的捐赠和"宁波帮"精神是宁波大学最为重要的侨性办学资源，为了使这些资源作用于校园文化，在提炼宁波大学精神时，渗透了"爱国、爱乡，创新创业"的"宁波帮"精神，使其成为校园文化建设的核心理念，如今"宁波帮"精神还在宁波大学孕育了外延不断扩大的捐赠文化，使宁大校友形成了"反哺"母校的良好风尚；在校园布局上，每幢建筑物都以捐赠人的名字命名，并在适当的物理空间布置人物塑像、宣传感人事迹，使校园充满人文气息、凸显"侨"的特色。

二、侨资性大学侨性资源的使用

从使用方向上来分，侨性资源一般可以分为两种：一种是限制性侨性资源，即华侨华人在捐赠时指定了侨性资源的用途，学校根据华侨华人捐赠者的要求使用这些资金；另一种为非限制性侨性资源，华侨华人捐赠者没有指定侨性资源的用途，学校可以根据需要自由支配。在我国几所侨资性大学中，汕头大学和仰恩大学因为基金会很大程度上参与学校日常管理，因此来自基金会的侨性资源往往可以认同为指定用途的限制性侨性资源。其他几所学校的侨性资源中限制性和非限制性资源均非常常见。在侨性资源的具体使用过程中，侨资性大学都非常注重对华侨华人捐赠者意愿的充分尊重，严格按照华侨华人的意愿使用限制性侨性资源，对非限制性侨性资源也往往能够选择最有利于侨性资源社会效应最大化的使用方向，给华侨华人更多的成就感和满足感。

简单的历史统计显示，侨资性大学的侨性资源主要被用于以下几个方向：

1. 建筑物及其他固定资产建设。在宁波大学和五邑大学的校园，随处可见以人物名讳命名的教学楼、图书馆、科技馆、办公楼、实验楼、运动馆等，形成了侨资性大学校园一道独特的风景。新建办学所需的场馆，一直是侨性资源投入的主要方向，宁波大学办学以来接受的4亿余元侨性资源中约70%以上都被用于兴建办学场馆。这一方面是因为这些场馆是办学的必要条件，且耗资巨大，需要侨性资源的支持；另一方面，建筑物更加方便镌文立号，以寄托捐赠人的特殊情感。

2. 用于提高师资力量的资助或奖励基金。在指定用途的侨性资源中，用于提高师资力量的资助或奖励基金占到了大多数。如2005年华侨大学建校45周年校庆时，多位校董联合部分香港同胞共设立了870万元的捐赠基金，其中750万元用于"奖教"，120万元用于"奖学"。包陪庆女士也曾出资1000万元在宁波大学设立"包玉刚讲座教授基金"，用以邀请海内外知名学者到宁波大学讲学。这种捐赠方向的选择体现了华侨华人希望通过教师素质的提高从而尽快提高侨资性大学办学水平和社会影响力的良好愿望。

3. 用于学生奖励及资助的基金。侨资性大学获取的侨性资源中还有一部分被用于设立各类奖助学金。据统计，宁波大学已经设立的各类以侨性资源为主的捐赠奖助学金项目百余项，约40%的学生可以因此获得各类奖（助）学金。

4. 其他不指定用途的侨性资源。这类资源的华侨华人捐赠人并不指定侨性资源的具体用途，而交由学校方面自主决定资源的分配和使用。

三、侨资性大学侨性资源获取的主要经验

在大部分中国高校获取社会资源工作步履维艰的现状下，侨资性大学之所以能够独辟蹊径，其中一个重要的原因就是获取侨性资源并不是侨资性大学孤立的行为，每一笔侨性资源都是华侨华人、学校所在地的政府和学校本身三个"利益相关主体"共同作用的结果。

1. 华侨华人报效祖国的宏愿和浓厚的故土情缘。由于历史原因，我国的经济社会发展还相对滞后，尤其在改革开放初期，这种状况更加明显。家乡发展的滞后成了刺激华侨华人及港澳台同胞慷慨捐助的最直接因素之一，于是在情系故土的民族向心力、崇尚教育的传统道德取向、恪守仁义的自我道德追求、实现价值的人生定位等多种因素的共同作用下，成就了诸多懋德义举、感人佳话。几所侨资性大学都地处侨乡，这种地缘甚至是血缘优势是其他高校无法比拟的，也是侨资性大学能够吸引大量华侨华人及港澳台同胞捐赠的重要原因。

2. 学校所在地政府多方位的扶持和鼓励。大部分侨资性大学仍属于公办，其办学资产属于国有性质。因此，侨资性大学获取侨性资源，相关政府也是受益者之一。侨资性大学所在地的政府都采取了多种措施用以保护、激励华侨华人的捐赠热情。其一是形成了相对成熟的荣誉授予制度，授予华侨华人"爱乡楷模"、"荣誉市民"等荣誉，华侨华人在捐赠地的投资和生活甚至可以因此充分享受一些特殊礼遇。如宁波大学主要港台捐赠者中，有近60%被授予"浙江省爱乡楷模"荣誉称号，超过90%的港台主要捐赠人被授予"宁波市荣誉市民"，对这些常年旅居海外的乡贤而言，这样的称号可以说是荣耀而珍贵的。此外，对华侨华人对宁波大学的主要捐赠项目，浙江省和宁波市政府都会出具捐赠证书，这一做法无疑可以给予捐赠者更多的荣誉感和成就感。浙江省人民政府还规定，获得省级

荣誉称号的捐赠人，在通关、就医、教育、考察、投资等方面享受相应的礼遇和优惠。获得市、县级荣誉称号的捐赠人的礼遇和优惠，由市、县人民政府确定。其二是当地政府往往能和华侨华人结成深厚的感情，以出资配套的方式（有时配套资金甚至远高于捐赠款），帮助华侨华人做大慈善事业、扩大社会影响，比如宁波市政府在 2000 年以前对几乎所有面向宁波大学的港台捐赠，都给予 1 : 1 的经费支持。一些政府部门往往还是捐赠项目执行情况、捐赠资金使用情况的监督者，在很大程度上保护了华侨华人的捐赠信心。其三，一些政府部门还在原则许可的范围内积极帮助华侨华人和学校寻求税收等方面的政策优惠。如宁波市在 2005 年新的所得税法出台之前，就早已颁布了《宁波市捐赠教育事业实施办法》，给华侨华人在捐赠时获得税收政策上的更大优惠。2007 年，浙江省民政厅正式批准宁波大学教育发展基金会成立，也是从长远角度对宁波大学利用侨性资源等社会捐赠事业的大力支持。

3. 侨资性大学自身的组织与投入。虽然侨资性大学专门从事捐赠管理的工作人员没有美国一些知名学府动辄上百人的规模，但是这些学校都能把侨性资源的募捐工作当做学校的重要日常工作之一，一般都由主要校领导直接负责。在这些学校里，募集侨性资源是一项全校性的、规划周详的系统工程。侨资性大学非常注重侨性资源的经营与管理，对侨资性捐赠项目的管理既是侨性资源获取成功的后续工作，也是继续获取资源的基础性工作。宁波大学把规范细致的项目管理作为募捐的基本工作；汕头大学则按完善内部控制要求，每年进行一次风险评估，针对学校可能面对的风险，采取购买校园责任险等办法，予以有效规避。侨资性大学都会制订详细的募捐年度计划和重点项目的专项募捐方案，会定期组织募捐项目推介和答谢会，通过与捐赠者和潜在捐赠者及时地沟通与交流，促成捐赠项目的最终落实。如汕头大学从 2001 年起，参照国外一些大学的格式，编写汕头大学年报，将学校发展情况和各项财务指标公开、透明地展示在李嘉诚基金会和社会公众面前，这既是向捐赠的华侨华人履行基本义务，也在很大程度上有助于学校社会形象的提升。更加难能可贵的是，侨资性大学的校园中充满着感恩之心，直接从事募捐及捐赠项目管理的工作人员常常能够满怀热情地把每一件与捐赠项目、捐赠者有关的事情做到温暖而圆满。

第三节　侨性资源的办学价值分析

　　大量利用侨性资源支持学校的建设与发展是侨资性大学有别于其他高校的最显著特点。综观几所最具典型性的侨资性大学，可以发现学校的创建和发展的每一个关键环节，侨性资源都起到了非常关键的作用，甚至影响着学校的办学体制与方向。如汕头大学获得李嘉诚的巨额资助，并因李嘉诚基金会的资助而获得政府更多的政策支持，包括管理体制上的创新；暨南大学、华侨大学由于是直接为侨创建，由国务院侨办直接领导，因此获得了其他高校所无法比拟的政策资源，经国家特许实行董事会领导下的校长负责制，而董事会主席则由地方行政首长担任；宁波大学受惠于"宁波帮"的办学资源，学校在几个重要的发展阶段中都得到了"宁波帮"人士的大力支持，实现了学校办学的跨越式发展；仰恩大学实施由仰恩基金会领导下的校务委员会制，走上了国内首家本科私立大学的发展道路。

　　在我国高等教育利用社会资源普遍不高、高等学校对办学资源需求越来越多，以及高等学校为在激烈的竞争中获得发展空间而全面凝练办学特色、努力形成独特的办学风格的现实情况下，分析研究侨资性大学获取和利用侨性资源的历史、特点及价值，具有现实参考和借鉴意义。

一、侨性资源是我国高等教育办学资源多样化的历史开端

　　由于历史原因，我国现代高等教育事业发展较晚，与西方发达国家高等教育经费来源多元化不同的是，我国高等教育经费习惯上由国家统一拨付，高等学校办学资源的来源比较单一。侨资性大学的出现改变了这一现象，大批杰出的华侨华人捐建、助建高等学校的义举，成为我国高等教育办学资源多样化的历史开端。

　　侨资性大学的创办都有其深刻的历史背景。从创办时间来看，侨资性大学的创办都集中在我国社会变革或国家建设与发展的关键时期，主要有：

1. 民主主义革命时期

民主主义革命是中国历史的里程碑。对于那些经历了中国近代历史中无尽屈辱的有志华侨华人来说，欢欣鼓舞可以想见。以陈嘉庚为代表的一批优秀华侨华人，纷纷慷慨解囊，以己之力，支持国家发展。由于他们大都是在东南亚从事工业生产，所以创办学校，为祖国民族工业训练、培养人才也就成为他们捐赠的主要选择之一。陈嘉庚先生继1913年创办集美学校后，又于辛亥革命后以愚公移山的气概回国筹办厦门大学，一心为中华民族的崛起培养人才。筹办"通告"是一篇激动人心的爱国宣言："民心不死、同脉尚存，以四万万之民族，决无甘居人下之理。今日不达，尚有子孙，如精卫之填海，愚公之移山，终有贯彻目的之一日。"先生"不要大厦、宁要厦大"的义举，成为海外华侨华人"爱国爱乡、重教兴学"精神的生动写照。

2. 新中国成立以后

新中国成立以后，众多爱国华侨追随中国共产党，回到国内。鉴于当时我国高等教育总体水平的落后，大量归国华侨子女面临无法接受高等教育的困境，于是此时华侨对捐资创建高等学校就有了"爱国兴学"和满足子女教育的双重需求，中央政府也在此阶段对华侨华人子女教育问题投入了很大关注。1958年重建于广州的暨南大学、1960年创立的华侨大学，都致力于为在新中国成立后归国的广大华侨子弟提供良好的教育条件，从创办伊始就得到了海内外华侨华人的大力资助。

3. 改革开放初期

改革开放之后，我国高等教育迎来了新的历史发展机遇，经济建设和社会发展对高等教育人才需求旺盛与现实的高等教育人才培养能力不足的矛盾明显，于是卓越的华侨领袖纷纷捐资于我国的高等教育事业，掀起了兴办侨资性大学的最高潮。1980年9月，李嘉诚率先捐出3000万港元，启动汕头大学建设；1983年9月，江门市首届归侨、侨眷代表大会上正式通过了筹办大学的倡议，五邑大学由此开始在众多华侨的捐助下顺利建成；1984年，世界船王包玉刚捐资2000万美元，拉开了宁波大学建设的大幕；1987年，由爱国华侨吴庆星家族独资创办的仰恩基金会投资创建的仰恩大学开工建设。这些大学建成后，继续得到了众多华侨华人的大力支持，对几所大学的援建，也从某位人士的功业，演变成众多华侨华人群体的义举。

应该说，在每一次中国高等教育发展的重大历史机遇面前、在高等教育资源面临严重匮乏的时候，都有大量华侨华人倾囊捐赠，成为高等教育办学资源的重要来源，也成为推动高等教育办学资源多样化的重要力量。

二、侨性资源的获取是侨资性大学办学特色形成的源泉

侨资性大学不同于其他大学的最为重要的特征，突出表现在对独特而优质的侨性资源的获取，以及由此而建立的相对灵活多样的办学体制，这也构成了侨资性大学培育和发展办学特色的主要优势。大学的办学特色是指一所大学在发展历程中形成的比较持久稳定的发展方式和被社会公认的、独特的、优良的办学特征。[①] 它是一所大学在价值取向、办学理念、办学目标、人才培养方式、学科专业建设与科学研究、管理机制、教育风格等各个方面显著不同于其他大学的办学风格，也是大学是否具有核心竞争力的重要标志。大学的办学主体往往会充分考量各种影响大学发展的内外部因素，发扬与众不同的优势，使之逐步累积成为学校特色。

侨性资源的获取促成了侨资性大学"侨性"办学特色的形成，是侨资性大学之所以能以"侨性"立足于高校丛林的根本所在。因此，如何科学合理地获取与运用侨性资源，充分利用侨资性大学灵活而多样的办学体制，以服务于学校特色的形成与发展，也就成为侨资性大学当前的重大任务。令人欣喜的是，侨资性大学发挥优势建设办学特色的做法已初显成效。从侨资性大学的发展源流来看，几所侨资性大学从创建之初到逐渐发展壮大，均经历了一个艰难曲折的过程，并逐步形成了自己的办学特色。侨资性大学在教育部普通高等学校本科教学水平评估中得到专家认可的特色项目，很多都体现了"侨"的特色，如暨南大学的"宏教泽，系侨情，造就港澳台侨高素养人才的总体办学特色"，汕头大学的"以国际化为导向、以质量为立校之本、走创新发展道路的办学特色"等。侨资性大学在创建与发展中都获取了侨性资源，共同拥有具有"侨"特征的办学特

---

① 2002 年中外大学校长论坛课题组：《大学办学特色的形成发展战略》，《国家教育行政学院学报》2003 年第 3 期，第 17 页。

色，这主要表现在以下几个方面。

1. 办学理念突出为"侨"服务。高校办学理念，即办学的宗旨和方针是大学的灵魂。办学理念源于历史传承，又根据时代的发展不断创新。侨资性大学对侨性资源的获取使他们在办学理念中普遍有着为"侨"服务的特点，他们不是承担着为海外华侨华人培育德才的重任，就是根植侨乡，服务侨乡的经济社会建设。如暨南大学是为"宏教泽而系侨情"而创办，华侨大学有着"会通中外，并育德才"的办学理念，这两所"为侨创建"的大学，始终把为海外华侨华人、港澳台同胞服务作为学校发展的基本指导思想。而作为"由侨创建"的厦门大学、宁波大学、汕头大学、五邑大学、仰恩大学等则牢固树立了为侨乡培育优秀人才，推动区域社会经济发展的办学理念。在为侨服务办学理念的影响下，侨资性大学的学科建设也受"侨"影响，如暨南大学考虑到海外华侨大都从事工商业，并且需要大量教师，一直把商科、教育（师范）列为学校重点发展学科；而汕头大学的国家重点学科——医学学科所取得的显著成绩，与李嘉诚的重视是分不开的。

2. 校园文化积淀"侨"的内涵。侨资性大学在侨性资源获取中，积淀了浓郁的以"侨"为特色的校园文化，这种校园文化呈现两种形态，一是以传播博大精深、源远流长的中华文化为己任，如暨南大学，该校始终坚持发掘中华传统文化中丰富的教育资源，培育华侨子女。二是以侨资优势，拓展人文教育资源，营造具有"侨"特色的校园文化，如宁波大学、华侨大学等。宁波大学是在海外"宁波帮"鼎力支持下诞生和发展起来的，"宁波帮"人士关心支持教育事业的捐赠文化和传统，以爱国主义、创业精神、以德立业、团结合作为主要特征的"宁波帮"精神是该校师生的精神财富和教育资源。华侨大学的校园文化植根于华侨文化，华侨艰苦奋斗、团结互助的精神，华侨的爱国情怀，以及华侨对异域文化的宽容都营造出华侨大学"一元主导，多元交融"的校园文化氛围。

3. 国家责任注重凝聚侨心侨力。高校统战工作历来是党的统战工作的一个重要方面。与非侨资性大学相比，侨资性大学的统战工作涉及面更广，因为侨资性大学除了承担常规的统战工作外，还是海外统战工作的一个重要阵地。海外统战工作的对象主要是台湾同胞、港澳同胞和海外侨胞，侨资性大学自建校以来便建立起了以团结争取台湾同胞、港澳同胞、海外侨胞和一切热爱中华民族的海外华人的统一战线联盟，他们常发挥与海外华侨华人的密切关系，做好海外统战工作，这不仅对促进高校的改革、稳定和发展具有重要意义，而且对传播中华文化与兼容中西文化，提高国家对外形象与国际认同，宣传我国改革发展的巨大成就，促进侨乡人才培养与经济发展，建设有中国特色的社会主义，增强民族凝聚力与实现祖国统一大业都有着重要的意义。

4. 办学模式凸显"侨"的特色。侨资性大学因获取了侨性资源，在资源配置过程中尤其注重资源配置方式的优化。他们尝试让侨性资源参与学校管理，这种迥异于其他高校的资源配置方式对侨资性大学办学特色产生了影响。在大学治理结构上，侨资性大学形成了开放多元的管理体制，分别实行董事会领导下的校长负责制、党委领导下的校长负责制、校务委员会制等学校管理体制；在人才培养模式上，厦门大学和宁波大学受所获取侨性资源开放性的影响，成为国内高校中较早进行人才培养模式改革的试验校，两校在"大类招生、大类培养"、"双学位制"、"主辅修制"、"三学期制"等制度上进行了有益探索，其中宁波大学"平台·模块·窗口"式大学生自主创业教导模式被教育部列为 2008 年度人才培养模式创新实验区建设项目。

三、侨性资源对侨资性大学办学的战略性价值分析

资源可分为战略资源和一般资源，并非所有资源都能有助于办学特色的形成，只有那些具有独特性、价值性、唯一性的战略资源才能对大学办学特色的形成产生重要影响。管理学家迈克尔·波特在其战略资源竞争理论中认为，稀缺的不可模仿无法流动的战略资源是企业核心竞争力的重要支撑。[①] 对于侨资性大学来说，侨性资源是其发展的战略资源，正是对这一战略资源的获取促使了其办学特色的形成。那么，侨性资源的战略性是如何体现在办学特色形成过程中的呢？这需要从办学特色形成的影响要素进行分析。大学办学特色的形成受多种因素影响，其中，高校与社会、高校与高校、高校与自

---

① 薛求知、郑琴琴、李志强：《企业国际经营活动中常规资源获取的误区》，《对外经济贸易大学学报》2006 年第 1 期，第 81—86 页。

身的关系状态分别从宏观层面、中观层面和微观层面组成了办学特色形成因素的三重结构，而侨性资源在这三重结构中的地位举足轻重。

宏观层面：侨性资源发挥战略作用

办学特色形成的宏观层面由社会政治经济多种因素构成，这是高校发展的外部环境，主要反映了高校与社会其他领域如政府、市场、文化等的关系，它影响着高校办学的多个方面，如办学的自主权、办学的价值取向、大学的校园文化等。国家制度、政策等为高校创建办学特色提供制度保障，市场的介入为高校带来了新鲜的血液，而社会文化则在潜移默化中影响着高校的办学特色。如果政府高度集中办学权，或者市场不能有效介入办学，或者高校没有独特的文化资源支撑，那么高校在办学过程中就容易失去自主空间，在办学价值取向上容易趋同，在校园文化建设中难以"一枝独秀"，从而失去形成办学特色的可能。

在侨资性大学特色形成的外部环境中，正是有了侨性资源的获取，侨资性大学的思维方式和行为模式不再陷入"千校一面"的困境。侨性政策资源的获取为办学特色的形成提供了制度保障，侨性物质资源的参与为侨资性大学扩大办学自主权提供了必要条件，侨性人文教育资源的获取则在情感上与心理上为侨资性大学提供了基础环境，并潜移默化地影响着侨资性大学的校园文化。华侨华人"爱国爱乡、自强不息、团结互助、多元交融"的人文精神资源对侨资性大学产生了积极影响，使其校园文化显现了浓郁的侨性特色。不管是"为侨创建"的侨资性大学所获得的大量政策资源，还是"由侨创建"的侨资性大学所获得的大量物质资源，对于侨资性大学的创建与发展来说都具有战略性意义。在这样的大环境下，侨资性大学形成了为"侨"服务的办学理念，承担起了凝聚侨心侨力的国家责任。

在办学模式的形成上，则有了让侨性资源参与学校管理的可能，从而在大学治理结构上形成了多元开放的办学特色。由于侨资性大学受惠于侨性资源，深受海外华侨华人办学思想的影响，侨资性大学在教学改革方面也是急先锋，有许多大胆的创新之举，如宁波大学在国内较早提出并实践"面向学生选择、适应社会需求、推动教学资源优化的人才培养机制"，华侨大学以"为侨服务，传播中外文化"为办学宗旨，创新"一校两生，因材施教"教学模式，在学籍管理、专业建设、课程体系、教学内容、教学组织等方面进行改革。

中观层面：侨性资源在高校间具有比较优势

在大学办学特色的形成过程中，高校与高校之间的生存状况形成了影响大学办学特色的中观层面。在这一层面中，激烈的竞争使得各高校将能否形成办学特色成为关乎自身兴衰存亡的关键因素。为此，高校必须优化资源配置，使有限资源获得最大的效益，从而培育自身办学特色，提高竞争实力。高校对资源的配置印证着比较优势理论。比较优势理论最早由英国经济学家李嘉图在《政治经济学及其赋税原理》中提出，是用国与国之间生产同一产品相对劳动生产率优势解释国际贸易原因的理论。这一理论因其"对于一切运用稀缺资源从事生产的经济活动都具有指导意义"，近年来被借鉴引入其他研究领域。高等教育作为一种特殊的生产活动，比较优势理论也同样适用。由实践可知，任何一所高校不可能对所有资源一视同仁。为形成自身的办学特色，不管是侨资性大学还是非侨资性大学都会对环境、历史、现状等进行分析，挖掘并找出自身具有比较优势的资源，提高资源配置效率，使其变成学校的竞争优势，并以此作为办学特色形成的基础。

不可否认的是，侨资性大学通过三种途径所获取的侨性资源在学校总资源中比重较小。首先，从华侨华人中获取的侨性资源远没有政府通过制度化渠道给予侨资性大学的多；其次，除汕头大学外，其余侨资性大学从华侨侨人中筹措的办学资金并不乐观，在2005—2007年间，暨南大学、宁波大学、华侨大学的侨资捐赠收入分别只占学校总收入的2.92%、2.89%、1.62%①；此外，侨资性大学对侨性资源的再创造受学校行政举措力度、历史环境等多种因素影响，因此通过再创造是否能有效获取侨性资源也充满了许多不确定性。尤其值得注意的是，在我国高等教育多元化筹资格局中，侨性资源并非只为侨资性大学所获得，非侨资性大学也同样在争取侨性资源对学校办学的支持。但是，尽管侨性资源在侨资性大学发展中所占比例并不太高，但侨资性大学所获取的侨性资源针对非侨资性大学来说却仍具有比较优势。因为非侨资性大学所获取的侨性资源主要集中在物质资源，他们没有开启另外两个资源获取途径，无法从政府处争取相应的侨性扶持政策，也没有再生出其他侨性资源。基于此，侨资性大学通

---

① 数据源于三校《年度发展报告》。

过寻找比较优势，重视对侨性资源的科学配置，并由此形成了办学特色。

微观层面：侨性资源促成侨资性大学形成特有办学思维

办学特色的形成也与大学办学的微观层面密切相关。不同的办学条件和办学定位决定了不同的办学特色取向，高校在追求形成自身办学特色过程中，必然是立足自身办学实际，寻找合适的办学方法，并形成特色。如果学校自身没有建设某一办学特色的意识，不具备相应能力或不主动抓住机会，那么办学特色也就很难形成。当然，高校特有思维品质的形成需要一个长期积淀的过程，侨资性大学自创建以来就一直受侨性资源的支持和影响，他们所获取的侨性资源也较为稳定，同时侨性资源中不仅有物质资源、政策资源，还包括对侨性资源的再创造，这种稳定、持续又全面的资源使他们在总结、挖掘历史积淀和学校传统时，对自身性质和类型有一个比较明确的认识，从而促成他们逐步形成了一种特有的思维品质：紧抓"侨"字，在"侨"字上做文章，在"侨"字上提炼办学特色。这一思维使侨资性大学具有了强烈追求侨性办学特色的发展意识。比如，侨资性大学在获取侨性人文教育资源后，还有意识、有目的地挖掘这一资源的内涵，从而形成了以"侨"为特色的校园文化。而非侨资性大学因其所获得的侨性资源缺少延续性和全面性，他们只把侨性资源作为社会资源的一种，不曾"另眼相待"，没有深入挖掘和延伸，自然也就无法形成如侨资性大学一样的思维品质，因此也就没有形成类似特色的可能。

从学校角度看，办学特色的重要性在于其不仅是学校的一个重要标识，也是学校核心竞争力之一，还是关系到学校生存和发展的重要因素。办学特色形成的三重结构表明，侨性资源是一种战略资源，其在办学特色形成的宏观层面、中观层面和微观层面中都扮演着重要角色。如果没有对侨性资源的获取，侨资性大学所形成的办学特色就成了无源之水，无本之木。没有这样的侨性特色，侨资性大学也就谈不上"侨资性"了。由此可见，侨性资源的获取在侨资性大学的建设与发展中发挥着举足轻重的作用。

第四节 资源获取的影响要素及对策分析

侨性资源的获取在侨资性大学的建立与发展中发挥着举足轻重的作用，对于侨资性大学来说，要想在激烈的大学竞争中保持自己的优势和特色，首先必须采取积极有效的措施来获得更多的侨性资源。但侨性资源的获取又是一个极其复杂的问题，侨资性大学与外在环境（包括华侨华人、政府）之间的关系、侨资性大学自身的运行状况以及办学业绩，都决定了侨资性大学对侨性资源获取的成效。

我们不难发现，尽管侨资性大学积极利用外部环境，不断拓宽资源获取渠道，建立适合自身的资源获取途径，从而不断发展壮大；但目前侨资性大学对侨性资源的获取普遍面临增量瓶颈。近年来，除汕头大学每年李嘉诚基金会的捐赠数额相对稳定外，其他几所侨资性大学在获取侨性资源的工作上慢慢走进了瓶颈期，尤其是港澳台地区之外的华侨华人捐赠项目明显减少。对比暨南大学1995—2000年与2001—2006年来自华侨华人及港澳台同胞捐赠项目时发现，1995—2000年港澳台地区之外的侨资捐赠占海外捐赠项目的40%以上；而2001—2006年，港澳台地区之外的侨资捐赠仅占海外捐赠项目的26.5%。海外华侨华人和港澳台同胞曾经是侨资性大学最主要的捐赠群体，他们捐赠力度的下降，一方面加大了侨资性大学获取侨性资源的难度；另一方面也可能代表了一种趋势，随着国内经济的快速发展，华侨华人捐赠作为我国社会捐赠的主导力量的地位正开始转变。从侨性资源捐赠项目本身看，近几年除李嘉诚教育基金会对汕头大学的捐赠外，其他侨性资源对侨资性大学的捐赠项目缺乏稳定性和持续性，且以偶发性的小捐赠项目居多，侨资性大学获取侨性资源的工作正面临越来越大的压力和挑战。

侨性资源的获取主要受两方面因素的影响。一方面，侨资性大学的资源获取更多的受制于外部的环境，对外部资源环境具有依赖性；另一方面，作为独立的组织核心，侨资性大学自身具有资源获取的能动性，因此，如何提高资源获取能力已成为了侨资性大学关注的焦点。下面将就影响侨资性大学资源获取的这两大因素进行分析。

一、内在因素：侨资性大学的资源获取能力

侨资性大学资源获取能力受其内部治理结构和资源配置状况的影响。因此，要提高自身资源获取的能力，保证资源获取的顺畅，就要注重改善内部治理结构，优化资源配置，强化资源获取理念。

1. 内部治理结构

资源依赖理论为我们提供了分析侨资性大学资源获取能力与内部治理结构之间关系的解释路径。资源依赖理论的基本假设是，任何组织都不可能完全拥有满足其需要的全部资源，也不可能仅仅依靠组织的自生或内部资源来完成生存和发展的全部活动。所以，组织生存的关键就是"获得并保住资源的能力"，而大量稀缺和珍贵的资源恰恰都存在于组织的外部环境之中。因此，组织为了生存就必须与它依赖的环境中的因素互动，同环境进行资源的交换。资源依赖理论强调的外部环境是指与组织相关的各种组织或个体，对于侨资性大学来说，外部环境主要包括华侨华人和政府部门。资源依赖理论提出，虽然组织的结构和功能由于"限制"而很大程度地"依赖"外部环境，但这种依赖的程度可以通过组织的积极行为得到调整。组织可以采取各种战略来改变自己、选择环境并且适应环境，维持组织的自治度，增强获取资源的能力。①

由组织依赖理论可知，侨资性大学的发展尽管对侨性资源有很大依赖，但其自身显然应在这一关系中发挥主观能动作用，因为侨资性大学的资源获取能力受其自身治理水平的影响。内部的治理格局及其功能的发挥直接影响到侨资性大学的治理状况，决定着资源获取通道的顺畅。大学治理是一个广泛而综合的过程，它不仅包括教育行政管理与教学质量管理，还包括通过学术和行政管理机构、资金与产权结构、督导评估机构等的合理设置与安排，形成一个有效的大学内部运行机制。② 如前文所述，侨资性大学因为对侨性资源的获取，在大学治理运行机制上已然迈出了改革创

---

① 杰弗里·菲佛、杰勒尔德·R.撒兰基克：《组织的外部控制——对组织资源依赖的分析》，东方出版社 2006 年版。

② 韩呼生：《完善我国大学治理结构的思考》，《中国高等教育》2008 年第 20 期，第 49—50 页。

新的步伐，在侨性资源的获取工作中也取得了超出一般高校的不俗成绩，但是其目前存在的不足之处也依然十分明显。具体体现在：

第一，专设机构缺乏专业性。目前，侨资性大学普遍都建立有相对专门的组织结构，负责包括侨性资源在内的社会资源的筹集工作。如汕头大学的董事会，暨南大学、华侨大学的董事会、教育基金会，宁波大学的港澳台办公室、教育发展基金会等，承担了与侨性资源获取有关的联络、接待、项目执行情况汇报等事务。这些机构是侨资性大学侨性资源获取的主要执行部门，对侨资性大学侨性资源的获取起重要作用。但目前这些机构还缺少专业的管理与运作，机构中专职工作人员偏少，且大多不具有资源管理与经营所需要的专业知识技能，这就导致这些机构在科学经营和管理侨性资源方面还缺乏相应水平。尤其是侨资性大学虽然普遍都设有基金会，但其经营作用尚不明显，学校可选择的激励手段有限。从目前侨资性大学基金会运行的情况来看，这些基金会更多的只是作为一个方便接受捐赠的工具，而没有被真正赋予包括侨性资源在内的捐赠资产的经营与管理权力。这就让通过基金会的成功运作从而吸引更多资源的高等教育发达国家的通行做法难以通行。如此一来，学校在鼓励华侨华人时，可选的手段就非常有限，往往只能局限于传统的冠名权、校董（或委员）身份等。从近几年的工作实践来看，这样的鼓励政策对年轻一代的华侨和港澳台同胞捐赠群体来说，吸引力似乎正在慢慢变小。因此，如何更加充分、科学地发挥学校教育基金会的作用，寻找更多的激励措施，也是侨资性大学要认真考虑的问题。

第二，资源获取能力较弱。侨资性大学在资源获取中尽管全校上下都非常重视，但还是较多地依赖学校中某些专门的组织机构，致使自身的获取能力受限于这些机构资源获取能力的大小，也使得资源获取渠道没有全面打开，校内各学院、系所、机构等对获取侨性资源的积极性和主动性不是很高，学校多方面、多组织、分层次、分项目募集侨性资源的局面没有形成。

基于上述分析，我们认为，侨资性大学要提高资源获取能力，首先应该完善内部治理结构，只有这样，才能保证资源获取渠道的畅通。当然，侨资性大学在资源获取中也要把握好自身的原则立场，具体而言，对于有利于自身办学特色形成与发展的侨性资源，侨资性大学就要积极主动争取。华侨华人给予侨资性大学的办学资源，有时也会附加一些具体条件，这从华侨华人角度来说是理所当然的，但是，对于侨资性大学来说，如果附加条件违背了学校的办学宗旨，阻碍了学校办学特色的发展，那么侨资性大学在获取此类侨性资源时，也需要把握原则，加以甄别与筛选。

2. 资源配置效率

资源获取与使用之间是一个相辅相成的关系，资源使用得当，获取就相对容易；如果使用不当，则可能会面临着失去已获得的资源的危险，并且已有的资源获取途径也可能会缩减，而侨性资源能否合理使用的关键就在于侨资性大学对侨性资源的有效配置与产出效益。

经济学家厉以宁教授这样定义资源配置："资源配置是指经济中的各种资源（包括人力、物力、财力）在各种不同的使用方向之间的分配。"[①] 资源配置包括宏观层面的配置和微观层面的配置。侨资性大学宏观层面的资源配置是指国家、社会等高校外在环境将教育资源分配给侨资性大学；微观层面的侨性资源配置是指侨资性大学在高教资源既定条件下，对财力资源、人力资源、制度资源等所有侨性资源的管理，使之发挥最大的社会效益和经济效益。前者侧重高校之间的平衡发展，后者侧重收益最大化。本文所涉及的是指微观层面的资源配置。

尽管高等教育不等同于其他经济的产业活动，但也是一个投入产出的过程，从这种意义上来说，侨资性大学对侨性资源的配置也讲究投入产出效率。从侨资性大学的办学历程中可以看出，侨资性大学由于特殊的办学目的、资源获取渠道等因素，尤其注重资源配置方式的优化，同时，不同的资源配置方式会对大学办学特色产生不同的影响。汕头大学由于侨资占学校经费比重较大，其在经费上并不像其他侨资性大学那样过度依赖政府，因此，该校时有特立独行的办学举措推行，被称为是中国高等学校中"一个异乎寻常的标本"。仰恩大学由仰恩基金会独立办学，在资源配置上，侨资获得了较为充分的办学自主权，建立了特殊的管理体制，形成了自身的办学特色。

此外，侨资性大学也非常注重对侨性资源中的无形资源的配置。无形

---

① 尤春光：《我国高校办学资源的构成与整合研究》，江西师范大学体育学院 2006 年研究生论文。

资源虽不具备物质形态却极具办学价值。比如，由"宁波帮"创业史凝结而成的以"爱国主义、创业精神、以德立业、团结合作"为主要特征的"宁波帮"精神构成了宁波大学开展人文精神教育的重要资源与生动教材，特别是对当代大学生在急剧变动的社会条件下，如何树立正确的人生观与创业观，把握人生的方向，都富有启示与激励作用。①

侨资性大学通过对侨性资源的优化配置，形成了独具侨性的办学特色，并在我国高校快速发展的历史进程中确立了自己的办学地位。所以说，侨资性大学要提升自身的资源获取能力，就应不断优化资源配置，从而获取更多更优的侨性资源，推动学校的快速发展。

3. 资源获取的理念

完善治理结构、优化资源配置是提高侨资性大学资源获取能力的关键所在，但我们也必须意识到，侨资性大学自身所特有的资源获取理念也影响着其对侨性资源的获取效果。

当前，侨资性大学在获取侨性资源的过程中，出现了一些不利于办学特色培育的倾向。具体表现在：第一，在多渠道获取办学资源的现实背景下，侨性办学资源有逐年萎缩的倾向。毋庸置疑，办学资源是大学发展事业的重要源泉，自市场竞争机制引入高等教育领域以来，办学资源对于大学来说变得最为重要。在很大程度上，现代大学之间的竞争，主要就是办学资源的竞争，大学需要通过多种渠道、运用各种方式来获取类型多样的办学资源。侨性资源是侨资性大学办学特色形成的决定性因素，从办学特色发展的角度考量，侨资性大学应更多地去争取侨性资源，但相对日渐稀缺的侨性资源和逐渐丰富的非侨性资源，基于办学的现实需要，侨资性大学往往把办学资源争取的主要目光投向非侨性资源，侨性资源在侨资性大学办学资源结构中的比重有逐年下降的趋势，这使得侨资性大学以侨性资源为基础形成的办学特色面临无法可持续发展的隐忧。

第二，获取与运用侨性资源，重物质轻人文。不管是获取资源，还是获取后的运用，侨资性大学都相对重视现实的经济类资源，对社会人文类资源潜在价值的挖掘不够深入。在资源的获取过程中，大学考虑较多的是

---

① 孙善根、张钧澄：《发挥侨资大学优势拓展人文教育资源——宁波帮精神与宁大人文精神教育》，《宁波大学学报》2000 年第 12 期，第 80 页。

如何通过正常的渠道获得诸如资金、设施、基金等方面资源，直接用于学校软硬件建设，改善学校办学环境，而在怎样通过捐赠群体的海外关系、声望和事迹来加强学校的中外合作、提升学校的国际化水平以及建设侨性特色的校园文化等方面的主动性相对不足。

这些倾向反映出侨资性大学办学主体获取与运用侨性资源时，没有充分思量资源与特色之间的关系，在实践中也没有融侨性资源于学校特色塑造活动之中。长此以往，不仅现有的办学特色难以持续形成或得到强化，甚至会使侨资性大学的特有性质发生变化，类同于一般的公办大学。我们在采访厦门大学潘懋元教授时，他就明确指出，厦门大学在办学初期带有很强的侨资属性，但现在，已经和一般的公办大学没有什么太大的区别了。事实上，资源获取与特色建设是互动的，指向特色形成的侨性资源获取与运用，终究会赢得捐赠人的信赖与支持，吸引更多的侨资输入，也就是说成功获取资源造就了学校特色，通过特色建设又会获得更丰富的侨性资源。因此，强化以特色发展为导向的侨性资源获取理念对于侨资性大学来说十分重要。

二、侨资性大学与外部环境的关系

侨资性大学与外部环境的关系，可以从两个方面来分析。

1. 政府对侨性资源获取的推动力

政府是侨资性大学的行政管理者，在方针、政策、法律规范等方面对侨资性大学进行统领，尤其是侨资性大学还有着为"侨"服务的办学使命，承担着凝聚海外华侨华人的国家责任，因此，政府都努力为侨资性大学创建健康畅通的内外社会环境。侨资性大学所在的广东省、福建省、浙江省都是著名侨乡，这些省份都相应制定了规章制度，如广东省于2006年先后颁发了《广东省华侨捐赠兴办公益事业项目监督管理办法》、《关于在全省建立侨捐项目监管制度的意见》等；福建省在2002年发布了《福建省华侨捐赠兴办公益事业管理条例修正案》，宁波市在2005年发布了《宁波市捐赠教育事业实施办法》，这些都为侨资的捐赠与利用提供了制度保障，营造了良好氛围。

但是，政府对海外华侨华人捐助高校教育的激励措施还比较单一，目前主要通过荣誉授予和资金配套给予激励。无可否认，政府荣誉的授予在相当程度上激发了部分捐赠人的捐赠热情。对于一个社会来说，要形成完整、成熟的捐赠体系，光是政府荣誉授予是远远不够的，它需要整个社会形成强大、理性的评价和引导体系，制定一整套法律法规及其配套措施，建立起严格的捐赠管理制度，为高校教育捐赠提供完备的法律依据，只有这样，才能吸引更多的侨性资源，有力推动侨资性大学的发展。就资金配套而言，该政策首要目的只是在于通过"抛砖引玉"培育捐赠文化与捐赠风气，并非长久之计，毕竟长期的配套政策不仅会持续增加政府预算外的开支，也和政府希望多方筹集高等教育资金以缓解财政拨款压力的愿望不相符合。所以说，以目前的激励政策措施，还没有形成社会捐赠文化和捐赠体系，这在一定程度上影响着侨资性大学对侨性资源的获取。因此，政府需要出台一些优惠政策，制定出对华侨华人捐资办学实施优惠政策的具体办法和相关规定，并通过各种渠道大力宣传，以吸引更多的侨性资源投入侨资性大学。

另外，政府也要赋予侨资性大学以相应的办学自主权，尤其是在侨性资源的应用上，使侨性资源能发挥更大的作用。当前，我们不得不面对的事实是，不少大学的运行机制几乎完全行政化，学校不像学府更像政府。目前，侨资性大学也面临着这样的困境。这是因为，当前政府对高校的控制表现得过于行政化，政府拥有巨大权力。国家通过各种手段加强对大学的控制，这是国家行使教育主权的体现，换句话说没有任何一个国家会放弃对大学的控制，但当前我国政府对高校的控制力过于强大，不利于高校特色的培育与发展。首先，教育资源高度集中在教育行政部门，侨资性大学所获得的侨性资源占办学资源总量的比例仍较低，其主要资源渠道还是来源于政府；而且，侨资性大学的办学规模、专业与课程设置、人才培养规格、教学和课程计划以及招生等环节，基本都是由政府统一管理和规定的。在生存是第一位的情况下，侨资性大学只能忍痛放弃自己的个性，甚至有意忽略自己原有在侨性资源获取上的优势，去迎合政府的资源分配标准。其次，尽管侨资性大学有着得天独厚的侨性资源，但因政府在高校分类标准和相应政策措施制定上仍然统一划定，并没有为侨资性大学制定特殊的标准，给予更多特定的政策措施，所以侨性资源的优势发挥缺少了外部制度的保障。最后，高校办学的行政化趋向也使一些侨资性大学在管理思想和观念上产生了"体制依赖"，习惯于单纯执行政府的教育发展政策，缺乏自我发展的主动性和积极性，侨性资源的优势被忽略，再次获取侨性资源的能力被削弱。

2. 外在环境对侨资性大学办学质量的监控

关于常规组织资源获取能力的研究，以巴纳德的"诱因—贡献理论"为代表。这个理论包括两个方面内容：一是组织成员行为控制方面的内容。"诱因—贡献理论"指出，组织成员的行为对组织绩效有着重要影响，因而也是组织资源获取能力的一个重要方面；二是组织与组织资源供给者之间的关系，组织的贡献越大，它用以交换资源的"资本"也就越雄厚。也就是说，组织的资源获取能力是包含在贡献中的，贡献是资源获取能力的基础和根据，同时也是资源获取能力的展现。对于大学来说，其对社会的贡献可以从办学质量上体现。侨资性大学办学质量越强，其对侨性资源获取的能力也就越强，这可从以下两方面来认识。

政府的资助方式。近年来，随着我国高等教育规模的急剧扩大和大众化进程的顺利实现，质量问题日益凸显。为提高高等教育质量，政府对高等教育的资助方式发生了变革。变革之一是政府拨款日益以大学的运作绩效为依据。变革之二是政府拨款机制日益注重以竞争为原则。[①] 在这种资助方式下，政府虽然仍会给予侨资性大学一定的政策优惠、经费资助，但它已经不像传统资助那样，资助后就没有相关后继要求，而是通过评估、监督、法律等行政手段对侨资性大学实施后继评价。对绩效责任的强调使政府对高校的管理发生了重大转折，由传统的注重过程管理转变为注重管理的结果和绩效，建立开放的责任体系，政府在向大学逐步放权的同时，也在建立严格的问责制度，通过评价和绩效拨款建立市场运行规则。如果侨资性大学没有好好利用政府给予的优惠政策，并没有因政策资源而体现出侨性办学特色，或者侨资性大学没有通过政府的绩效评估，那么政府可能会向其关闭资源之门。因此，侨资性大学要想从政府获得更多扶持，就必须利用好原有资源，以突出的办学业绩在激烈的资源竞争中占据优势地位。

华侨华人的价值取向。尽管华侨华人在捐资办学时是出于对祖国、对

----

① 许杰：《对西方国家加强高等教育质量监控的政策分析——新公共管理理论的研究视角》，《教育科学》2007 第 3 期。

家乡的热爱，也就是说侨性资源是带着公益性投入到侨资性大学中去的，但是华侨华人完全有权利决定侨性资源的投资方向。如果侨资性大学在获取侨性资源后，并没有提高办学质量和办学水平，增强自身办学特色，那么，华侨华人捐资兴学的热情必然会受到打击。目前，几所由侨资创办的大学，如汕头大学、宁波大学、五邑大学、仰恩大学等都设立了联系华侨华人的相关职能部门，几所大学每年都还向华侨华人汇报学校年度办学成果，其目的就在于展示自身办学业绩与办学特色，从而得到华侨华人的认可，并争取他们对学校发展的进一步支持。

大学本身是崇尚个性的，每所大学都应有自己的特色学科和特有研究领域，拥有自己的核心竞争力，这样才能获得适合自己需要的资源类别，资源来源也才能持久富足。侨资性大学要想获得持久稳定的侨性资源，就必须使有限的侨性资源发挥最大效益，努力办出特色，提高办学质量，只有这样才能形成办学的良性循环，从而获得更多的来自政府与华侨华人的信赖和资源支持。

三、推进侨资性大学办学资源多元化的对策建议

实现办学资源来源的多元化，是我国高校需要面对的发展趋势之一。侨资性大学在这一趋势前面临的挑战，可以从捐赠人、政府（社会）行为、学校本身行为三个方向思考解决，很多工作也需要地方政府和侨资性大学共同努力。

第一，转变资源获取方式和方法，适应新一代华侨华人需要。对有着浓厚故土情结的老一代的华侨华人和港澳台捐赠人，侨资性大学基本上是采取"感情联络"的资源获取思路，取得了很大成功。然而时至今日，老一代捐赠人逐渐淡出舞台，新一代接班人比起父辈而言，少了对故乡的天然情感，往往更加习惯于从投资、经营的角度审视捐赠项目。台湾郭台铭先生说起对高等教育的捐赠时的一段话或许是这种意识转变的清晰表达，他说："……把钱捐给最有能力创造价值的合作伙伴，而不是把钱捐出去不问成效；换言之，挑选捐助伙伴最重要的关键在于受赠方必须能展现出成果品质保证的能力、决心与效率。"① 面对这种转变，一方面，侨

---

① 资料来源于台湾大学网站《台大校训》第 889 期。

资性大学对侨性资源的获取思路必须从"感情联络"转向"感情与合作并重"，对侨性资源的获取也需要从单纯的"使用"转向"使用与经营"双重考虑。另一方面，侨资性大学必须拓展资源获取的工作范围，着眼于境内社会团体、企业、校友等潜在的捐赠群体，设计符合他们需要的募捐形式和方法，开发利用这些群体深厚的捐赠潜力。

第二，培育社会捐赠文化，丰富筹集捐赠的社会辅助手段。由于社会文化传统的原因，我国社会捐赠的文化基础薄弱，服务于捐赠行为的社会辅助手段也非常贫乏。据美国国家教育统计中心数据显示，2007 年，美国高校接受的社会捐赠中，来自基金会、校友、非校友个人、企业的捐赠分别占29%、28%、19%和16%。[①] 可见，在社会捐赠事业相对发达的美国，民间的非营利组织扮演了非常重要的角色。而在我国，非营利的慈善组织数量少，且缺乏足够的社会公信力，因此不能给高等学校等需要社会捐赠的机构提供实质性的帮助。培育社会捐赠文化是一个漫长的过程，但是鉴于我国目前已经有一定的发展社会捐赠事业的物质基础，只要政府相关部门从税收政策、民间非营利组织的组建与监管、对捐赠行为的政府荣誉引导、放宽学校对捐赠资产的经营自主权等多方面做工作，一定可以形成浓厚的社会捐赠之风。

第三，不断提高侨资性大学自身社会影响力和对侨性资源的经营管理能力。一方面，从世界范围内的高校来看，学校的社会影响力和资源获取的能力基本是成正比的，因此，不断提高办学水平和社会影响，是侨资性大学获取资源的最根本途径。另一方面，从捐赠行为发展的趋势看，与投资相结合的捐赠行为、利用现代金融工具的捐赠行为会越来越多地在侨资性大学的各类捐赠活动中出现，且越来越多的华侨华人捐赠者可能会把捐赠资金的使用和经营情况作为捐赠决策的要素之一。因此，从侨资性大学本身而言，也需要通过加强基金会的建设，增强学校对侨性资源的经营管理能力，从而形成侨性资源和侨性收益良性影响、共同增长的理想局面。

第四，强化以特色发展为导向的侨性资源筹措理念与策略。事实上，

---

① 美国赞助教育委员会（Council for Aid to Education）：Date & Trends on Private Giving to Education，CONTRIBUTIONS TO COLLEGES AND UNIVERSITIES UP BY 6.3 PERCENT TO ＄29.75 BILLION。

资源筹措与特色建设是互动的，指向特色形成的侨性资源获取与运用，终究会赢得捐赠人的信赖与支持，吸引更多的侨资输入，也就是说成功筹措资源造就了学校特色，通过特色建设又会获得更丰富的侨性资源。

　　向社会获取资源已经成为中国大学必须面对的重要课题。社会资源不仅是侨资性大学办学资源多样化的重要途径，也将是其他普通高校办学资源的重要来源之一。侨资性大学的实践经验可以为其他学校借鉴，所遇到的困难和问题也可以为其他高校的实践探索提供有益参考。

第五章

侨资性大学的国家责任

从创建特点来看，侨资性大学是以海外华侨华人提供的各类资源作为重要的办学资源来创建或是有针对性地为海外华侨华人而创建，带有"侨"属性的办学资源在大学办学资源中占有突出地位的一类大学。与其他大学相比较，侨资性大学承担着服务侨乡经济社会发展、凝聚海外华侨华人、弘扬传播中华文化、开展华侨华人研究等独特的办学使命。同时，由于侨资性大学创办的独特性质，一直以来，国家对侨资性大学的发展也是重点扶持，给侨资性大学以一定的特殊发展政策，以更好更快地促进侨资性大学的科学发展。

第一节　凝聚华侨华人

侨资性大学"为侨创建"或"由侨创建"，在创建与发展的过程中，已成为国家凝集"侨心"，开启"侨智"，增进"侨情"的重要载体。广大侨资性大学的校友和关心支持侨资性大学发展的爱国侨胞活跃在港澳台及海外华侨华人社会的各条战线上，为港澳回归和社会繁荣稳定，为海外学生所在国的社会经济发展，为国家侨务事业和社会经济建设，为祖国统一大业作出了特殊的贡献，已经成为国家凝聚华侨华人和港澳台同胞的有效载体。

厦门大学是我国第一所由爱国华侨创办的大学，与海外华侨（尤其南洋一带华侨）关系密切，学校地处东南海隅，区位优势得天独厚。福建是广大南洋侨胞的故乡，与南洋一衣带水，与台湾隔海相望，风俗相近，语言相同。《厦门大学校旨》指出："本大学与海外各埠华侨关系甚深，故予华侨子弟以返国求学之机会，俾得发扬其眷爱祖国之热忱，使国内外之民族精神得以团结，并研究南洋及其他各地华侨之情况，以图将来之发展及进步。"从创办至今，学校一直坚持这一办学传统，有效地发挥了凝聚海外华侨华人的作用。改革开放后，厦门大学成为唯一地处经济特区的综合性大学，与经济特区同步发展。自创办以来，学校一直注重这种地缘和区位优势，并把这种区域的优势转化为办学优势，形成了"侨、台、特、海"的四大区位特色。如今，厦大学子遍布海内外，在东南亚和台港澳也同样享有盛誉，为东南亚和台港澳地区经济社会发展做出了杰出贡献。

1956 年，为适应"面向东南亚华侨和面向海洋"的需要，厦门大学成立华侨函授部（后改为海外教育学院），并开办海外函授教育，成为我国高校第一个开展海外教育的专门机构。1991 年海外函授学院经教育部批准更名为海外教育学院。1993 年，学校成立"台港澳学生先修部"。从而建立起了进修生、高考补习生、函授生、本科生、硕士生、博士生完整的人才培养体系。50 多年来，共培养了来自世界五大洲 95 个国家和地区 2 万多名海外函授生和 9000 多名包括博士、硕士在内的各类外国留学生以及台港澳学生，海外教育学院已经成为全国对外教育的一个重要基地。

2000 年，厦大中文和中医两个本科专业获得海外成人高等教育学位教育授予权，成为全国唯一可授予海外成人高等教育学位的高校。目前学校不仅是海外华侨和华人、港澳台同胞的一个重要人才培养基地，而且在弘扬和传播中华民族优秀文化，联系和团结海外侨胞、港澳台同胞，促进祖国和平统一，增进与东南亚国家地区之间的文化交流，发展友好关系等方面发挥了重要作用。随着海峡两岸交往不断加强，厦大也成为国内两岸学术交流最为活跃的高校。厦门大学与台湾成功大学、淡江大学等 24 所高校、63 个研究所和 34 家新闻媒体建立了实质性合作关系。厦大校友在台影响广泛，在 20 世纪 60 年代支撑台湾经济起飞的十大项目中，有六项是厦大校友主持或在其中作出重大贡献的。如新竹科技园创始人何宜慈，台湾公路局局长，电信、邮政、金融界、电力部门总经理等，香港著名企业家、银行家、社会活动家黄克立、黄涤元、黄保欣等。在东南亚，厦大校友亦颇负盛名，如菲律宾著名华侨实业家、教育家邵建寅；泰国著名爱国华侨实业家丁政曾、蔡悦诗伉俪，著名华侨实业家、教育家陈汉洲。在厦大校友中，还有一批在国际享有盛名的专家，如实业家苏林华、国际微机电专家葛文勋、国际土木工程专家林幼堃、国际生物学家许华曦等。

在一个多世纪的风雨历程中，暨南大学始终坚持"宏教泽而系侨情"的办学宗旨，擘画"朔南暨，声教讫于四海"的宏图大业，"民族情"与"爱国魂"绵厚而隽永。1906年，时任两江总督的端方，奏请清政府专为华侨子弟设立学校"以宏教泽而系侨情"，光绪皇帝御批了端方的请求。同年底，暨南学堂在南京的薛家巷创设。1917年，暨南学堂停办6年后复办。黄炎培等拟定《暨南学校规复宣言并招生启》，提出"本校以召集华侨子弟已在南洋受有初步之教育者……俾毕业后从事华侨教育或实业，冀其事业之改良与发展为宗旨"。1927年，国立暨南大学成立，郑洪年校长强调，创办和发展华侨教育是"冀以教育手段俾成学术化拯救海外数百万侨胞于水火，达到平等自由"。1929年，华侨学生占在校学生总数的3/4，暨南大学成为名副其实的华侨最高学府。何炳松于1935年临危受命担任暨南大学校长。在时局维艰，校务风雨飘摇中，何校长明确提出要"为复兴民族着想，为海外华侨的发展着想，必须要加倍努力的用功，以求造就将来有益于国家社会之人物"。

1958年，暨南大学停办七年后，在广州重建，并被列为国务院高教部的直属院校。暨南大学的重建，标志着新中国华侨高等教育已从新中国成立初期的各校分散培养，走向相对集中、专门培养的道路，这也是发展新中国华侨高等教育的重要举措。将重建的校址选在广州，本身就具有"宏教泽而系侨情"的意蕴，诚如陶铸校长所言，"在广东这样一个接近港澳、海外华侨众多的地方，把暨南大学在广州复办起来，对团结港澳同胞和海外侨胞，培育他们的后代，有深远的影响和作用。"1978年，暨南大学停办八年后复办。国务院批转了教育部、国务院侨务办公室《关于恢复暨南大学、华侨大学有关问题的请示》，"以招收海外华侨、港澳同胞和台湾籍青年学生为主，同时也要招收少部分国内的学生（以国内的归侨和侨眷的子女为主）"。这一指示精神既坚持了"宏教泽而系侨情"的办学宗旨，也指明了暨南大学肩负的新任务和工作的新特点。

1983年，中共中央、国务院面对"改革开放"的新形势和新任务，充分考虑到做好台湾回归祖国，收回港澳主权，建立拥护祖国统一的广泛统一战线的重大意义，批复中共中央宣传部、教育部、国务院侨务办公室

《关于进一步办好暨南大学和华侨大学的意见》，决定将暨南大学列为"国家重点扶持的大学"，确立了暨南大学"面向海外、面向港澳台"的办学方针，这一方针具有新的内涵，但依然坚持了暨南大学"宏教泽而系侨情"的办学宗旨和办学传统。

100多年来，暨南大学培养了来自世界五大洲123个国家和地区的20多万各级各类人才。在香港特别行政区，有上万名暨大校友，香港左派爱国群众团体的领袖绝大多数是暨南大学的校友。自1988年以来，先后担任香港工联主席的李泽添、郑耀堂是其中的杰出代表。在香港新闻界，有暨南大学校友近300人，其中20多人是报道大陆新闻的负责人；在香港警界，暨南大学香港警察同学会员多达2000余人。香港地区的全国人大代表、政协委员也有相当部分是暨南大学校友。在澳门特别行政区，特区政府的公务员中有1500多人毕业于暨南大学，其中处级以上领导300多人，司局级以上领导30多人；在第三届澳门特区立法会29名议员中，有澳门工联总会主席潘玉兰等7位暨南大学校友。在澳门首届特区政府推选委员会中，有17位委员是暨南大学的校友。在澳门医疗卫生界，有75%的医护人员和80%的部门领导毕业于暨南大学，卫生局主要领导、政府医院院长大都是暨南校友。暨南大学已成为名副其实的"澳门人才库"。在台湾地区，国际奥委会委员、台湾前红十字会会长徐亨，著名教育家、实业家王乃昌，原台湾电影制片厂厂长、台湾电影金马奖"终身成就奖"得主袁丛美，台湾总工会秘书长傅昆祺等均为暨南大学不同时期的杰出校友。此外，台北市、高雄市会计师公会会长、主要负责人和半数以上的会员，以及一批立法会议员都是暨南大学的校友。

暨南校友中包括众多国外的侨领和侨界的知名人士，为促进中外交流、服务海内外发展做出了独有的贡献。其中前国务院副总理吴学谦，知名人士江上青，著名侨领、新加坡大学首任校长李光前，前泰国议会主席、副总理许敦茂，新加坡中华总商会前会长陈共存，中国科学院学部委员（院士）谭其骧，中国科学院院士邓锡铭，中国工程院院士侯芙生以及近年来内地和港澳地区的王学萍、徐乐义、钟阳胜、侣志广、马有恒、范以锦、杨兴锋等许多政府、工商及文教界著名人士均是暨南大学不同时期的杰出校友。

随着学校办学水平、办学质量和办学声誉的不断提升，选择就读暨南大学的港澳台侨学生成倍增长。2003 年，暨南大学录取的内地生、境外生比例达到 1：1；2004 年，入校的内地、境外本科学生比例达到 1：1；2004 年，来暨南大学报到的境外生总数达到 4049 人，大大超过了内地生数量；2006 年，在校的港澳台和海外学生总数较 2000 年增长 3 倍多。

表 5 - 1　　　　　　　暨南大学本专科在校学生统计表　　　　（单位：人）

学年初	合计	内地学生	港澳台侨学生					
			小计	香港	澳门	台湾	华侨	留学生
1997/1998	7847	6162	1685	468	833	103	55	226
1998/1999	7841	5982	1859	529	990	86	46	208
1999/2000	9357	7113	2244	668	1273	76	51	176
2000/2001	10117	7543	2574	838	1441	75	64	156
2001/2002	11008	7895	3113	1012	1623	136	103	239
2002/2003	12372	8623	3749	1623	1637	175	62	252
2003/2004	14025	9604	4421	1974	1810	209	181	247
2004/2005	15335	9807	5528	2753	1967	251	262	295
2005/2006	16336	9268	7068	3876	1950	309	490	443
2006/2007	16678	8630	8048	4208	2484	339	825	192
2006/2007 下学期	16506	8549	7957	4105	2437	329	703	383

资料来源：《暨南大学教学评估材料》。

说明：从 1997 年起，暨南大学停止招收专科生。

　　暨南大学也是目前在校海外生最多的高校。近几年来，暨南大学每年录取的港澳台侨学生均超过教育部直属高校联合招生之和，在校港澳台侨学生数占全国高校同类学生总数的一半以上。暨南大学也成为港澳台侨学生报考内地高校的首选大学。海外与港澳台地区一家兄弟姐妹乃至几代人前来就读暨南大学的例子也是不胜枚举。暨南大学作为内地最大的港澳台侨高素质人才培养平台，在招生、教学、管理等方面采取的措施具有很强的针对性和适应性，也探索出了一套特色鲜明、行之有效的育人模式。

　　"面向海外、面向港澳台"这一办学方针也决定了华侨大学在团结和服务海内外华侨华人和港澳台同胞，弘扬中华优秀文化，促进祖国统一和港澳回归方面有着特殊的地位，发挥了不可替代的重要作用。经过 50 年办学历程，华侨大学办出了特色，办出了水平，在境外特别是东南亚和港澳台地区有了相当的影响，初步实现了中央的意图。50年来，华侨大学已培养了各类毕业生9万余名，其中来自40多个国家和地区的境外生近5万名，他们当中许多人事业有成，为居住地经济发展、社会进步做出了积极的贡献。如马来西亚的土地与合作部长吴清德、塞舌尔共和国建设部长刘南、香港著名作家东瑞都是华侨大学的校友。

港澳台学生和华侨华人学生在华侨大学学习期间，耳闻目睹了祖国大陆发生的日新月异的变化，加上通过"春风化雨、潜移默化"的工作，他们从入学到毕业离校，思想感情发生了很大的变化。可以说，华侨大学的境外生回到居住地后，都是祖国和平统一大业的支持者、中国繁荣富强的拥护者、中华优秀文化的传播者和对我友好的政治力量。

华大现有香港校友5000余人、澳门校友1600余人、台湾校友200余人。在澳门，特区政府中有10名局级、14名厅级、23名处级公务员，澳门建筑工程师协会中50%以上的会员、现役警察中10%的成员是华侨大学的毕业生；在香港，华侨大学校友会是中国内地高校人数最多、影响最大的校友会。在香港，华侨大学校友超过5000人，是香港最大的大学校友会，被公认为内地高校在香港校友会的龙头，以组织能力最强、凝聚力最高、爱国爱港而广受称道①。

这些校友在港澳回归、在支持港澳中联办工作、在支持香港基本法等重大问题上都与中央政府和特区政府保持高度一致的立场。这说明华侨大学的境外校友为我国外交、侨务工作和实现祖国统一大业做出了重要的贡献，华侨大学的办学较好地实现了中央24号文件所要求的"为港澳回归培养干部"的办学要求。

华侨大学的境外校友中，更多的是在幕后做着默默无闻的工作，为我国侨务、外交、经贸、统战及对外友好往来工作默默奉献。如港澳校友在我国政府收回香港、澳门主权时，在许多关键岗位、关键时刻都做出过重要贡献。华侨大学为海外和港澳地区培养的人才，不仅为居住地经济发展、社会进步做出了积极的贡献，而且已成为我国开展侨务、外交、经贸、统战工作和促进祖国统一大业的友好力量。

广大海外华侨华人和港澳台乡亲十分关心支持宁波大学、五邑大学的

① 资料来源：《华侨大学教学评估材料》。

发展。宁波大学 1986 年由世界船王包玉刚先生捐资创立，自建立以来，有 60 余位"宁波帮"人士为学校捐助近 4 亿元办学资金和各类项目。"宁波帮"对宁波大学的支持和帮助已从包玉刚先生扩展到整个包氏家族，从一个家族扩展到整个海外"宁波帮"群体，从第一代又延续到第二代、第三代。在海内外"宁波帮"眼里，宁波大学具有特殊意义，他们对宁大的发展寄予厚望，也把宁大视为赖以寄托的精神家园，每当春暖花开或金秋时节，海内外"宁波帮"返乡时，总要到宁大走走看看，宁大的每一点进步和发展都使他们欣喜万分。2003 年宁大教学评估获得优秀使广大"宁波帮"备感欣慰，纷纷来电来信表示祝贺；2006 年学校举行 20 周年校庆时，100 多位港台"宁波帮"人士扶老携幼亲临宁大出席典礼，国家政协副主席、香港特别行政区首任特首董建华先生也专程出席庆典。2007 年宁大获得博士学位授权和 3 个博士点，在港台的"宁波帮"人士更是奔走相告，额首相庆，纷纷来电来信表示祝贺和鼓励。五邑大学自建校以来，得到了海外华侨华人、港澳同胞的热情关怀和鼎力支持。在学校筹建和发展过程中，海内外五邑乡亲慷慨解囊，为学校建设捐款达 2.3 亿港元。他们捐建楼宇，捐赠教学科研仪器设备、图书资料，设立奖教、奖学金，提出许多建设性建议，给予了鼎力支持。如今，五邑大学也已经成为侨乡一个独特的文化符号，海内外乡亲都为自己能够参与创办和支持五邑大学的发展、亲眼见证学校办学水平的逐步提高和实力逐渐增强而感到自豪。经过 25 年的建设和发展，五邑大学也成为侨乡"团结海内外乡亲的一面旗帜"。据该校统计，自 2004 年至 2008 年，共有 301 批 3552 位港澳乡亲和境外来宾来学校访问交流。[①]

---

① 资料来源：《五邑大学教学评估材料》。

第二节　服务侨乡发展

　　报效桑梓、服务侨乡，是众多创建或助建侨资性大学的侨胞和港澳台同胞的共同心愿，广大爱国爱乡的华侨华人希望通过在侨乡创办高等学府，来培养人才并推动侨乡经济社会全方位的发展。一直以来，侨资性大学把服务侨乡经济社会发展作为自身的重要办学使命，积极发挥高等学府在学科、智力、人才方面的优势，主动融入、主动服务，为侨乡发展作出了积极贡献，是侨乡经济社会发展的"发动机"和"加速器"，成为侨乡可持续发展永恒不竭的物质源泉与精神动力。

一、为侨乡经济社会发展培养人才

　　大学服务于地方，最显著的功能就在于培养地方所需要的高素质人才。大学所输送的人才、所贡献的智慧、所孕育的精神，是地方经济社会发展的巨大支撑。

　　厦门大学是全国最早开展部省市共建合作的高校，学校明确提出：厦大是国家重点大学，但首先是福建的大学、厦门的大学，厦大要服务全国，首先要服务福建、服务厦门。厦门大学设有研究生院和 22 个学院（含 62 个系）和 10 个研究院，拥有 14 个博士学位授权一级学科，17 个硕士学位授权一级学科，140 个专业可招收培养博士研究生，225 个专业可招收培养硕士研究生，83 个专业可招收本科生；拥有 5 个一级学科和 9 个二级学科的国家级重点学科，15 个博士后流动站，9 个国家人才培养基地，每年都为厦门市、福建省输送着大量的地方建设急需人才。办学 90 年来，厦门大学秉承"自强不息，止于至善"的校训，适应厦门经济特区发展对人才的新要求，调整人才培养结构，提升人才培养层次，创新人才培养模式，为特区发展提供高素质人才支撑，已先后培养了 20 万多名本科生和研究生，厦大校友成就斐然，社会贡献突出，相当部分毕业生已成为所在部门、行业、地区的业务骨干、学术带头人及领导干部。近年来，每年均有 1/3 的厦大毕业生留在厦门工作，除政府部门和事业单位外，各著名企业也是厦大毕业生的聚集地，如建发集团、厦门航空、建设银行厦门分行、友达光电、厦华电子等，在厦门经济特区的各条战线上，每50人中就有1人毕业于厦门大学或曾在厦门大学接受继续教育。

今天的宁波大学，已有12万名校友遍布国内外和社会各界，其中有一大批毕业生在宁波这座充满活力的城市生根发芽，在宁波的各行各业中取得了骄人的成绩。近几年来，宁波大学的毕业生中，约有60%以上的学生在宁波就业，他们主要从事机械、电子信息、建筑、外贸、海洋、管理、贸易、教育等方面的工作，学校为宁波市经济建设与社会发展输送了大量的人才，促进了宁波城市的可持续发展。建校25年来，五邑大学坚持"内外合力，特色发展，面向地方，服务社会"的办学方针，积极探索地方大学科学发展之路，为江门市及珠三角地区培养了一大批"下得去、留得住、用得上、干得好"的高素质应用型人才，五邑大学大部分毕业生都留在了五邑侨乡工作，充分发挥了高校人才培养的优势，为侨乡经济社会发展作出了重要贡献。其他侨资性大学也在地方经济建设中发挥着重要的作用，做出了突出的贡献，侨资性大学培养的毕业生已经成为侨乡经济建设与社会事业发展的骨干和中坚力量。

二、专业与学科建设贴近侨乡发展实际需求

《厦门大学校旨》明确指出学校与地方之关系："本大学应启发闽省之天然资源"，陈嘉庚以一个实业家的眼光，在大学率先设立师范和商学2部，培养当地急需的中学师资及工商业开发与管理人才。20世纪80年代以来，厦大率先通过原国家教委与地方政府联合共建的办学形式，创办一批应用型、交叉型、外向型的学科与专业。先后与福建省合办政法学院、艺术教育学院；与财政部、能源部、税务总局、中国人民银行总行合作联办会计、财政、金融、税务、系统工程等专业；与厦门市政府共建工学院、医学院，形成多种形式（即联办、共建、企业参与、华侨、校友捐资）和多层面（原国家教委与省政府、市政府共建，省校联办、市校联办）的联合办学格局。通过联合共建的形式，学校为地方服务的意识更加明确，与地方经济建设的联系更加紧密，已经成为福建省实施"建设海峡西岸经济区"的重要基地。近年来，为推动厦门市软件、信息等高新产业的发展，厦门大学成立了软件学院、通信技术研究中心、数字媒体艺术开放实验室、半导体光子学公共技术服务平台，与厦门市软件园、

厦门市信息港等企业实现了对接，有力地推动了厦门市新兴产业的发展。

作为一所省属综合性大学和以地方名称命名的高校，汕头大学主要服务于广东和汕头市经济社会发展。根据这一定位和学校的专业基础，汕头大学确定专业建设的基本思路：根据综合性大学的办学规律，按照学科专业体系相互促进、相互依存、相互渗透、协调发展的原则，在保证专业结构和布局合理的前提下，整合资源，合理取舍，重点发展有一定基础、社会需求量大、发展前景好的应用类专业。根据广东省和汕头市经济社会发展的需要和学校的专业基础，在李嘉诚基金会的支持下，2002年起，汕头大学选定工商管理类、法学、新闻类、艺术设计、工程类、医学等专业进行重点建设。基金会对这些专业专项投入，保证发展的资金，并引进高水平的专业负责人和教师，推动人才培养目标和培养模式改革。

广东被誉为"世界制造业基地"，珠三角和粤东地区制造业非常发达，需要大量制造业运营人才；私营企业和跨国企业发展迅速，需要大量财务管理人才，为此，汕大对商学院各专业进行改造和重点建设。经济社会的发展和人们生活水平的提高，对艺术设计的需要不断增加。汕大在原艺术学院的基础上，建立长江艺术与设计学院，改造和建设艺术设计专业。医学类专业不仅是社会需求量大的专业，也是汕大传统的优势专业和重点建设专业。在医学类专业中，汕大医学院重点发展七年制临床医学，为汕头市的医疗卫生事业发展作出了突出贡献。广东发达的工业需要大量工程师，汕大工学院也是学校学生数最多的学院，学院设置计算机、电子、通信、机电和土木等专业，前四类专业针对广东发达的电子与机械制造业对人才的需求，土木工程专业则为广东和粤东地区的基础设施和城乡建设，提供技术和人才支持。

宁波大学校领导认识到，宁波是我国经济最活跃的港口都市，宁大要快速发展，就要搭上宁波发展的快车。包玉刚生前也希望通过办宁波大学推动宁波家乡的建设，这也是众多"宁波帮"人士的共同愿望。宁波大学也只有将专业与学科建设紧密地与地方发展需求联系起来，才能获取更多的办学资源，才能实现"宁波帮"人士创办和助建宁波大学的心愿。因此，在新世纪之初，宁波大学集中人、财、物资源，建设若干个高水平的优势特色学科，首先是选择与地方经济与社会发展密切的学科加大政策扶持力度，围绕地方需求凝练和调整学科方向，在融入地方中逐渐形成学科特色和亮点，在服务地方中不断获得学科资源，在与地方合作中快速提高学科建设水平，使学校发展中"顶天"与"立地"两者有机地结合。而宁波大学之前的实践也证明，这种与地方发展结合密切的应用型学科发展迅猛、学科特色明显，正在形成自己的学科特色和亮点。

浙江省是海洋大省，宁波市是海洋大市。学校便把原来的水产养殖系、食品工程系、生物系、海洋生物研究中心合并成一个生命科学与生物工程学院，主要研究海洋环境和海水养殖。连年的过度捕捞使海洋资源开始枯竭，宁波市政府安排一部分渔民上岸养殖。鱼苗的培育、饲料的生产、病虫害的防治、水产品的加工储藏都需要科学技术的支持。学院承担了大量的技术培训，解决了不少国际性鱼苗育种的技术难题，他们培育的新鱼苗，有的成为出口的主要鱼种，有的被科技部列为人工养殖技术示范推广项目；他们研究海水饵料的高值营养培养和筛选技术，为宁波和华东地区水产养殖行业创经济效益几亿元，相关研究成果还获得国家科技进步二等奖和浙江省科学技术一等奖、宁波市科学技术一等奖。宁波信息产业很发达，学校就把信息与通信工程学科列为发展的重点。"微波中继直放站"研究成果大大提高了手机信号的覆盖面，研究成果在宁波大明公司产业化后，成功打入联通市场，两年实现产值6000万元，使加盟这一公司的宁波两大传统企业走出破产阴影，实现了产业升级。这项研究成果得到了国家自然科学基金和国家火炬计划的资助。经过几年的努力，宁波大学有数以千计的地方科研项目在为宁波经济社会发展服务，这些项目也给学校带来了巨额的科研经费，近年来，宁波大学每年的地方横向科研经费有近7000万元。

满足侨乡发展的需要，也是五邑大学办学的终极目的。20世纪80年代，改革开放初期的五邑侨乡独立建市，不论是干部队伍还是专业技术队伍，都面临着人才难求的困境，尤其机械、化工、电子和工业与民用建筑以及英语、中文、经济管理等方面的专业人才更是短缺和急需。五邑大学一开始就是按照本科综合性大学来建设的，起点很高。学校在创办之初的专业设置紧密地与侨乡最急迫的社会需求相结合，确定了以工科为主，多学科协调发展的学科专业建设思路。同时，学校在发展的过程中，也主动适应侨乡社会发展的需要，不断调整自己的学科专业布局，以更好地满足侨乡经济社会发展变化的新形势。

三、产学研结合，服务侨乡经济社会发展

近年来，厦门大学通过构建创新平台、承接科研项目、加强应用研究等，着力增强服务厦门科学发展的科技支撑能力。厦大围绕海西科技创新和产业发展，与厦门市积极合作构建科技平台。2005 年以来，厦门市依托厦大构建了 4 个厦门市工程技术研究中心，2 个厦门市重点实验室，分别是：厦门市生物医学工程技术研究中心、厦门市生物药物工程技术研究中心、厦门市海洋微生物新药工程技术研究中心、厦门市光电信息材料与器件工程技术研究中心、厦门市高性能金属材料重点实验室、厦门市防火阻燃材料重点实验室。厦门市传统的三大支柱产业（机械、电子和化工），长期以来依靠厦门大学相关学科的技术支撑，柯达、厦华等知名企业的技术力量很大一部分来自厦门大学，而新兴发展的三大支柱产业（软件、生物制药和光电）也同样以厦门大学的科研力量做后盾。近年来，厦门大学高度重视工科领域的学科建设，特别是在半导体与集成电路学科领域投入了数千万元建立起厦门大学 MEMS 研究中心、半导体光子学研究中心、集成电路工程技术研究中心、IC 设计与测试分析福建省高校重点实验室等机构，不仅成为海峡西岸经济区半导体与集成电路产业的高层次人才培养基地，同时也是海峡西岸经济区半导体与集成电路相关领域国家产业化基地的支撑单位。

为了实现"厦门制造"向"厦门创造"的不断升级，推进厦门新一轮跨越式发展，厦门市重点支持十大重大科技平台建设，其中"半导体照明产品检测与营销中心"、"厦门集成电路设计公共服务平台"、"养生堂传染病诊断试剂与疫苗工程技术研究中心及产业基地的关键技术平台建设"等五个直接依托厦门大学或与厦大密切相关。在已建平台的基础上，厦门大学"服务海西行动计划"提出，要进一步整合资源、汇聚团队，围绕国家和海西急需发展的生物、新材料、新能源、海洋、化工、医药、信息、软件、光电、重大疾病预防与控制等领域，重点构建 10 个交叉集成的科技创新平台。2005 年 12 月，厦门大学科技园被正式认定为国家大学科技园，厦大科技园充分利用台海区位和学科资源的优势，吸引海峡两岸的科技企业和科研项目入园孵化，为福建省及厦门市的科技成果转化和高新技术产业化搭建创新平台。福建省也依托厦门大学建立了 20 多个重

点实验室和研究中心，2004年以来，省市共投入平台建设经费2亿多元，并带动企业投入经费4亿多元。如今，这些平台的作用已逐渐显现。尝到甜头的省市政府从政策、资金、土地等各方面继续给予学校强有力的支持，据统计，从1983年至今，福建省、厦门市共支持厦门大学共建经费13.8亿元。

宁波大学、汕头大学、五邑大学等侨资性大学把服务侨乡经济社会发展视为己任，通过搭建校地合作、校企合作的产学研平台，通过开展"教授、博士进企业"活动，通过地方大学科技园区建设，通过高校科研成果在地方的孵化，通过服务政府部门的决策等多种形式，服务侨乡经济社会发展，实现高校办学与侨乡建设的互动。这种互动也带来了双赢，一批高校高新技术企业得以培育，高校科技成果得到推广应用，一批具有自主知识产权和产生重大经济社会效益的高校高新技术产品得到开发。在服务侨乡经济与社会发展，推动侨乡产业结构升级转型的过程中，侨资性大学也结合地方的需求承担了大量国家"863"、"973"课题、国家重点科技推广项目和一大批国家自然科学基金和社会科学基金项目，在产学研过程中，集聚了一批高水平科技创新人才和学科创新团队，为侨资性大学的可持续发展奠定了坚实的基础。

四、传承侨乡文化

侨乡的历史文化资源丰厚，影响深远，挖掘和传承侨乡文化、加强侨乡文化研究、推动文化对外交流也是侨资性大学责无旁贷的责任。闽台文化交流是厦大对台工作的重要组成部分，2004年以来，厦门大学出版了《透视中国东南：文化经济的整合研究》、《海峡两岸经济合作问题研究》、《闽台文学的文化亲缘》等台湾研究著作50多部，发表台湾研究论文500多篇。厦大教师主编的《台湾文献汇刊》（100册），以扎实厚重文化积累的形式，揭露"文化台独"的荒谬，为祖国统一事业作出了实实在在的贡献。受国台办、省台办和厦门市委托，厦大编纂的《闽南文化丛书》、《闽南文化百科全书》、《闽台民间族谱汇编》（100册）等丛书有力地证明了闽台"五缘"水乳交融的渊源和依存关系，为祖国统一大业作出了贡献。近五年来，厦大举办两岸学术会议50多次，接待来校台湾学者及各界人士3000多人次，派出赴台进行学术文化交流师生达1000多人次，招收台籍学生 800 多名，聘任 28 名台湾政要和学者担任全职或者兼职教授，厦大已成为祖国大陆对台教育、科技、文化交流最为活跃和对台招生最多的高校之一。①

　　在学校创办之初，五邑大学就把研究侨乡文化和华侨华人历史确定为学校人文社科建设的重点。1985 年，学校就开展侨乡文化和华侨华人历史的研究，1994 年，学校成立了"五邑文化与华侨研究室"。2002 年，江门市做出建设"江门五邑华侨华人博物馆"的决定，五邑大学侨乡文化研究的专家从一开始就参与了这项工作，从文物征集、鉴定、布展等多方面提供学术支持。2005 年，学校又整合历史学、哲学、文化学、社会学、建筑学以及材料学等多学科的研究力量，成立了"侨乡文化研究所"，研究领域不断拓展，研究课题更加深入，研究特色日益鲜明，研究影响逐渐扩大。2006 年广东省哲学社会科学规划办公室批准五邑大学与江门市委宣传部、江门市社科联共建"广东省侨乡文化研究基地"。这是广东省哲学社会科学规划办公室为推动广东人文社科特色发展而设立的第一个研究基地，也是全省唯一的"侨乡文化"研究基地。现在，五邑大学的侨乡文化研究已形成一支由教授和博士为主的高水平的研究团队。20 多年来，研究人员坚持深入乡间田野，记录口述历史，挖掘第一手原始资料，在五邑地区第一次深入开展了侨乡历史、文化、社会、人物、建筑以及侨乡与港澳关系的研究。研究所承担了一批国家、省的纵向项目和横向项目，取得了一批研究成果，带动了学校人文社科的发展。特别是开平碉楼研究开拓创新，达到了华侨历史文化研究的国内领先水平。《五邑华侨华人史》、《五邑文化源流》等关于五邑华侨历史的著作不断涌现。通过五邑大学专家学者 20 多年对侨乡文化的发掘、研究，初步构建起侨乡文化研究的学科体系，使潜在的侨乡历史文化资源发展成为现实的文化生产力，大大增强了五邑侨乡的文化影响力，使"中国第一侨乡"的文化品牌日益鲜亮。

　　其他侨资性大学也都结合本地侨乡的文化特色，为侨乡文化的传承与弘扬作出了重要贡献。如宁波大学的"宁波帮"文化与名人研究，汕头大学的潮汕文化研究，华侨大学的泉台文化研究等。

---

　　①　数据来源：《厦门大学教学评估材料》。

第三节　传播中华文化

文化是国家和民族的灵魂，集中体现了国家和民族的品格。中华优秀传统文化，植根于中华大地，经千百年历史积淀而弥新：独具特色的语言文字、浩如烟海的文化典籍、嘉惠世界的科技工艺、精彩纷呈的文学艺术、充满智慧的哲学宗教、深刻辩证的道德伦理……其中所蕴含的思维方式、价值观念、行为准则，无时无刻不在影响、制约着我们，为我们开创新的文化提供历史的依据和现实的基础。传播中华文化的历史使命在暨南大学与华侨大学两所"为侨创建"的侨资性大学中体现得最为明显。作为隶属国务院侨办的两所高校，暨南大学与华侨大学是国家开展侨务工作的重要载体，两校既为海外华侨华人社会培养了大批高素质人才，也通过编写中文教材，培训海外华文教师等活动，大力开展海外华文教育，为保持华侨华人的民族特性做了大量工作，两校义不容辞地肩负起传播和弘扬中华文化的国家使命。

一、积极推动海外华文教育

"暨南"二字出自《尚书·禹贡》："东渐于海，西被于流沙，朔南暨，声教讫于四海"，就是要将中华民族优良的道德风尚和文化教育，辐射、传播到五洲四海，寄寓了中华文化的强烈自信、文化自觉和崇高的办学使命。① 20世纪90年代中期，为更好地满足美国及欧洲国家对华文教材的迫切需求，暨南大学按照国务院侨办的指示，抽调华文教育、对外汉语、汉语言等领域的优秀教师组成华文教材编写组，赴美国、加拿大、澳大利亚等国进行深入调研，先后历经近十年的时间，开发编写出了符合海外华侨华人住在国国情、侨情和海外华文教育教学特点的一系列教材，其中《中文》教材最具代表性。《中文》一套共48本，由暨南大学出版社出版，先后推出了试用版、网络版、繁体字版、光盘版及修订版，已成为

---

① 胡军：《百年侨校：民族、文化与使命》，《暨南学报》（哲学社会科学版）2007年第1期。

特色鲜明的立体化教材。并已在北美、澳洲、欧洲、东南亚等全球华侨华人聚居的 50 多个国家和地区发行了 700 多万套，取代了台湾侨委会主编的华文教材，成为海外华文教育教学的主导教材。

作为国务院侨办的首批华文教育基地，为进一步提升海外华文教师的教学水平，暨南大学在全国创设了第一个华文教育本科专业，专门培养海外华文教师。学校还采取"请进来"、"走出去"的方式大力培训海外华文教师。作为国家汉办对外汉语教学基地和支持周边国家汉语教学的 10 所重点院校之一，学校积极开展汉语国际教育硕士专业学位教育、对外汉语本科教学和非学历汉语短期培训，成立了汉语国际推广中心，服务国家汉语国际推广战略，让汉语走出国门，让世界了解中国，为世界文化融入中国元素多元作出应有贡献。

没有华文教育，就没有华侨高等教育。华侨大学在建校初就设有对外汉语教学部，专门从事华文教育。1997 年 2 月，国务院侨办决定将集美华侨补习学校成建制并入华侨大学，华侨大学就将其与对外汉语教学部、先修部合并，成立华侨大学华文学院，华文学院始终把华文教育作为特色专业重点扶植，使其不断壮大发展，成为华侨大学对外办学的一个重要阵地。

如今，华文学院已成为教育部首批公布的有招收海外留学生资格的院校、国务院侨办首批批准设立的华文教育基地、国家汉语水平考试委员会在福建省设立的汉语水平考试（HSK）唯一定点考场。2003 年，教育部、国家汉办又将华侨大学（华文学院）列为支持周边国家汉语教学重点学校。学院受香港世界杰出华人基金会委托编写的《中华文化常识普及标准》一书得到中央领导的嘉许，被确定为世界华侨华人中国文化常识达标工程活动的指定用书，获得世界杰出华人基金会金奖。华文学院成立几年来，已培训海外华裔夏令营学生近千人；培训海外华文教师 350 多人；举办 HSK 考试十余次，参加考试者 2500 多人，考生覆盖 54 个国家和地区；先后向菲律宾、意大利、泰国、印尼、匈牙利、美国、老挝等国家派出教师数十人次，并与马来西亚、菲律宾等国的多所华文学校结成友好学校，与印尼、菲律宾、泰国等国家的华文教育机构建立了密切的合作关系，为推广汉语，传播中华文化发挥了积极的作用。①

---

① 资料来源：《华侨大学教学评估材料》。

二、构筑灵活多样的中华文化教育体系

作为"为侨创建"的高校，暨南大学和华侨大学与国内其他高校最为显著的一个区别即在于学生来源的多元化，在一个学校里，各种文化与习俗在同一个环境中撞击、冲突、沟通、互补、融合。如何继承与弘扬中华传统文化，健全学生的人格，引导他们沐浴优秀的文化传统，追寻生命的意义和价值，就成为教育教学过程中人们不得不思考的问题。多年来，两校始终植根于中华传统优秀文化，以"人"的培养作为教育的出发点和最终旨归，构筑了一套灵活多样的课程体系和教育体系，注重传承、体悟和弘扬中华文化，在教育教学过程中充分彰显出鲜明的中华传统文化的特色。

1. 在课堂中传承中华文化

课程建设与课堂教学是对学生进行中国传统文化教育的主渠道。根据"侨校"的特色和实际情况，两校以中华传统文化为基本内核，围绕着《中国传统文化概论》等课程，构筑了一套相对完备的文化素质教育课程体系。《中国传统文化概论》汇聚了文学、历史学、哲学、国际关系学等多个学科的教师，容纳众多科研成果，借助多媒体等现代教育技术手段，获得了广大港澳台侨学生和留学生的欢迎。在这一课程体系中，思想政治教育与文化教育相得益彰，人文通识教育与专业教育相互促进，优秀的文化传统与异域文明共生共荣。在教育过程中，强调人文精神的濡染而非仅仅人文知识的灌输；传统文化被赋予了现代意义，成为教育教学的重要资源。

完善侨校大学生"两课"教学的课程体系，将大学生"思想政治理论课"与文化素质教育紧密结合，是侨校开展文化素质教育的一大特点。暨南大学和华侨大学在国内生"两课"教学方面，根据《中共中央宣传部教育部关于进一步加强和改进高等学校思想政治理论课的意见》对本科生开设"马克思主义基本原理"、"毛泽东思想、邓小平理论和'三个代表'重要思想概论"、"当代世界经济与政治"、"思想道德修养"与"法律基础"等课程基础上，开好"中国近现代史纲要"课程。在外招本科生的"两课"教学方面，两校根据实际情况，进行了相应改革，如暨南大学开设了"中国传统文化"、"中西科技比较"、"当代中国概论"、

"思想品德修养"、"当代世界政治与经济"、"香港基本法"、"澳门基本法"等七门必修课。在此基础上，还新增《中国近现代史纲要》课程（以港澳史和华侨华人史为重点内容），作为外招本科生的必修课。历史是民族的记忆，是民族精神的凝聚核。历史教育是重要的爱国主义教育形式。暨南大学港澳台学生较多，对以港澳台为主的外招生进行中国近现代史和港澳台近现代史教育，显得尤为重要。两校通过一系列的历史教育，增强港澳台侨学生对祖国、民族的认同和情感，拥护祖国的统一大业，使他们立志成为维护港澳繁荣稳定，促进祖国统一大业作贡献的爱国人士。

暨南大学和华侨大学还大力开展选修课教育，将其作为文化素质教育的重要途径和依托。暨南大学每学期开出公共选修课 100 门左右，其中不少为思想政治教育类和文化素质教育类课程，如《当代中国研究》、《中国传统文化概论》、《中西科技比较》、《宗教与生活》、《大学生礼仪》、《女性礼仪》、《现代伦理学》、《大学生心理健康》、《演讲与口才》、《音乐欣赏》、《美术鉴赏》等。另外自 1997 年起，学校针对社会热点问题，每学期举办 2—3 次 "21 世纪名师讲座" 系列课程，如生命科学、信息技术、21 世纪文学、历史、现代商业、管理概述、经济热点、医学与人类健康等。每个系列课程由十名教授或博士生导师主讲，将他们各自学术研究的心得和成果精华浓缩在 3 个小时的讲座里，学生从中受益匪浅。

2. 在实践中体悟中华文化

"纸上得来终觉浅，绝知此事要躬行"，通过社会实践，让学生感知、接受进而弘扬中华文化，是学校推进中国传统文化教育的一项重要内容，旨在弘扬中华民族的人文精神，培养大学生的爱国主义情怀和社会责任感。一直以来，暨南大学和华侨大学都把社会实践作为加强学生思想教育、转变学生思想观念的重要手段，力求让学生尤其是港澳台侨学生了解真实的中国。根据两校 "两个面向" 的办学原则和特点，开展了内涵丰富的社会实践活动，使之成为学生 "受教育、长才干、作贡献" 的一条重要途径。

两校充分利用寒暑假，组织学生分赴全国各地开展 "科技、文化、卫生" 三下乡活动，为山区人民送医药，免费义诊，开展法律咨询，进行普法教育；开展环保宣传，提高人们的环保意识；开展义务家电维修，为山区百姓服务；开展文化扫盲，举办农业知识讲座，举办文艺演出，丰富山区人民的文化生活等，得到了山区人民的普遍欢迎。"读万卷书、行万里路"历来就是暨南人秉持的优秀传统。20 世纪 20 年代，暨大首届商科学子就曾经组织"经济视察团"，沿沪宁、津浦、胶济铁路，自青岛渡大连，沿南满及京奉铁路考察各地商业状况。近年来，对于港澳台侨学生，学校每年定期组织"夏、冬令营"爱国主义教育活动以及中国寻根之旅与中国文化之旅活动。组织他们奔赴经济发达地区，了解我国改革开放的伟大成就；组织他们考察名山大川，领略神州大地的壮丽山河，激发他们对中华民族的热爱之情，感受中华文化的博大精深。长江三峡、万里长城、北京故宫、西北高原都留下了港澳台侨学生探寻的足迹。这些社会实践活动，使学生亲眼目睹了近年来我国城乡的巨大变化，在服务社会、服务工农的同时，增强了社会责任感和历史使命感，同时也使大学生摆正了自己的位置，在政治上逐步走向成熟。而对于港澳台侨学生来说，更是一次潜移默化的生动具体的爱国主义教育。华侨大学也通过每年暑假组织港澳台侨学生开展以考察祖国河山为主要内容的社会实践活动，加深境外生对中华民族优秀传统文化和社会主义祖国的感性认识，增强他们对祖国的认同感和归属感，近年来先后组织了"爱我中华"、"丝绸之路"、"民族风情"、"走进西部"、"黄河文化寻根"、"江南好"、"中华大地行"等社会实践考察活动，足迹遍及大江南北。

三、以中华文化为魂，构建和谐多元的校园育人文化

由于暨南大学和华侨大学的境外生以港澳台青年和华侨华人青年为主体，都是炎黄子孙，他们对中华文化有着高度的认同和浓厚的学习兴趣，因此，学校十分注意以中华民族优秀文化作为文化盲人的载体。在学术氛围方面，两校都把中华文化作为学校重点发展的学科群之一予重点加强，两校大力开展以弘扬中华文化为主题的学术活动，培育校园中华优秀传统文化氛围。如华侨大学开展"国际间方言学术研讨会"、"北美华文作家作品研讨会"、"世界华文国际研讨会"、"中国思想史和文学史研讨会"等，长期邀请海内外著名的从事中华文化研究的专家学者来校讲学。在校园文化活动方面，两校都以弘扬中华优秀传统文化为主线，以爱国主义为重点，开展系列活动，培养学生的民族情感，提升学生对传统文化的认同度。

　　暨南大学和华侨大学两校的校园文化多元多彩，在多元文化的碰撞与交融中，两校强调既传授知识，又培养技能，既弘扬民族精神和传统美德，又坚持科学精神和独立品格，既使学生掌握在现代社会生活中生存与发展的知识和技能，又使学生在精神上强健有力、充盈完满，成为一个独立的、大写的"人"。多姿多彩的校园文化活动成为引导与影响学生发展的有效的第二课堂。两校重视文化艺术教育，积极倡导高雅艺术进校园。暨南大学在一年中，各种形式的文化活动可以概括为"一花"：花样年华（艺术团专场演出）；"一辩"：院际辩论赛；"两节"：学术科技节和文化艺术节；"两坛"：名人讲坛（文化艺术讲座）、校园讲坛（学术热门话题）；"两极"：南极星（海内外学生才艺比赛）、北极光（个人歌唱比赛）；"四季"：春天的歌、初夏的风、金秋的舞、冬日的乐；"五球"：篮、排、足、乒、羽五项球类比赛。在一年一度的文化艺术节中，根据学校的特点，开展丰富多彩、融汇中外、具有浓郁的世界不同国家和民族风情的校园文化活动，如推介东南亚和港澳台地区民情风俗与民间艺术的香港周、澳门周、台湾风情展、马来西亚活动周、国际土风舞大赛、亚洲美食文化嘉年华会、侨生杯运动会等活动。学校通过各种不同形式的活动，创建文明的校园环境，营造文明的校园氛围；通过艺术熏陶，提升大学生向往真善美的精神境界，使他们从一言一行中学做文明人，讲文明语言，建文明集体，择真而求，择善而从，择美而爱。

　　华侨大学也积极建立"一元主导，多元交融"的校园文化。近年来，学校设计和规划了具有侨校特色的校园文化活动：上半年活动强调"一元主导"导向，以内地学生为主体，使两类学生都受到中华民族五千年优秀传统文化的熏陶；下半年以展现"多元交融"特色为主线，以境外学生为主体，让两类学生充分领略异国风情，加深对各地文化的认识和了解。在结合重大节日、纪念日开展系列庆祝活动和纪念活动时，都要因势利导地组织境外学生设计并参加各种活动。这些活动形式和表演内容，充分展示了华侨大学丰富多彩、积极向上的校园文化魅力。

第四节　开展华侨华人研究

研究华侨华人，了解华侨华人，是侨资性大学实现更好地为侨服务的现实要求。侨资性大学在办学过程中，充分利用有利的华侨华人研究资源条件，有针对性地加强对特定华侨华人及其住在地的研究，许多已发展成为学校的优势特色学科。侨资性大学与侨相关的学科专业，学术研究机构、学术活动、学术期刊等在全国一直引领着华侨华人研究的潮流和方向。

在侨资性大学中，较有影响的华侨华人研究机构有厦门大学的东南亚研究中心（南洋研究院）、台湾研究院、海峡两岸发展研究院、陈嘉庚研究室；暨南大学的华侨华人研究院、东南亚研究所、海外华语研究中心；华侨大学的华侨华人研究院、华商研究中心、台湾经济研究所、闽澳研究所、海外华人文学暨台港文学研究所；汕头大学的台湾研究所、台港及海外华文文学研究中心、华商经济研究所；宁波大学的"宁波帮"研究中心、甬商研究基地；五邑大学的广东侨乡文化研究中心等。除了这些富有特色的华侨华人研究组织外，侨资性大学还拥有一大批与侨直接相关的教育教学基地和学科专业，仅暨南大学就有 15 个之多（见表 2-1）。下面，我们选择相关重点的华侨华人研究机构作一介绍。

一、厦门大学：东南亚研究中心（南洋研究院）

东南亚与华侨华人问题研究一向是厦门大学重要的传统特色学科之一，1956 年，厦门大学与当时的中央侨务委员会一道共同创立南洋研究所。1996 年，该研究所扩大规模，更名为南洋研究院。为了强化研究重点和提高对东南亚和华侨华人问题的研究水准，2000 年初南洋研究院联合校内其他相关研究机构成立了厦门大学东南亚研究中心。该中心由厦门大学与国务院侨务办公室共建，经教育部考核验收，于 2000 年 9 月被正式批准成为教育部百所人文社会科学重点研究基地之一。在 2004 年教育部对百所人文社科重点研究基地的考核中，厦门大学东南亚研究中心被评为优秀重点基地，并于 2005 年入选国家"985"工程"东南亚研究"哲学社会科学创新基地。

目前，研究中心下设东南亚政治经济研究室、国际关系研究室、华侨华人研究室、历史宗教文化研究室、《南洋问题研究》和《南洋资料译丛》编辑部、图书馆、办公室。现有国际政治本科专业，世界经济、国际关系、专门史硕士点，政治学理论、世界经济、专门史博士点，拥有 1 个国家"211"工程建设子项目、1 个国家"985"工程哲学社会科学创新基地、1 个省级重点学科。2005 年 4 月成立的马来西亚研究所，是与马来西亚首相阿都拉·巴达维提议建立的马来亚大学中国研究所相对应的研究机构。2008 年 5 月成立了苏氏东南亚研究中心，它由新加坡国立大学资深教授苏瑞福捐资兴办。

东南亚研究中心拥有先进的科研与教学设施，在东南亚资料信息收集方面居于国内领先地位。中心拥有独立的图书馆，馆藏图书 4.7 万册，其中外文书籍 1.6 万册；现有报刊 1160 种，其中外文报刊 880 种。《南洋问题研究》（创刊于 1974 年）和《南洋资料译丛》（创刊于 1957 年）是研究中心向国内外公开出版的学术刊物，《南洋问题研究》为中文社会科学引文（CSSCI）选用期刊。同时，研究中心已建成东南亚教学实验室和多媒体教室，设立东南亚研究中英文学术网站和东南亚研究数据库。

二、厦门大学：台湾研究院

厦门大学台湾研究院前身为厦门大学台湾研究所，成立于 1980 年 7 月 9 日，是全国最早成立的台湾研究学术机构，系教育部与福建省共建单位。研究院下设政治、经济、历史、文学、两岸关系 5 个研究所和院办公室、文献信息中心、《台湾研究集刊》编委会。2004 年 2 月 19 日经厦门大学批准，厦门大学台湾研究所改制为厦门大学台湾研究院。

建院 20 多年来，台湾研究院以"历史地、全面地、实事求是地认识台湾，促进海峡两岸学术交流，为祖国统一大业服务"为宗旨，致力于台湾政治、社会、经济、历史、文学、法律、文化教育以及两岸关系等方面的研究。截至 2003 年底，全院共出版有关台湾研究的专著、论文集、资料集等 122 部，发表学术论文 1800 多篇。1988 年以来，在国家以及教育部、省、市社会科学成果的各项评比中，台湾研究院所撰写的著作、论文共获得优秀科研成果奖 103 项。主办的《台湾研究集刊》

（1983 年创刊），是全国创办最早的专门研究台湾问题的学术季刊，被海内外学术界誉为在台湾研究领域具有重大影响的权威刊物，已先后列入"中文社会科学引文索引来源期刊"、"中国人文社会核心期刊"、"中国学术期刊综合评价数据库来源期刊"，并于 2001 年入选"中国期刊方阵"，目前《台湾研究集刊》在影响因子方面，排在港澳台问题研究类刊物的第一位。

台湾研究院现有中国近现代史（台湾史研究方向）、区域经济学（台湾经济和两岸经贸关系方向）2 个博士点，以及中外政治制度、区域经济学、专门史、中国现当代文学等 4 个硕士点。台湾研究院于 1997 年和 1999 年先后被列为国家"211"工程的重点建设学科和福建省重点学科。以台湾研究院为母体组建的厦门大学台湾研究中心，汇集了全国研究台湾问题的精英，2001 年入选为"教育部人文社会科学百所重点研究基地"。

三、暨南大学：华侨华人研究院

华侨华人研究是暨南大学重要的学术传统，也是暨南大学重要的学术特色。1927 年，暨南大学成立南洋文化教育事业部，其主要任务是：指导南洋华侨的一切改进事宜及南洋各种问题的讨论；宣传祖国文化；谋与其他民族互相亲善；谋教育上的联络，指导华侨子弟回国读书；调查南洋一切状况；编审关于南洋的书籍、刊物及教材；办理本国于南洋的各种宣传事宜。这在当时属首创，可谓开风气之先。由于工作有很大发展，研究对象由南洋扩展到美洲，1930 年更名为"南洋美洲文化事业部"。1927 年创刊的《南洋研究》是我国出版时间最长的研究南洋问题的学术性刊物。《南洋情报》是《南洋研究》的姐妹刊物，后改名为《中南情报》，增加了国内消息，以满足侨胞之需要。编纂的《南洋丛书》（后改名为《海外丛书》），出版 40 余种，沟通了中国海外的文化，提高了华侨在海内外的地位。华侨华人研究所成立于 1981 年，是国内第一家研究华侨华人问题的专业学术机构，肩负着建成国内华侨华人问题的科学研究、人才培养、学术交流、咨询服务和信息资料中心的艰巨任务。1984 年在国内招收首批华侨史方向博士研究生。1996 年后，华侨华人研究被纳入国家"211"工程 1—3 期重点学科建设行列，2000 年获批教育部人文社会科学重点研究基地（华侨华人研究）。

2006 年暨南大学成立了华侨华人研究院，并聘请国务院侨办原副主任、全国政协常委刘泽彭出任院长和基地主任。目前研究院下设海外华人研究所、侨务研究所、中外关系研究所、华侨华人研究文献中心、侨务干部培训中心等机构。设有历史学专门史硕士点、博士点。主办的学术刊物有《世界华侨华人研究》（基地刊物）、《暨南史学》（CSSCI 来源集刊）。推出的学术系列论坛有《侨务论坛》、《新世纪暨南史学论坛》。

四、暨南大学：东南亚研究所

1960 年，暨南大学东南亚研究所正式成立，1978 年，暨南大学复办，东南亚研究所随之恢复，并一度由当时的广东省副省长、暨南大学校长杨康华兼任所长。"复员时期的研究所，集合已七零八落的旧所员，调入一批专业与东南亚有关的老同志，索回当时大部分的图书资料，复刊《东南亚研究资料》，重组班子与架构"。经过近 30 年的持续发展，暨南大学东南亚研究已经有了长足的发展。东南亚研究所现已成为一个多学科的综合学术研究机构，是中国东南亚研究会的发起者和重要会员单位，其研究重点在亚太，特别是东南亚地区的政治、经济、文化、社会、国际关系以及华侨华人问题。

近年来，随着教学的需要以及学术研究内在思路的发展，东南亚研究所在人才引进以及研究领域等方面注意扩展到国际关系研究。2003 年设立了美国研究中心，集中研究美国与东南亚国家的关系。研究所现设有亚太经济与政治研究室、国际关系研究室、文化研究室、外交与侨务研究室、美国研究中心、情报资料室和《东南亚研究》杂志社。目前全所（系）在职专职教研人员 20 人，此外，该所还聘有遍布海内外的兼职研究人员 50 多名。2004 年以来，暨南大学东南亚研究所科研人员共主持了 5 项国家社科基金项目、30 多项国家部委和省级以上的各类科研项目。由曹云华和陈乔之分别主编的"东盟研究丛书"和"华南国际关系研究丛书"已经出版 8 本。过去 5 年中，研究所人员公开发表学术文章 500 多篇，出版专著 3 本，内容涉及东南亚各个国家的政治、经济、国际关系和华侨华人等不同内容。

五、华侨大学：华侨华人研究院

1986 年，华侨大学在原华侨史研究室的基础上成立了华侨研究所，1995 年改名为华侨华人研究所，是直属于学校的重点科研机构。2009 年 9 月，学校整合华侨华人研究所、华侨华人资料中心、四端文物馆等机构成立华侨华人研究院，研究院是华侨大学校属研究机构，目前拥有全职研究人员 9 名，现任院长由华侨大学副校长张禹东教授兼任。研究院设有专门史硕士点，培养华侨华人研究、中外关系史、区域社会史方向的研究生。华侨华人研究院致力于整合华侨华人研究资源，创建一个高水平的国际学术交流平台。

研究院下设华侨华人资料中心、四端文物馆、侨乡社会研究中心、海外华人社会研究中心、侨务政策研究中心、境内外学者合作研究室等部门。其中，华侨华人资料中心旨在收集典藏侨乡及海外华侨社会民间文献，力图建立国内领先、世界一流的华侨华人研究资料库；四端文物馆是在爱国华侨杜祖贻支持下建立起来的海外华侨文物博物馆，不断收到来自海外的捐赠文物，成为学校与华侨联系的一个特色纽带；侨乡社会研究中心与海外华人社会研究中心立足侨乡、面向海外分别开展侨乡社会文化变迁及海外华人社会文化变迁的专项研究；侨务理论与政策研究中心旨在梳理侨务政策和侨务理论的历史发展脉络，总结侨务工作规律，积极提出对策建议；境内外学者合作研究室专为邀请海内外相关学者来校开展交流、资料共享、合作研究。华侨华人研究所的研究范围颇广，涉及华侨华人的历史、现状、经济、教育、文化以及社会等方面，但是教学与科研的工作重点，则一直是华侨华人历史、华侨华人文化以及华文教育三个方面。多年以来，华侨华人研究所先后承担了《泉州侨乡族谱中的华侨华人史料及研究》等国家级、省部级以及横向的研究课题 50 多个，陆续出版了《泉州谱牒华侨史料与研究》等学术著作 20 种，陆续在《华侨华人历史研究》、《台湾研究》、《世界宗教研究》等国内外学术杂志上发表学术论文 500 余篇。

六、汕头大学：台湾研究所

汕头大学台湾研究所成立于 2001 年 12 月，为粤东首家台湾研究所，隶属汕头大学商学院。汕头大学台湾研究所以服务于国家对台政策和促进粤台经济合作及区域协调发展为研究宗旨，密切追踪和分析台湾局势及两岸经济出现的新问题、新情况，对涉台重大现实问题进行研究，是广东省对台研究基地。台湾研究所以商学院、法学院和社科部现在专职教师队伍为依托，充分发挥汕头大学经济、管理、法学和社科等学科的综合优势，以区域经济学和管理学科为基础，以两岸经济、台资企业以及区域政策为主要研究方向，下设台湾经济研究室、台商研究室和台湾政治研究室。

台湾研究所的主要任务及研究活动包括：一，按照广东省对台工作的统一规划部署，展开涉台科研课题研究；二，承担有关对台工作部门涉台委托研究课题，提供研究报告和政策咨询服务；三，开展两岸学术交流，举办各类学术研讨会，邀请并接受海内外学者专家来访进行学术交流。台湾研究所自成立以来，始终重视与台湾岛内及国内涉台学术界进行广泛的联系、交流与合作，目前已与台湾岛内的主要学术机构保持经常性的合作关系。台湾研究所成立以来还成功主办和联合举办了一系列台湾问题与两岸经济方面的学术研讨会。其中与汕头市台办、汕头台港澳经济研究会等单位联合举办的"南澳论坛"，自2002年以来每年一次，已成为海峡两岸学者专家相互交流心得的一大盛会，在海内外产生了很大影响。

七、汕头大学：台港及海外华文文学研究中心

台港及海外华文文学研究中心是1984年2月由中共广东省委宣传部批准设立的处级建制科研单位，主要从事台港及海外华文文学研究，同时负责《华文文学》杂志的编辑出版工作。该中心是中国大陆最早招收台港及海外华文文学方向研究生的单位之一。1999年8月，由陈贤茂教授主编的四卷本《海外华文文学史》（200万字）在鹭江出版社出版，奠定了该中心在中国大陆华文文学研究领域的重镇地位。2007年翁奕波等编著的75万字的《近现代潮汕文学·海外篇》，堪称近年来华文文学研究领域又一巨著。《华文文学》是汕头大学主办和主管的学术刊物，1985年9月创刊，开始是创作与评论并重，从2000年第1期起，改为纯学术刊物。2002年，中国世界华文文学学会正式成立，该刊也随之成为会刊，并由季刊改为双月刊。《华文文学》一向以论点新颖、议论精辟、言论自由、容纳各家各派观点而蜚声海内外。近年来，在引领学术潮流、深化学

术研究和传播学术信息等方面一直走在该学科前列，是目前中国大陆影响最大的华文文学研究期刊。

八、五邑大学：广东侨乡文化研究中心

1994 年五邑大学成立"五邑文化与华侨研究室"，1996 年学校将"专门史（即华侨史）"列为校级重点扶持方向，1999 年"专门史"升为重点扶持学科，2003 年升为校级重点学科。2006 年五邑大学又在原"五邑文化与华侨研究室"的基础上，成立"五邑大学侨乡文化研究所"。与此同时，五邑大学与江门市委宣传部、江门市社会科学界联合会共同成立了"广东侨乡文化研究中心"，作为产学研的平台。同年 11 月，经广东省哲学社会科学规划办公室考察评审，广东省社会科学界联合会批准"广东省侨乡文化研究基地"落户五邑大学，此为江门市委宣传部、江门市社会科学界联合会、五邑大学联合共建的省级学术研究基地，以开展侨乡研究，为文化大省建设提供直接的科学支持。

研究中心和研究基地设主任 1 人，副主任 6 人。主任由五邑大学党委书记王克研究员担任，同时，聘请了一批顾问、名誉主任和理事。下设"侨乡遗产研究室"、"侨乡文化研究室"、"侨乡社会研究室"、"五邑妇女儿童研究室"、"五邑文学研究室"和"港澳文化研究室"。经过十多年的学科建设和积累，初步形成了一支年龄、学历、学科职称结构比较合理，研究能力较强，可持续发展潜力大的研究队伍。学术队伍组成人员涉及历史学、哲学、文学、人类文化学、人口学、社会学、建筑学、材料学等学科。研究方向包括侨乡遗产、侨乡文化、侨乡社会、五邑妇女儿童、五邑文学、港澳文化等。

九、宁波大学："宁波帮"研究中心

自宁波大学创建以来，学校就积极组织力量开展"宁波帮"研究，尤其是在近代史上"宁波帮"系列人物的研究方面成果丰厚。2010 年 3 月，"宁波帮"研究中心由宁波大学和宁波市社会科学院共建，设在宁波大学。该中心为宁波市社会科学院外设研究机构，实行主任负责制，参照《宁波市社会科学研究基地管理办法（试行）》的相关规定管理。

"宁波帮"研究中心在宁波大学的设立，为进一步推进本领域的研

究，促成"宁波帮"研究多出精品力作提供了良好的平台支持和运行机制。根据宁波市社会科学院与宁波大学签订的共建协议，双方将积极创造条件，帮助和支持研究中心开展学术交流和研究活动，培育项目成果，努力将研究中心建设成为在省内外具有一定研究实力的科研机构，并为申报更高层次的项目与研究平台打下较为扎实的研究基础。在此基础上，宁波大学也加大对"宁波帮"商人的研究，成立了"甬商研究基地"，被宁波市确立为市级科研基地。该基地着力于"宁波帮"与甬商文化和对外经贸与文化的研究。

第五节　扶持侨资性大学发展的国家责任

侨资性大学由于其办学的特殊性，承担着相对特殊的办学使命。在这类大学的创建与发展过程中，国家也给予高度重视，针对侨资性大学办学过程中出现的现实困难与具体问题，积极给予关心帮助，大力扶持侨资性大学办学，以推动侨资性大学实现更好更快的发展。

1936 年，当陈嘉庚经营十分困难，无力维持集美学校和厦门大学两所学校同时办学时，陈嘉庚为了全力维持集美学校，毅然决定将厦大捐献给国家，交由国家举办，当时的国民政府马上批准了陈嘉庚的请求，将厦大改为国立大学，由国家接管办学，确保了厦门大学办学的稳定。新中国成立后，国家对厦门大学的发展也十分重视，尤其是 20 世纪 90 年代以来，一系列的共建措施使厦门大学的发展步入了快车道。1994 年 7 月，原国家教委和厦门市政府签约共建厦门大学；1995 年 7 月，原国家教委又与福建省政府签约共建厦门大学。1998 年 5 月 4 日，江泽民主席在庆祝北京大学建校一百周年大会上提出："为了实现现代化，我国要有若干所具有世界先进水平的一流大学。"为此，教育部决定实施"985"工程计划，重点支持国内部分高校创建世界一流大学和高水平大学，厦门大学也被列为全国"985"工程一期建设的 34 所重点高校名单。2001 年 2 月，教育部、福建省和厦门市三方签约共建厦门大学，支持厦大实施"985"工程项目，厦门大学也成为我国唯一地处经济特区的国家"211"工程和"985"工程重点建设的高水平大学。2010 年 9 月 16 日，为加快推进国家海洋战略的实施，加快发展海洋事业，努力建设海洋强国，教育部和国家海洋局又在北京大学举行签字仪式，合作共建北京大学、清华大学、厦门大学等 17 所教育部直属高校，厦门大学的海洋学科又面临着一次重大的发展机遇。

暨南大学和华侨大学都是国家为解决海外华侨华人教育问题而着手创建的大学，两校都以招收海外华侨、港澳同胞和台湾青年学生为主，同时也招收部分归侨和侨眷子女。为适应这种特殊办学的需要，国家对这两所学校给予了特殊的招生政策、管理体制和领导体制。1978 年 4 月，国务院批准教育部、侨务办公室《关于恢复暨南大学和华侨大学的决定》。华侨大学和暨南大学恢复办学，同时赋予两校可单独在境外招生（至今有对外单招权的仍只有暨大和华大），使两校对外招生工作得到了国家政策的有力保障。暨南大学和华侨大学自 1980 年开始，对华侨、港澳台青年学生"实行提前单独命题、考试和录取"的办法。还结合海外、港澳地区的实际，明确规定华侨、港澳台青年学生的考试科目中，政治科考分作为参考分。由于采取了一系列适应海外、港澳台实际的改革措施，报考暨南大学和华侨大学的华侨、港澳台学生人数不断增加。1983 年 6 月 20 日，中共中央、国务院批复中宣部、教育部、国务院侨务办公室《关于进一步办好暨南大学和华侨大学的意见》，决定将暨南大学、华侨大学"列为国家重点扶植的大学。"指出进一步办好暨南大学和华侨大学，对于做好台湾回归祖国，收回港澳主权，拓展拥护祖国统一的爱国者的广泛统一战线，都具有重大意义。暨南大学是全国最早设立董事会的高等学校之一，也是新中国成立后第一所实行董事会领导下的校长负责制的高等学校；华侨大学于 1986 年 1 月试行董事会领导下的校长负责制，两校也是目前国内少有的实行董事会领导下的校长负责制的国立高等学校。暨南大学和华侨大学历任董事长和董事均为热心华侨教育事业的政界、学界和商界名流，鲜明地表现出两所学校在中国高等教育体系中举足轻重的特殊地位。1996 年，暨南大学进入国家"211"工程重点建设行列，暨南大学和华侨大学现都直属国务院侨务办公室领导。

汕头大学、宁波大学和五邑大学都是我国改革开放后由侨胞帮助捐建的新办高校，三所学校的创办均得益于 20 世纪 80 年代国家改革开放的政策，都受到了党和国家领导人的直接关怀。汕头大学 1983 年正式招生，叶剑英同志为汕头大学题写校名，建校以来一直得到中央、省市的大力支持。建校初期，国家教委组织北京大学、中国人民大学、复旦大学等八所重点院校，选调一批骨干教师支援汕头大学建设。宁波大学 1986 年正式招生，邓小平同志为宁波大学题写了校名，建校之初，国家指定浙江大学、复旦大学、中国科学技术大学、北京大学、原杭州大学五校对口援建宁波大学，高起点地开始办学。汕头大学和宁波大学都为省市共建共管体制，教育经费拨款由省、市共同负担，但比例不一。汕头大学除了省市财政拨款经费外，平均每年来自李嘉诚基金会 1.5 亿港元的捐助是汕头大学办学的重要经费渠道，宁波大学的财政拨款基本是省市政府按 45：55 的比例拨付。1985 年 10 月，原国家教委批准同意建立五邑大学，五邑大学的创办与发展，也得到了北京航空航天大学、华南理工大学等国内著名高校的帮助。目前，五邑大学也正在积极争取省市共建机制，争取省财政经费对学校发展更大的支持。

为扶持新建侨资性大学的发展，国家在招生政策、学位点建设和办学体制改革等方面对侨资性大学给予了有力支持。宁波大学于 1992 年被列为全国高校招生第一批录取院校，当时浙江省仅浙江大学具备第一批高考招生录取资格；汕头大学于 1993 年经批准成为硕士学位授予单位，宁波大学和五邑大学也于 1998 年获得硕士学位授予权；在博士学位授予权上，为支持新建侨资性大学的快速发展，经过相关考察评价，汕头大学于 1998 年获得博士学位授予权和首批 1 个博士点，宁波大学于 2007 年获得博士学位授予权和 3 个博士点，有力地推动两所侨资性大学的发展。1987 年 2 月 10 日，经广东省人民政府同意，汕头大学成立校董会，广东省人民政府主管教育的副省长担任校董会主席，李嘉诚先生担任名誉主席。校董会对学校的重大决策进行审议和指导，为学校的建设和发展进行积极的实质性的工作，形成了汕头大学独特的管理体制。1996 年，汕头大学通过广东省"211"工程主管部门预审，成为广东省内"211"工程建设的高校。2000 年，浙江省人民政府也把宁波大学列为省重点建设的三所省属大学之一，以推进宁波大学的快速发展。这些来自政府的积极支持，有力地推动了相关侨资性大学的建设与发展。

仰恩大学是由爱国华侨独资创办的私立大学。作为中国高等教育体制改革的试点，仰恩大学自创立以来，始终受到党和政府的高度重视。1988 年 2 月，原国家教委下发文件，批准成立华侨大学仰恩学院。1989 年 8 月，原国家教委同意仰恩学院脱离华侨大学独立办学，定名为仰恩学院。1992 年 3 月，经国务院批准，同意在仰恩学院基础上建立仰恩大学，并提出"仰恩大学为普通高校，设在福建省泉州市马甲乡，由吴庆星捐资兴建，国家办学，福建省人民政府领导"的办学原则意见。1994 年 7 月，经原国家教委批准，仰恩大学改为仰恩基金会独立办学的体制，成为全国第一所具有颁发本科学历证书资格的全日制私立大学。仰恩大学的举办者吴庆星先生，也受到党和国家三代领导人的格外礼遇。

第 六 章

侨资性大学的校园文化

校园文化作为学校教育不可分割的重要组成部分，是学校在长期办学过程中逐渐形成的，它不仅对大学生的世界观、人生观和价值观有着"潜移默化"的作用，还对学校的发展起着举足轻重的作用。① 侨资性大学以其独特的办校历程、鲜明的办学理念、新型的人才培养模式以及积极的对外交流等为世人所称道，在其校园文化的形成和发展过程中深受海外华侨华人的影响。

第一节　侨资性大学校园文化的由来

侨资性大学校园文化是在侨资性大学长期办学实践中逐步形成的一种独特的文化，是侨资性大学师生员工在教学过程、科研活动、服务社会、生活娱乐等实践活动中共同创造的，既受社会大文化系统的影响，又受海外华侨华人的独特文化影响，其最大特色就在于一个"侨"字，它集中体现于三个方面，即因侨而生、由侨而和、为侨服务。

一、因侨而生

侨资性大学校园文化的形成与发展是与侨资性大学创办和发展历程紧密联系在一起的。侨资性大学的创办和发展主要有两种类型：一种是为侨创建：即国家为了便利归国侨民子女就读，抑或为开展华文教育和中华文

① 刘献君、刘继文：《校园文化与一流大学创建——兼论华中科技大学的校园文化建设》，《煤炭高等教育》2004 年第 6 期，第 1—2 页。

化的传播而创办的高等学府，如暨南大学和华侨大学，其办学主要任务之一是向海外华侨华人及其他外籍人士传播中华文化，促进中外文化交流。另一种是由侨创建：即华侨华人出于强烈的国家民族责任或浓郁的乡情，出资创办大学或力助大学发展的个人（或群体）行为，如1921年，由著名爱国华侨领袖陈嘉庚创办的中国近代教育史上第一所华侨创办的大学——厦门大学；1985年，由李嘉诚捐资建设的汕头大学；1986年，由世界船王包玉刚捐资建设的宁波大学；1987年，由爱国华侨吴庆星及其家族设立的仰恩基金会创建的仰恩大学等。侨资性大学因侨而生，为侨创建的侨资性大学体现了国家对海外华侨华人子女受教育权利的关爱，由侨创建的侨资性大学也体现了广大华侨华人爱国爱乡、情系祖国的情怀。校园文化的形成与发展离不开一所学校特定的创建历史，侨资性大学的创办与发展的历史背景是其校园文化"侨"字特色生成的内在土壤。

二、由侨而和

众多华侨华人虽说创业于异国他乡，但他们对祖国家乡的建设一直怀着报效桑梓、造福家乡的强烈愿望。正是他们怀着同一个梦想，促使他们走在了一起，前仆后继不懈努力。宁波大学的创建和发展是与享誉中外的"宁波帮"众多人士捐资办学紧密联系在一起的，有60多位"宁波帮"人士先后捐资近4亿元人民币支持学校创建与发展。"宁波帮"人士对宁波大学的关心和帮助已从一个家族到一个群体，从第一代到第二代、第三代，源远流长，历久弥新，已成为他们表达和弘扬爱国爱乡、造福桑梓伟大激情的一个重要载体。同时，近年来由于侨资性大学在招生对象上呈现出生源地多样化的态势，来自海外不同国家与地区的华侨华人学生与内地的非侨学生在同一学校学习生活。由于他们童少时期接受到的教育差异性，广大学生带着各自以往成才地的风俗习惯和生活文化汇聚到同一个生活社区，这往往会在客观上生成多元文化的冲突地和聚集地，其深层次的碰撞是文化上的冲突。[①] 如暨南大学和华侨大学肩负着面向海外传播中华文化，招收、培养港澳台及华侨华人子女的责任，使得来自不同区域、带

---

① 夏泉、卢健民：《"华侨最高学府"暨南大学的历史变迁与现状》，《高等教育研究》2002年第5期，第108页。

着不同社会文化的学生聚在一起，从而使各种文化在同一个环境中撞击、冲突、沟通、互补、融合，并逐渐形成了"宽容为本，和而不同"的校园文化。这种"一校两生并存，多元文化交融"的校园环境，在长期的发展过程中，必然催生出适应来自各地学生和谐共处、多元文化相生相长的校园文化。

三、为侨服务

长期以来，华侨华人身在异乡，心系桑梓，或投资办厂，或捐资慈善，或兴办公益，涌现出一大批贡献巨大、成就杰出的乡贤硕彦，成为推动侨乡乃至中国经济社会发展的重要力量。如素以爱国爱乡、热心报效桑梓著称于世的"宁波帮"，改革开放以来，特别是邓小平同志发出"把全世界的'宁波帮'都动员起来建设宁波"的号召后，进一步激发了广大"宁波帮"人士的爱国爱乡热情，他们视建设、发展宁波为己任，纷纷捐款赠物，献计出力。自1984年初以来，已有400多位"宁波帮"人士捐赠近2500个项目。从捐赠内容来看，"宁波帮"捐赠的重点为教育、医疗卫生、公益福利和文化体育等社会事业。其中，教育事业占捐款总额的70%以上。"宁波帮"人士不仅热心捐赠家乡建设，而且捐赠覆盖到神州大地。在这种文化的熏陶下，侨资性大学师生感恩与回馈华侨华人，"为侨服务"的理念和行动早已成为校园文化风尚。在由国家创建的侨校中，始终把"为侨服务"作为学校全局工作和制定学校发展规划的基本指导思想，学校各方面的工作都立足"侨"字。学校高度重视提高教学质量，把教学质量作为事关能否培养适应海内外需要的高素质人才的重要基础；在人才培养目标定位上，强调培养"适应境内外经济和社会发展需要的应用型人才"。"为侨服务"是侨资性大学校园文化的重要功能之一，在众多侨资性大学的校园里都荡漾着这样一种浓郁的侨乡侨情文化。

第二节　侨资性大学校园文化的内涵与特征

校园文化对大学生文化素养的提升起着潜移默化的浸润作用，对大学生真正有价值的东西是他周围的环境。[①] 侨资性大学校园文化的形成和发展深受海外华侨华人文化影响。侨资性大学的侨性特色不仅是侨资性大学区别于普通大学的文化特征，而且对侨资性大学的特色校园文化的形成起着主导作用。

一、侨资性大学校园文化的内涵

侨资性大学校园文化根植于华侨文化，是侨资性大学在长期办学实践中所创造和逐步形成的一种独特的文化，既受社会大文化系统的影响，又受海外华侨华人办学理念或发展影响的相对独立性的文化。在侨资性大学校园文化众多鲜明的特征中主要包括了三方面内涵：一是校园物质文化。侨资性大学校园内处处屹立着由华侨华人捐资助建的一幢幢优美的校园景观以及设立的各类奖励基金，对侨资性大学师生的世界观、人生观和价值观有着"潜移默化"的作用，其校园景观背后呈现出来的"爱国爱乡，造福桑梓"的精神丰碑，其惠泽后世的精神力量直接影响着侨资性大学师生高尚人生观、价值观的形成。二是校园精神文化。侨资性大学独特的创校历程、鲜明的办学理念以及积极的对外交流，这种独特的文化浸润绝不比课堂的循循诱导抑或教师的谆谆教诲逊色，这将激发广大师生不断开拓创新、锐意进取。如华侨大学作为一所以面向海外传播中华文化，招收、培养华侨华人子女为办学宗旨的华侨高等学府，自办学以来一直存在着"一校两生并存，多元文化交融"的校园环境，经过 50 年的办学实践，华侨大学逐步形成了"宽容为本，和而不同"的校园精神。这种"宽容为本，和而不同"的校园精神，是根据华大特殊现实提出的治校方略，体现了全校师生员工哲学层面的理想与追求。华侨大学以"宽容为

---

① 朱伟申：《发挥侨乡优势 开创侨校特色》，《珠江三角洲教育之窗》2010 年第 1 期，第 28 页。

本，和而不同"的校园精神团结一切可以团结的力量，为学校的建设和发展服务。学校积极拓展境外生源，大力培养亲中国、爱中国的境外友好使者。充分发挥侨联、台联、留学生同学会等统战团体的作用，根据他们各自的特点，开展形式多样的联谊活动，拓展在海外和港澳台的统战渠道。积极做好海外及港澳政协委员、董事、华侨和校友的工作，联络感情，激发他们的爱国爱校热情，发动华侨校友支持学校建设，为学校的可持续发展提供直接而有力的支持。三是校园制度文化。侨资性大学在办学体制上，有公立、民办等多种形式，因而在其校园治理结构上也各具特点，如汕头大学的董事会制，宁波大学的党委领导下的校长负责制、仰恩大学的校务委员会制等，由于侨资性大学多种治理结构并存，使得侨资性大学在校园制度文化上形成独树一帜的制度文化。汕头大学充分利用李嘉诚基金会的资金和海外关系，借鉴国外大学管理经验，结合自身特点，建立先进的大学管理体系。汕头大学的董事会与其他设立董事会的高校不同，汕大董事会绝不是摆设，它掌握着学校重大事项的决策权力，校长全面负责学校的日常运作，党委发挥政治保障作用。汕大在精简行政机构的基础上推行高校学术管理制度，学校校部党政机构只有 12 个，与国外的高校大致相当。同时，汕头大学借鉴国外著名大学的经验，大力推进学术管理这一核心环节的制度改革。2003 年，成立了以教师代表为主体的教学科研评议会，审议决策重大的教学科研事宜。在取得一定运行经验的基础上，又于 2006 年将教学科研评议会并入学术委员会，并重新定义其职能，进一步理顺学校的学术管理制度。在建立透明的高校财务管理体制方面，汕头大学从 2004 年起着手财务管理体制改革，强力推行中央会计，学校设立财务总监一职，财务管理的组织结构力求扁平化，减少管理环节，提高财务效率。在校董会的大力支持下，学校不断深化财务管理的国际化、现代化改革，采用海外大学财务报告体系编制年度财务报告，推进财务公开化，提高财务透明度。汕头大学每年除编制政府法定报表外，另编制年度财务报告，增加按支出性质分类的财务统计事项，行政支出、学术发展支出、学术支援支出、校舍保养及维修支出、一般教育开支、学生福利及设施、杂项开支七个大类列示支出数据，并将有关数据刊于汕头大学年报，上网公布。在人事管理和分配制度改革方面，从 20 世纪 90 年代初期开始，李嘉诚基金会在汕头大学设立敬业金（后改名为教育奖励金），对教学、科研、行政管理等方面有突出贡献的学校教职员工进行奖励。为更好发挥教育奖励金的积极作用，学校邀请国际著名咨询机构麦肯锡公司进行人力资源改革方案设计，在麦肯锡公司的专家指导下逐步推进人事管理和分配制度改革，在全国高校中先行一步，推行全员合同聘任制，彻底打破大锅饭式的人事管理和分配制度，高效的管理为学校教学和科研提供了有力的支持。

二、侨资资源对侨资性大学特色校园文化形成的影响

　　侨资资源除了具有教育资源的一般属性外，还具有其自身特有的属性。从资源构成要素的存在形态来看，侨资资源可以分为无形资源和有形资源。无形资源包括精神资源、政策资源、信息资源、社会关系资源等，有形资源包括财力资源、人力资源、物力资源等①。其中华侨华人"爱国爱乡、自强不息、团结互助、多元交融"的精神资源对侨资性大学特色校园文化形成起到了关键作用。

　　1. 爱国爱乡、振兴中华的爱国情怀

　　爱国主义是中华民族的优良传统。近代以来，面对多灾多难、落后挨打的祖国，在外创业、历经磨难的华侨华人都有一份振兴中华的历史使命与社会责任，他们清醒地意识到自己的生存与发展和祖国的命运息息相关，从而萌发了反对外国侵略、振兴中华的强烈愿望，并将毕生精力投入到实业救国的行动中去。华侨华人大都从事着工商活动，以赢利为首要目的，但当国家利益与个人利益尖锐对立时，他们往往深明大义，为此不惜倾家荡产乃至牺牲生命。早在 1921 年，著名华人企业家，伟大的爱国主义者、教育家、爱国华侨领袖——陈嘉庚倾资兴办了厦门大学，一生用于办学的款项，约达 1 亿美元以上。陈嘉庚倾资兴学，既不是为了资本增值，也不是出于沽名钓誉，为之呕心沥血，作出了自己的牺牲。1920 年 5 月 1 日，他在一封信中说："不牺牲财产，无教育可言。民无教育，安能立国。"1929 年世界性经济危机到来之后，陈嘉庚面临前所未有的困境，经营亏损不下百万元，而他又坚持每月支付厦大和集美两校的经费，以致债台高筑。有人劝他停办集美和厦大，借以维持经营，但他坚决不肯。他

---

① 周秋江：《试论侨资性大学校园文化的侨性特色》，《教育与职业》2010 年第 11 期。

说:"两校如关门,自己误青年之罪小,影响社会之罪大。学校一经停闭,则恢复难望。"为了维持办学,他"宁要厦大、不要大厦"。不惜将新加坡经禧律42号大厦三幢的住宅向银行抵押借款,最后过户易主。在企业面临倒闭的困境中,他千方百计,维持厦大的经费,当英国垄断资本集团强迫他停止提供集美学校和厦门大学的经费时,他愤然说:"宁可企业收盘,绝不停办学校。"1941年底,太平洋战争爆发后,上海沦陷,当时活跃在上海商界的许多华侨华人企业家如刘鸿生、方椒伯、包达三、赘延芳、俞佐衰等都不为日伪高官厚禄所动,坚决拒绝所谓"合作"的邀请,不惜抛弃大批家产,或远走他乡,或隐姓埋名,有的则舍生取义为国捐躯,如五洲大药房总经理项松茂、中国化学工业社创办人方液仙,成为名垂青史的民族英雄。新中国成立之初,国家百废待举,资金紧张,他们积极认购爱国公债;在西方国家对我国实行经济封锁和禁运政策的背景下,他们不顾西方国家对新中国的封锁与禁令,把大批紧缺物资运往内地;1950年,在抗美援朝战争爆发期间,海外广大华侨华人积极向祖国捐资捐物。新生的共和国危在旦夕,当时的企业家王宽诚身在异乡,心忧祖国的他毅然抛售自己在香港的一块黄金地皮,凑钱向国家捐献一架飞机。对此美国反共分子叫嚣要对其进行"制裁",王宽诚却坦然表示"中国人不爱中国,爱什么"。在社会主义现代化建设中,他们献计献策、牵线搭桥、有钱出钱、有力出力,为家乡的改革发展和现代化建设作出了自己的贡献。20世纪80年代以来,他们又充分利用其独特的人文优势,积极投身于传播中华文化、促进祖国统一的事业,为香港、澳门回归与平稳过渡作出了重大贡献。如在华侨大学里众多港澳台学生和华侨华人学子,虽然毕业后身在他乡却心向祖国,他们在侨资性大学学习期间,耳闻目睹了祖国大陆发生的日新月异的变化,加上侨资性大学广大教职员工"春风化雨,潜移默化"的工作,大大增强了港澳台学生和广大华侨华人学生对祖国的认同感、民族归属感和向心力,从而为祖国和平统一、繁荣富强和中华优秀文化广泛传播打下扎实的基础。这种华侨华人滚烫的爱国之心和爱乡之情让侨资性大学的广大师生对"爱国爱乡,振兴中华"有着一种切身的体会和内在的感悟。

2. 自强不息、克勤克俭的创业精神

成由勤俭败由奢,艰苦奋斗、勤俭创业是中华民族自强不息精神的表现。近代以来，华侨华人继承了这一传统美德并加以发扬光大，成为他们谋生存、求发展、同困难环境作斗争的有力武器。华侨华人在外闯荡大多白手起家，凭着不畏艰苦、勇于开拓的创业精神，最后取得了卓越的成就。许多华侨华人成功的背后，都有一部克勤克俭、艰苦奋斗的创业史。凡是事业有成的华侨华人无论他们身处何境，始终秉承着脚踏实地、自强不息的创业精神。在创业实践中不仅具有善于捕捉机遇、敢于抓住机遇的意识，而且还具有锐意进取，独辟蹊径，绝不墨守成规的创新精神，更为重要的是当他们事业有成、腰缠万贯之后，仍能保持克勤克俭、艰苦朴素的创业品质。正如捐资创办宁波大学的包玉刚先生所说："宁波人出门闯天下，别无所长，靠的就是勤和俭这两个字尤为可贵"。包玉书对公益事业慷慨大方，而平时生活却十分俭朴。《浙江日报》记者到香港包玉书先生府上采访，记者原以为像他这样的实业家，一定居豪宅享荣华，可怎么也想不到他的家是如此的俭朴：客厅除一圈旧沙发和一套旧花梨木桌椅外，很难见到其他值钱的家什。客厅的一台窗式空调，已用了 10 余年，已使用多年的彩电旁架着一台已经不新的鸿运电扇。他的内衣，常常是穿到破了才更换。平时家务事以自己料理为主，家具坏了，总是能修则修，不轻易扔掉。他对记者说："我们中国人，节俭这个传统美德到啥时都不能忘掉。"像包玉刚这样在创业时安贫乐道，发达以后仍淡泊自守，自奉甚俭这方面的例子不胜枚举。又如赵安中"凭勤俭建立根本，靠积聚而成小康"，成为香港有成就的实业家后，近年来在家乡捐资已达亿元，但他在生活上一直坚持低标准，衣只要够暖，食只要够饱。华侨华人还有一种可贵的敬业、乐业精神。他们重实干、重经验、不玄想、不空谈、一步一个脚印成就自己的事业。尽管他们学历不高，却都有强烈的敬业精神，他们干一行、钻一行，勤奋学习、刻苦钻研、从不懈怠，经过日积月累，往往成为一些行业与工种的行家里手，不少人更练就了一手绝活。"凭手艺吃饭"是众多华侨华人的立足之本和基本精神，并由此奠定了他们日后事业成功的坚实基础。如包玉刚、李嘉诚、邵逸夫，虽然都没有上过大学，却都有顽强的钻劲和毅力，他们干一行、学一行，兢兢业业、持之以恒、不耻下问、务求成为精通业务上的内行，从而保证了事业上的成功。同时，侨资性大学本身发展的风雨历程也是一本最好的育人案例。如有百年历程的第一所华侨学府暨南大学，自 1906 年创办至今经历了三起三落、五次搬迁的悲壮历程，历经南京、上海、福建与广州四个发展阶段。可以说，暨南大学的这种自强不息、刚健有为的办学思想，集中地反映了中华民族朝气蓬勃、努力向上的顽强生命力，表现了中华民族百折不挠的开拓精神、反抗恶势力的斗争精神、完善自我的进取精神以及日常生活中勤劳节俭的美德。这种"成由勤俭败由奢"的勤俭创业精神和自强不息勤奋钻研精神对广大侨资性大学的师生而言是一部部活生生的教材，深深影响着侨资性大学广大师生。①

3. 相互信任、团结互助的合作精神

团结互助是华侨华人在举目无亲的异国他乡生存的法宝，旅居海外的华侨华人具有风雨同舟、休戚与共的强烈意识。在近代中国，凡是有华侨华人聚居的地方，一般都会有同乡会之类的组织，他们这种亲邻相帮、同乡扶持的互助风格，风雨携手，互敬互励的合作精神，使他们迅速发展壮大。随着时代的发展，华侨华人群体逐渐意识到了合作并不能仅仅局限于家族同乡的狭隘范围，这种因经济利害关系和血缘乡情等融合在一起的同乡会组织产生了强大的生命力，其核心是强调团体与联合的力量，以便在当时险恶的经营环境下求得生存和发展。如近代宁波商人都十分重视行业与商会组织的作用，以此把分散的个体联合起来，并借此维护工商业者的合法权益。在近代宁波商人比较活跃的地方如上海、汉口、天津等地，他们往往在这些组织中扮演重要角色。这是宁波商人重视团体力量，发挥联合优势的必然结果，也是近代经济的发展必然要求这种强调合作、互帮互利、团队协作的合作精神。这种团结互助的合作精神并不是与生俱来的，而是每位华侨华人在各自的实践活动中日积月累逐渐积淀下来的，并得到大家广泛认同和不断强化，最后形成个性鲜明的共同体品格和群体人格特征。这种相互信任、团队互助的合作精神，通过侨资性大学创办人或捐赠人的办学思想和人格特质的影响，成为侨资性大学校园文化的重要特征。

4. 言行如一、诚信为本的从业精神

华侨华人在海外从业十分重视从业诚信，强调言行合一，在从业价值上主张见利思义，不谋不义之财，不赚昧心钱，提倡义内求财，以义取利，"宁可清贫，不可浊富"。广大华侨华人大都深知"与人方便、与己

---

① 周千军：《天下宁波帮丛书——百年辉煌》，宁波出版社2005年版，第10页。

得利"的道理。因为从业活动是互利自愿行为，利人是利己的前提，损人最终会损己。清代鄞县商人孙昌燮"尝病市道伪，日信义人所弃，自我得之，则富贵也"。华侨华人的这种"言行合一、诚信为本"的从业精神主要表现为信誉至上、货真价实、诚实不欺上。"信"是华侨华人在外从业最看重的职业伦理，但这个"信"不是口上说，而是靠做出来的。他们把诚信看作是从业的生命线，所谓"金字招牌硬黄货"，有诚信的人即使破产了也可以重新来过，而失去诚信的人则一文不值，为此他们恪守信用、重于然诺，为顾及信誉，甚至不惜牺牲自己的利益。对于以诚信为核心的传统从业道德，许多华侨华人深信不疑，并身体力行，作为自己立身处世的准则。世界船王包玉刚曾指出："在这个国际社会里，生活方式、行动和从前不一样，但在从业道德这上头，还是老传统好。要有诚信，要有信用才行，这里面关系很大。"他本人就以其良好的信誉赢得众多客户与合作者，使自己从一条旧船起步登上世界船王的宝座。赵安中事业的成功被认为首先是他做人的成功，他有句名言："多一个朋友多一条路。"他说"钱可以不要，路却不能没有，宁可断财，不要断路"，由于他待人以诚，执事以信，从而赢得众多真诚相待的朋友，虽然他曾历经磨难，而终能大器晚成，卒成大业。[①] 广大华侨华人事业有成后在回家回乡兴办教育事业过程中也秉承着言行如一、诚信为本的从业精神。1996 年 8 月，率团访问香港的宁波大学领导登门拜访了魏绍相先生。当魏先生听说宁波大学办学规模日益扩大，国际交流不断增多，为适应对外交流的需要，正拟建国际交流中心时，当即许诺捐资 100 万元（后又追加了 20 万元）人民币参与助建。然而天有不测风云，1997 年亚洲金融风暴使魏先生公司的经营陷入困境，但他老而弥坚，沉着应付，在公司刚刚渡过危机后就及时兑现了对宁波大学的支持，他还常说："宁可自己辛苦点、节省点，答应的事一定要兑现。"

5. 坚韧不拔、开拓创新的进取精神

"坚韧不拔、开拓创新"是海外华侨华人事业发展的不竭动力。广大华侨华人大多从最底层的劳动做起。他们不怕艰苦，勇于开拓，终于成就一番事业。华侨华人的开拓进取精神可以概括为"不坐吃现成，求

---

① 陈厥祥：《宁波帮与 20 世纪中国教育》，浙江大学出版社 2007 年版，第 8 页。

事事创新"。具体表现在：一是追求行业上的创新。如刘鸿生经营煤炭业挖到第一桶金，并不就此坐享其成，而是一个接一个地向新兴行业——火柴、水泥、毛纺业进军。又如，世界船王包玉刚，1949 年前在大陆从事金融工作，全家移居香港后从事进出口贸易，后转营航运业，成为世界著名船王。1979 年，又将经营重点转向地产物业。一夜之间，调集 21 亿港元现金，收购九龙仓股票，终于压倒怡和洋行，出任九龙仓董事会主席。这一惊人之举，使香港股市为之大震。20 世纪80 年代，包玉刚逐步卖出原有船只，将这些资金分别投资于香港地下铁路和隧道，出任隧道公司主席；投资于香港电力公司和《南华早报》，出任《南华早报》董事长；并参股由英商控制的香港最大的航空公司——国泰航空公司，出任董事长。后来，包玉刚又着手收购会德丰洋行股票，取得 50.1% 的股权，当选为会德丰董事局主席。之后，包玉刚又掌握港龙航空公司的大部分股票，出任港龙航空公司主席。正是由于他的超前意识，能及时开拓新领域，不仅分散了风险，而且有效地利用经营资源，使他的事业获得很大成功，跻身世界百名亿万巨富之列。二是追求技术上的创新。如三友实业社沈九成，自扮小工到日本工厂当工人，学到技术回来改进技术；又如项松茂制固本皂，学祥茂的技术来超过祥茂；竺梅先引进技术设备加以仿制、改进，造出高质量的卷烟纸。三是追求制度上的创新。如 1984 年后，改革开放总设计师邓小平发出"把全世界的'宁波帮'都动员起来建设宁波"重要指示后，各地的宁波人又活跃起来。在这一指示指引下，为了家乡宁波的建设，1988 年首先在宁波成立"宁波经济建设促进协会"（经促会）。随后，在北京、上海、天津等 11 个城市先后建立宁波经济建设促进协会和宁波同乡联谊会，郑州等地也成立了协会的筹备小组。不少城市除了大协会之外，还成立分会和区工作委员会，比如上海就有企业家分会。四是力求用人创新。刘鸿生以比自己还高的薪金聘请专家林天骥为工程师，解决了火柴防潮问题；他还聘请第一流会计师设计标准的成本会计制度，改善经营管理；为提高章华毛纺厂的经济效益，他一连换了四位经理，直至招聘到适任的人选。商海拼搏，风险迭起，而海外华侨华人总能出奇制胜，化险为夷，靠的就是坚韧不拔、锐意进取的精神力量。这种华侨华人艰苦奋斗、坚韧不拔的创新精神，深受广大侨资性大学学子的追捧。

6. 求同存异、和而不同的多元文化交融

华侨华人出生于中华大地，由于童少年时期接受了浓厚的中华民族文化教育和影响，使得他们带着以往成长地的政治背景、语言文化、思想特点、风俗习惯和生活文化外出闯荡，在与来自不同地域、不同文化背景的群体共同生活，势必会给他们在习惯、性格、风俗等方面带来一定的沟壑和差异。① 然后他们在国外的长期生活奋斗过程中，同当地人民水乳交融，其前途同所在国的前途息息相关，苦乐与共，在这种多元文化的碰撞冲击中，不仅没有排斥、阻碍异质文化的存在和发展，而且能较好地适应并选择适合自身发展的文化。这种求同存异、和而不同多元文化交融的才能和谋略，深深影响着侨资性大学的广大师生。如华侨大学长期存在着"一校两生"的现状，虽然两类学生的生活背景、知识基础、价值观念、文化修养、志趣追求等各不相同，但在长期的办学实践过程中，积极营造以中华优秀文化为主导、多元文化相交融的文化氛围。近年来，华侨大学在校园文化建设工作十分注重突出"一校两生"的学校特色，以促进学校多元文化的融合与提高为核心，形成了以"一元主导，多元交融"为特色的校园文化格局。针对华侨大学的境外生以港澳台青年和华侨华人青年为主体，都是炎黄子孙，都对中华文化有着高度认同和浓厚学习兴趣的特点，学校以中华民族优秀文化为载体，在学科建设上，把中华文化作为学校重点发展的六大学科群之一给予重点扶持，大力开展以弘扬中华文化为主题的学术活动。在校园文化活动方面，以弘扬中华优秀传统文化为主线，以爱国主义为重点，开展系列活动，如中华文化大观团、古诗词吟诵会、迎（庆）港澳回归文艺汇演等。学校还通过每年暑假组织港澳台和华侨学生开展以考察祖国河山为主要内容的社会实践活动，加深境外生对中华民族优秀传统文化和社会主义祖国的感性认识，增强他们对祖国的认同感和归属感。同时，为突出校园文化的育人功能，促进两类学生的交流与融合。华侨大学在学生管理和校园文化建设中十分注意加强两类学生的引导和教育，建设开放、和谐、宽容、大爱、和而不同的校园文化氛围，

① 夏泉、卢健民：《"华侨最高学府"暨南大学的历史变迁与现状》，《高等教育研究》2002 年第 5 期，第 108 页。

积极创造条件，开展以增进两类学生交流为目的的各项活动，通过文化的融合、思想的碰撞、心灵的沟通使两类学生和谐相处于华侨大学校园。华侨大学境外生在举办"境外生文化节"等各种活动时都主动邀请内地学生参加，马来西亚学生通过举办马来西亚文化节展示马来西亚民间工艺，教内地学生跳竹竿和民间舞蹈，还把在中国大陆早已失传的二十四节令鼓带到了华大，越来越多的境内外学生参加到这支队伍中来，形成了一个"联合国"鼓队；缅甸学生教内地学生着民族服饰，烹缅甸特色小吃，内地学生则带领他们了解泉州，了解祖国的山山水水。当境外学生举办普通话大赛时，内地学生主动帮助参赛者进行语音矫正；每年境外学生举办的活动都吸引了众多内地学生参加，每年的中外新生迎新年晚会，成为多元文化交流和展示的聚集点。希望工程活动、为灾区捐款或内地同学有特殊困难时，境外生都慷慨解囊，当东南亚出现金融危机、台湾地区发生地震时，内地学生也主动关心境外学生。种种爱心奉献，使两类学生找到了思想的结合点，一种团结、宽容、互爱、和睦的华侨大学校园文化精神在沟通和交流中得到升华。又如暨南大学有来自世界五大洲 77 个国家和地区的学生，其中境外和港澳台学生 12145 人，国际化特色十分显著，学校就是一个"小联合国"，在暨大校园里，来自众多国家和地区的师生虽然文化与性格各异，学术观点不尽相同，却能和谐相处，相得益彰。和而不同的多元文化不仅有利于广大学生能深刻理解感受来自不同文化对他们的影响，而且还有利于加深对异域文化的理解，从而倡导优秀文化相互交往与沟通。

第三节　侨资性大学校园文化的功能与作用

侨资性大学在长期的办学实践中，积淀了浓郁的侨性特色校园文化，这种独特的文化通过形式多样的校园人文景观、丰富多彩的校园文化活动、独具特色的校园精神和以人为本的校园制度潜移默化的影响着侨资性大学的广大师生。

一、校园景观育人

侨资性大学以校园的建筑景观为育人体系外在的物质基础——重思源的建筑环境设计。一座座铭刻捐赠者姓名的楼宇，以及镌刻在楼宇内的具有中国传统文化韵味的纪念碑记，彰显着海内外乡亲捐资办学的义举，表达出侨乡人心胸开阔、爱国爱乡的情感，营造了具有浓郁侨乡文化品位的育人氛围。[①] 这种校园景观不仅凝结着校园建设者的文化创造，而且反过来又会对受教育者产生巨大的感染力。从侨资性大学的创办和发展特点来看，侨资性大学主要分为"为侨创建"和"由侨创建"两大类，不同类型的侨资性大学在其校园景观上蕴含不同的育人功能。"为侨创建"的侨资性大学，在校园景观中蕴含着独特的育人使命。如肩负着"朔南暨，声教讫于四海"的暨南大学，在整体校园景观建设上体现出了中华民族传统的建筑风格，为前来求学的海外华侨华人学子提供感知中华民族灿烂文化的外在环境；"由侨创建"的侨资性大学，在校园实体景观的设计布局上融入了创办人或捐赠者的"爱国爱乡、捐资兴学"事迹。如毗邻东海的宁波大学，她的创建和发展是与享誉中外的"宁波帮"人士捐资办学紧密联系在一起的，校园中竖立的楼宇、刚劲有力的题词、炯炯有神的塑像似乎都流露和诉说着这批华侨华人对祖国、家乡和学子的深切情怀以及振兴中华的强烈愿望。又如，五邑大学以侨乡海内外乡亲最有感召力的俗称为大学命名，校园内一幢幢以华侨华人和五邑域名命名的 50 多栋教

---

① 刘献君、刘继文：《校园文化与一流大学创建——兼论华中科技大学的校园文化建设》，《煤炭高等教育》2004 年第 6 期，第 1—2 页。

学行政楼宇形成了一道独特的校园侨乡文化风景线，给人一种直观的视觉冲击，让生活在校园中的每一个学生都时常感受到海内外乡亲爱国爱乡的情怀。基于这种"日月见证"的校园景观，不仅教育学生热爱中华民族，学习中华文化，培养他们对中华民族的认同感和自豪感；而且通过触摸和亲身体验校园景观，让学子铭记华侨华人"爱国爱乡、造福桑梓"的壮举，加深对华侨华人群体的认识。

二、校园活动育人

校园行为文化是指校园人在日常学习、生活和工作中所展现出来的活动形态，它是校园文化传承和创新的重要载体。一所高校，若没有适合本校校园人发展需求和符合时代要求的各式主题鲜明的校园活动，势必会损伤校园文化传承的根系，甚至从一定意义上来说，高等教育也就失去了其魅力所在。侨资性大学的校园文化"会通中外"，充分利用华侨华人的海内外资源，积极开展深受广大师学追捧的侨性校园文化育人活动。一方面定期邀请华侨华人来校讲述创校历程以及海外创业拼搏的事迹，开展以学习华侨华人为主题的校园文化活动；另一方面积极开展海内外学子间的文化交流活动和教师互访深造活动，将育人延伸到海内外，从而提高他们的国际化视野。如自 1993 年以来，由台北市宁波同乡会、宁波市台办和宁波大学等单位共同发起的甬台两地大学生联谊活动，至今已有 18 次互访活动开展；又如，由王宽诚在宁波大学设立的教学基金会，每年定期选派若干优秀教师赴海内外进行学术交流、学历深造等活动。暨南大学近年来为不断扩大学术交流与国际合作，加快国际化步伐，先后同法国里昂天主教大学、美国康涅狄格州桥港大学、俄罗斯圣彼得堡大学、印度尼赫鲁大学、韩国汉阳大学、日本立命馆大学、埃及开罗大学等 17 所高校或研究机构签订了学术交流协议，使学校的国际交流伙伴拓展到世界五大洲近30 个国家。与此同时，还陆续同新加坡南洋理工大学、马来西亚新纪元学院等姐妹学校续签了合作协议，使双方合作在以往的基础上有了进一步的发展。这不仅拓宽了校园文化育人的形式和内容，还为华侨华人形成的优秀文化向海内外传播作出自己力所能及的贡献。厦门大学，近年来，通过多种举措大力推动开放式教学，多种渠道派出本校学生到国外交流和学习，培养具有国际视野和国际交流能力的高层次人才。仅在 2009 年，厦门大学共派出 600 多名学生通过校际交流和院际交流渠道到境外高校学习和交流，海外经历有效拓展了厦大学子的国际视野，提高了人才培养的质量。目前，厦大已与英国卡迪夫大学、美国天普大学、加拿大滑铁卢大学等多所学校开展联合学位项目。2010 年，厦大又在经济学、会计学、数学类、化学类、生物科学类和海洋科学类首次开办国际化试点班。

三、校园精神育人

校园精神文化是校园文化的核心和灵魂，它集中反映着一个学校的秉性、历史传承及精神面貌，体现着学校的办学宗旨、人才培养目标及独特风格。[1] 作为一所侨资性大学，都特别拥有一份珍贵的文化财富和教育资源。深度挖掘这笔文化财富，整合这笔教育资源力量，能给广大学生心灵上刻上印痕，让学生有归属感、自尊感和使命感。在侨资性大学形成与发展过程中，有着许多传奇色彩的人物和感人的故事。从华侨华人对居住国的开发、建设到早年投身和支持革命，从改革开放后投资家乡经济建设到资助公益事业，以及在弘扬中华文化等方面，有着许多生动感人的事迹，学习和研究这一史实文化对广大侨校学子颇有重要的意义。如创建汕头大学的亚洲首富李嘉诚，1940 年在 11 岁时为了躲避日军侵略随家人辗转迁徙香港，由于家庭贫困，年仅 14 岁他便开始承担养家重任，做过茶馆跑堂、钟表店伙计、五金厂推销员。基于对时势的准确判断，李嘉诚后来果断地选择独立创业，22 岁时创立了长江塑胶厂即长江实业有限公司，经过了半个世纪的艰苦创业，创造了一个商业帝国神话。在他事业有成后，积极投身于捐资办学、助学、兴学的爱国爱教爱乡活动；又如王宽诚，虽然资产过亿万，在港所创事业甚多，但自身却极端节俭，他每每到中华总商会办事，吃中饭时，这位会长每次都只点 5 元一份的盒饭。在一篇《王宽诚惜纸如金》的文章中曾经有这样一段记载："其人苦干出身，勤俭持家，在港所创事业甚多，魄力之大，人莫与争。惟平日对小节极为注意，其所属各单位，虽一纸之微，亦节约为尚，再三谆谆叮嘱各职员，以白纸先写铅笔，再写钢笔，三写毛笔，一纸三用，颇有别出心裁之妙。"

---

① 孙善根、张钧澄：《发挥侨资大学优势 拓展人文教育资源——宁波帮精神与宁大人文精神教育》，《宁波大学学报（教育科学版）》2000 年第 6 期，第 79 页。

在宁波大学广为流传的"宁波帮""以诚为本、信誉至上"的从商精神，在培养学生诚信精神的过程发挥了积极作用。无疑，用这些像李嘉诚、王宽诚、包玉刚这样源于本校的事实——众多华侨华人通过自身的创业经历和独特的个人品质来教育广大学子，要比"拿来"的典型材料鲜活得多，会给侨资性大学的校园注入一股久远且强大的精神支柱。

四、校园制度育人

校园制度文化是一种规范和习俗文化，涵盖着校园教学科研的规章制度、组织管理的规范条例、学生的行为准则和要求等，它是学校历史传统与时代精神的统一，是校园人的活动准则，是学校各项工作得以正常有序进行的重要保证。同时，它又具有重要的教育感化功能，在很大程度上体现着学校的办学特色和办学水平，可给校园人带来一种独特的管理思想和教育理念。进入新世纪以来，我国的高等教育进入了一个快速发展的新阶段，侨资性大学在招生对象上也日益呈现出生源地多样化的态势：既有海外的华侨、华人学生，也有港澳台地区的学生，还有归侨、侨眷子女和内地非侨学生。针对学生生源地的不同，在培养目标、教学内容以及就业技能方面势必会产生某些变动，这就需要侨资性大学的教育者和管理者本着"以人为本"的教育理念来制定相应的规章制度，来应对招生对象上的新变化和人才培养的新要求，把学生的成长成才作为执行制度的出发点和落脚点。在这方面，侨资性大学都纷纷推进了相关制度建设与实施。如普遍实施了学分制教学；宁波大学于 2000 年在国内率先设计并实施了"平台＋模块"的课程结构体系，使学生对学校的教学资源拥有一定的选择权。在多年实践的基础上，还将"以学生为本"的教育观深化为"把成才的选择权交给学生"的教育理念，并构建了一个以激励学生自主选择为切入点，以促进各教学要素优胜劣汰不断优化为手段，以面向地方社会经济发展要求为目标的应用型创新人才培养模式；华侨大学实施了"因材施教、分类培养"的人才培养体系，学校根据境外生的特殊情况因材施教，从对境外生的教学内容、教学组织、教学环节、考试环节和学籍管理等方面均有特殊安排。暨南大学的学籍管理接轨国际惯例，对境外生实行弹性学制和学分制，即主辅修制和双学位制，取消学年制和留级制。在专业建设方面，根据海内外经济建设和社会发展的需求，不断增设新专业；在课程体系和教学计划方面：专门为境外生设计培养计划，单独设置课程；在思想道德教育课程上采用有别于境内生的内容和方式，将政治理论课和思想品德课"两课合一"，形成专门的"人文社会科学"系列课程；在教学方式方面，对境外生的公共基础课程单独编班上课，并在院、系建立课外辅导机制。汕头大学自 2002 年起，学校全面启动以国际化为导向的改革工程，聘请外籍人才担任副校长、院长等职务，推动一系列改革项目，其中包括英语提升计划、国际基准学分制、人才培养模式探索、学校机构改革、人事分配制度改革、财务制度改革、资源管理改革等，这些体现"以人为本"办学精神的制度建设有效提升了侨资性大学的人才培养质量。

第四节 侨资性大学校园文化的构建

侨性校园文化彰显了侨资性大学特有的办学特色，是侨资性大学人才培养的肥沃土壤。为进一步加强侨资性大学校园文化的侨性特色培育，必须要清楚地认识和把握侨资性大学校园文化建设的核心内容和发展规律，并通过对侨性校园文化的目标、路径、保障、措施等建设，使侨资性大学校园文化得到可持续的发展。

一、目标：凝练特色，提升侨性特色校园文化的品位与层次

侨资性大学侨性校园文化建设不仅要对其校园文化有充分的认识，而且还应及时总结与提炼。只有对侨资性大学校园文化的特色内涵有清晰了解、界定和凝练，才可能强化特色，提升校园文化品位与层次。因此，侨资性大学侨性校园文化建设应做好以下四个方面：一是要充分挖掘学校特有资源，培育奋发向上的侨性特色文化，丰富侨性特色校园文化活动，使侨性校园文化建设更有步调、更有主题。近年来，暨南大学紧紧围绕感知、传承与弘扬中华传统文化这一主题，植根中华文化沃土，开展素质教育；以学生为本，着眼于学生发展的需要，坚持课堂教学、社会实践、校园文化三位一体的文化素质教育模式，在教育中始终贯穿着中华传统文化及其精神，充分彰显出暨南大学教育教学实践的品格与特色。其一，中国传统优秀文化成为文化素质教育的基点；其二，因材施教，兼顾各类，成为文化素质教育的方式；其三，学术、科技为主体，人文、科学相融合、中西文化相互动，成为文化素质教育的内容；其四，知行合一，全面发展，成为文化素质教育的目的；其五，把大学生文化素质教育纳入学校的精神文明建设之中，形成了全方位合作、协调的文化素质教育工作体系。富有传统特色的中华历史文化在暨南大学的教育教学中得到了生动而直观的体现与彰显，提升了暨南文化的品位，并在潜移默化中发挥着隐性课程的作用。二是侨性特色校园文化建设要与通识课程建设、第二课堂建设、学科竞赛和学生科研、学生社团建设等有机结合，发挥侨性特色文化建设的育人功能，提升侨性校园文化建设的品位与层次。近年来，暨南大学大

力促进"四个融合",即促进民族与国际的融合、通识教育与专业教育的融合、统一要求与学生个性发展的融合、理论与实践的融合。为促进学生"转识成智",学校开设了大量的公共选修课、名师讲座、各类学术讲座,增强教育的"通识性";在必修与选修课的合理规定、辅修与双学位制度以及相对较宽的选择权限下,对学生的统一要求与个性充分发展得到有机融合;学校重视理论与实践在课程体系上的融合。三是要加强教师对侨性特色校园文化参与的积极性,营造教师、学生参与侨性特色校园文化的学术研究氛围。如五邑大学组建了一支由教授和博士为主的高水平的研究团队,积极组织挖掘和传承侨乡文化,研究侨乡文化和华侨华人历史,1994年,学校成立了"五邑文化与华侨研究室"。2005年整合历史学、哲学、文化学、社会学、建筑学以及材料学等多学科的研究力量,成立了"侨乡文化研究所",研究领域不断拓展,研究课题更加深入,研究特色日益鲜明,研究影响逐渐扩大。2006年广东省哲学社会科学规划办公室批准五邑大学与江门市委宣传部、江门市社科联共建"广东省侨乡文化研究基地"。这是广东省哲学社会科学规划办公室为推动广东人文社科特色发展而设立的第一个研究基地,也是全省唯一的"侨乡文化"研究基地。四是要加强多层次文化交流,主动承办各种侨性文化活动,大力弘扬海外华侨华人的爱国爱乡、创新创业的精神,开展各类文艺创作、文化活动、理论研究等。如华侨大学根据学校发展的客观需要,积极与美国相关学校合作组建华侨大学纽约学院和加州学院,以满足广大港澳台学生和海内外华侨华人学子的求学需求。

二、路径:做好规划,将侨性特色校园文化建设纳入学校发展的总体规划

侨性特色校园文化建设不是一朝一夕所能完成的,需要长期的、艰苦的努力才能收到一定的成效。目前,很少有侨资性大学把校园文化纳入学校长远规划,这势必使侨性校园文化建设缺乏系统性和长远眼光,削弱侨性特色校园文化在高校完成其人才培养目标过程中的作用,也使侨性校园文化不能形成与学校特色相一致的特征。为此,侨校一是要重视侨性特色校园文化对学校发展和人才培养的重要作用,把侨性校园文化建设纳入高校发展的总体规划并作为重点真正予以重视,使侨性校园文化建设作为学校发展的重要内容。如宁波大学近年来将学校校园文化建设纳入学校文化大发展范畴，设立校园文化景观建设专项经费，重点设计宁大校训的文化景点和"邓小平与包玉刚"文化景点，并将海外"宁波帮"文化宣传与研究工程、"做人做事做学问"名家系列讲座和"一院一品"文化品牌项目作为校园文化的品牌项目；又如华侨大学将"一元主导，多元交融"的校园文化纳入学校文化建设的重要组成部分。近年来，他们设计和规划了具有侨校特色的校园文化活动：上半年活动强调"一元主导"导向，以内地学生为主体，使两类学生都受到中华民族五千年优秀传统文化的熏陶；下半年以展现"多元交融"特色为主线，以境外学生为主体，让两类学生充分领略异国风情，加深对各地文化的认识和了解。在结合重大节日、纪念日开展系列庆祝活动和纪念活动时，因势利导积极组织境外学生设计并参加各种活动，并作为保留项目，一届一届传承。二是要明确侨性特色校园文化育人的指导思想，依靠全校师生的力量，坚持特色，协调发展。对独特的校园文化建设要做出总体规划，并经常督促检查和落实，以保证独特的校园文化沿着有利于创新人才培养的健康方向发展。如五邑大学根据大学生认知规律和不同年级的实际情况，在实施侨乡文化育人过程中逐步形成了侨性特色文化育人体系：一年级重点抓"系侨情"教育，组织新生参观五邑华侨博物馆和校史展，开设《五邑魂》等专题讲座和选修课，使一年级学生了解侨乡的基本情况，热爱侨乡，热爱邑大。二年级重点抓"学侨史"，从"中国近现代史纲要"课程中安排四个课时，专门学习《五邑侨乡历史文化概要》，让学生通过五邑侨乡历史这面镜子，看中国近现代史的兴替，进一步认识中国人民为什么选择中国共产党的领导和选择走社会主义道路。三年级重点抓"知侨心"，结合暑假社会实践"三下乡"和专业实习，开设《五邑商业巨子》等课程，让学生从理论到实践真切了解侨乡发展的历史演变规律和改革发展趋势，学习侨乡商业巨子艰苦创业的精神，真正知道侨乡人民所思所想所盼，从而把握侨乡文化的精髓，立志做侨乡人民满意的大学生。四年级重点抓"懂侨务"、"建侨乡"，结合就业指导，进行"侨务工作与侨务政策法规"教育，给学生提供在侨乡工作必备的侨务知识，鼓励学生们留在家乡，下到基层，建设侨乡，为侨乡实现社会主义现代化建功立业。三是要从学校的物质环境、规章制度、思想观念等多层次、全方位着手，把侨性校园文化与学校物质文化、精神文化和制度文化的建设有机地统一起来。近年来，宁波大学校园文化建设以浙东学术精神和海外"宁波帮"精神的传承弘扬为特色，通过设计和确定校色、吉祥物等学校文化形象代表，将文化形象集中展示出来。通过传承弘扬大学精神和高品位文化活动，满足大学生的精神需要，促进大学生的"精神成人"。四是通过有效的社会实践和校外考察等活动，将侨资性大学特色校园文化建设渗透到各个主题活动之中。如暨南大学针对港澳台、华侨、华人、外籍学生特点，积极开展打响"文化之旅"和"寻根之旅"的课外教育品牌活动。通过组织港澳台、华侨、华人、外籍学生考察国家经济社会建设的成就和祖国的大好河山，加深境外生对中华民族优秀传统文化和社会主义祖国的感性认识，增强他们对祖（籍）国的认同感和归属感。又如汕头大学通过组织开展"五赛四节三活动"的校园文化活动充分展示和培养学生的综合素质，举办汕头大学学生课外科技学术作品竞赛、大学生辩论赛、校园歌手大赛、大学生形象大赛、计算机综合技能大赛，组织青年科技节、桑浦山读书节、金凤五月红社团节、女生节，开展文明共建活动、模拟活动、节庆日广场活动等。又如华侨大学长期以来把创建特色项目作为校园文化建设的重点，注重提高项目质量和文化品位，重点是弘扬中华文化、建设特色队伍，推动校园文化的可持续发展。学校在校园文化建设中注意发现和培养特色团队，如以马来西亚学生为主体的二十四节令鼓队，以澳门学生为主体组建的金龙队、醒狮队等，以留学生为主体的华乐园，以港澳生为主体的电脑俱乐部等。在境外学生的影响下，国内学生也组织起鼓队、龙队、二胡演奏组合等特色文艺小组。这些特色团队成为构建华侨大学"一元主导，多元交融"校园文化的重要元素。

三、保障：建立制度，形成侨性特色校园文化科学发展的保障机制

建立健全规章制度，使侨性特色校园文化建设有体制和机制的保证。要推进侨性校园文化活动有序开展，培育侨性特色校园文化，形成侨性校园文化建设发展的长效机制。侨资性大学一要建立侨性文化活动的准入机制，学校各级管理部门对侨性校园文化活动举办的性质、内容、范围、规模等都要有一定的管理制度，形成关于侨性特色文化的论坛、讲座、报告会的管理办法。如暨南大学紧紧围绕感知、传承与弘扬中华传统文化这一主题，植根中华文化沃土，注重鼓励和引导学生课余积极参与由学校组织的各项素质教育活动，经过多年的努力，逐步实现了校园文化由文化娱乐型向学术科技型的转变。二要形成侨资性大学侨性文化活动的资助机制，学校要设立侨性文化建设专项经费，对校园文化活动中侨性文化品牌项目和培育项目加大支持，加强对侨性题材文化活动的支持。如宁波大学近年来设立了每年近百万元的"侨"性特色文化建设专项经费，经过多年的总结提炼，校园文化精神凸显，文化特色凝练，文化活动丰富，已基本形成了"创新、厚重、大气、高雅"的校园文化体系。同时，校园文化建设的育人效应也开始体现出来，教风、学风进一步优化，宁大师生传承了"爱国爱乡、创新创业"的宁波帮精神，形成了"大气、坚韧、进取"的精神气质。校园文化建设体系也逐渐凝练成了三个层次、十二个方面，学校把"宁波帮"文化节、建校纪念周、高雅艺术演出、各类学术文化讲座、学院文化品牌活动和校园媒体文化建设作为校园文化品牌活动。将海外"宁波帮"文化宣传与研究工程、"做人做事做学问"名家系列讲座和"一院一品"文化品牌项目作为校园文化的品牌项目。三要建立侨性特色文化活动评价机制，通过侨性特色校园文化培育与认证计划，对侨性特色文化项目进行评审，推动侨资性大学侨性校园文化活动的持续健康发展。暨南大学近年来着眼于学生发展的需要，坚持课堂教学、社会实践、校园文化三位一体的文化素质教育模式，在教育中始终贯穿着中华传统文化及其精神，充分彰显出暨南大学教育教学实践的品格与特色。四要建立系统的课程设置为育人体系内在的文化主体——将侨乡文化的研究成果融入课堂教学，丰富教学内容。如五邑大学充分利用五邑侨乡文化资源，在形成思想政治理论课教学内容的地方特色方面重点开展工作，积极寻找侨乡文化教学资源与统编教材的结合点，进行了有益的探讨和尝试。在教学研究过程中，学校思想政治理论课的教师们深切地感到，侨乡悠久的文化历史、侨乡优秀的人物、近现代侨乡经济社会发展的巨大变迁等众多方面蕴含着丰富的思想政治课教学资源，如果利用好这些资源，既有助于提高思想政治理论课的教学质量，又能够弘扬传统文化，还有利于加强大学生的思想政治教育，提高人文素质。

四、措施：健全组织，完善侨性特色校园文化建设的机构网络

为保证侨性特色校园文化的健康发展，必须建立科学合理的组织管理体系，强化侨性校园文化的规范与管理。为此，侨资性大学要成立专门的组织机构，明确工作职责。从凸显侨性特色校园文化的需要出发，侨资性大学应专门成立侨性校园文化建设领导小组，具体负责侨性特色校园文化的挖掘、培育、指导和组织协调活动开展。学校要因势利导、加强规范管理，加强侨性文化建设中的意识形态管理，加强侨性文化氛围管理，重视文化活动的内容与形式的设计，尊重学生的文化需求，吸引师生的共同参与。如宁波大学近年来为推进校园文化有序开展，培育侨性特色校园文化，主要从以下五方面入手：一是学校专门成立了由分管宣传工作的校领导为组长，由学校党办、校办、宣传部、地方服务处、学生处、团委等部门负责人参与的校园文化建设领导小组，下设办公室，具体负责学校特色校园文化的挖掘、培育、指导和组织协调活动开展。二是明确学校校园文化要传承浙东学术精神，弘扬"宁波帮"精神。积极推进海外"宁波帮"文化宣传与研究工程，深入解读与实践"爱国爱乡、创新创业"的"宁波帮"精神，继续开展每年一届的"宁波帮"文化节，系统总结提炼学校的"宁波帮"文化特色。加强浙东文化与"宁波帮"题材理论研究与文艺创作，进一步推进浙东学术研究和"宁波帮"名人的传记创作。三是弘扬宁大精神，凸显宁大形象。在现有校训、校标等基础上，进一步解读宁大校训与宁大精神。通过设计和确定校色、吉祥物等学校文化形象代表，将文化形象集中展示出来。通过传承弘扬大学精神和高品位文化活动，满足大学生的精神需要，促进大学生的"精神成人"。四是推进文化交流，加强文化传播。通过国际文化交流、港澳台地区的文化交流、政府企业等文化机构和校园网络等文化交流，增强校园文化的信息传播。五是加强文化管理，建设校园景观。加强学校文化建设中的意识形态管理，加强对论坛、讲座、报告会的管理。加强校园文化景观建设，设立校园文化景观建设专项经费，重点设计宁大校训的文化景点、"邓小平与包玉刚"文化景点等。

侨性特色校园文化建设是一项系统的、长期的工程，不仅要政府机

关、社会团体及民间组织共同参与，而且还要侨资性大学全体师生付出努力。侨资性大学应建立全员共建侨性特色校园文化的网络体系，各单位分工合作，协同配合，这样才能使侨资性大学的侨性校园文化得到可持续发展，在新的历史时期持续发挥重要的育人功效。

第 七 章

侨资性大学的战略规划

制定战略规划是侨资性大学建设与发展的前提，对外它是学校参与社会竞争的重要条件，是学校品牌和声誉的宣言，也是面对多元投资者的召唤和应答。对学校内部而言，战略规划主要阐明学校的战略意图，明确学校的工作重点，引领学校的办学行为，是未来学校建设和发展的蓝图，是全校师生员工共同的行动纲领，是学校各项事业发展的重要依据。侨资性大学的战略规划是关系学校发展的重大的、全局性的策划和谋略，包括战略背景、目标、重点和对策等方面。

第一节 关于战略规划的理论

对于战略规划的定义，人们有各种各样的说法。国外的研究人员一般认为战略规划是一种过程。美国学者威廉·R. 金和戴维·I. 克里兰合著的《战略规划与政策》一书中，引用了这样一个定义，即战略规划是对一个组织的总目标、这些总目标的变动、为实现这些总目标而使用的资源，以及指导获得、使用和配置这些资源的政策做出决策的一个过程。这一定义更多的是将战略规划看成一种系统性的抉择或行动。而在国内，战略规划的定义则相对狭义，一般指战略规划制定的成果及产物——战略规划的文本。

一、战略规划有关概念解析

如果按照广义的战略来看，战略规划不仅仅是静态的文本，它包含规划的制定、决策等动态环节的整个过程，因此这个意义上的战略规划的研

究就会涉及更多的概念，其中有三个概念："战略管理"、"战略方案"、
"战略决策"，它们的含义及其和战略规划的关系非常有必要在这里作一
个解析说明。

战略管理。"战略管理"和"战略"一样，在企业界应用比较广泛，
业界对战略管理概念的理解也比较一致，一般都定义为：组织为实现战略
目标，制定战略决策、实施战略方案、控制战略绩效的一个动态的管理过
程。本文的战略规划的内涵与战略管理的内涵有相重合的地方，但更侧重
于战略决策的制定、战略方案的实施这两个程序过程。

战略决策。在军事领域，战略决策是指对战争或其他全局性的重大问
题所做出的决定，也就是战争指导者的战略决心，是战争活动中主观指导
最重要的表现，通常应对战争的基本问题，如打与不打，在什么空间和时
间打，采取什么战术等做出了明确的规定。其正确与否，可以加速或延缓
战争的进程，把前进的方向引入坦途或困境。战略决策，有指导整个战争
的基本决策，还有指导某一战略阶段的决策，或就某一斗争方向或某一重
大作战行动所作的决策。这些不同的决策，解决不同范围的问题，既有总
体的，又有阶段性和各个战斗领域的，再加上具体的组织和指挥活动，构
成了对战争的全面系统的指导。从这一定义中可以看出，战略决策就是一
种抉择，并且渗透于战略的每个部分和整体之中。战略规划过程中也无处
不存在决策。威廉·R. 金和戴维·I. 克里兰在他们的《战略规划与政
策》一书中，也认为战略规划系统中应包含"决策子系统"，他们提出：
"战略规划从本质上来说就是做决策。"①

战略方案。战略方案一般可以理解为以文献形式表现的战略研究的总
成果，是一个系统的战略构想。战略方案并不是只有一个，在战略规划过
程中，可以制定若干个方案，在分析评价的基础上，选择一条最佳的行动
路线。

二、大学战略规划

大学作为一种实施高等教育的机构，其战略规划必然与高等教育发展

① ［美］威廉·R. 金、戴维·I. 克里兰：《战略规划与政策》，上海翻译出版公司 1984 年
版，第 124 页。

战略规划和教育战略规划，甚至与宏观的国家战略规划存在必然联系。大学战略规划本身也是一个系统。"一般大学战略规划可分为三个层次。即大学总体战略规划、学院战略规划、职能战略规划和系（科）战略规划"，① 三个层次的战略规划构成现代大学战略规划体系，它们之间不可分割，并相互作用。大学总体战略与学院战略和职能战略是统帅与从属的关系，各个学院和职能部门的战略计划都必须在大学总体战略的战略思想和战略目标指导下制定。因而在这里，大学总体战略是"母战略"，学院战略和职能战略是"子战略"。本章节仅研究侨资性大学的总体战略规划。

_____

① 孙浩等主编：《现代大学战略管理》，东北大学出版社 1997 年版，第 57 页。

第二节　侨资性大学战略规划的文本分析

　　战略规划文本是以文献形式表现的系统的战略构想，是战略规划前期研究的成果和后期实施的依据，是整个战略规划的核心。为研究当前侨资性大学战略规划，本章节以几所典型的侨资性大学的规划文本为分析对象，客观地描述我国侨资性大学的战略规划文本的制定情况。近期，我国大学包括侨资性大学正在启动制定新一轮的五年规划，即"十二五规划"，而本书选取的战略规划文本是前一个五年规划，即"十一五规划"的文本。从有关各校"十一五规划"的文本对比，以及分析该规划的实施情况，我们也能看出侨资性大学战略规划的现状以及还存在哪些问题。

　　一个完整的战略规划文本一般应包括"态势分析"、"战略指导思想"、"战略目标"、"发展要素"和"战略措施"五个部分。下面分别就几所典型的侨资性大学的"十一五规划"的这五个部分作一详细分析。

一、态势分析

　　大学未来的发展在很大程度上取决于现在的基础，学校在通过发展规划确定各自的发展方向时，需要明确它们的现状和需求。清醒地分析和估计现实状况，分析具备的优势和面临的挑战，对于大学战略规划极为重要。这一点侨资性大学在制定战略规划时大多已经考虑到，其规划文本均分析了学校内部的现有基础以及未来面临的机遇与挑战。

　　（一）现有基础

　　要对学校内部的现状，比如学生成绩情况、毕业生信息、教职员工专业发展、开课率、设备购置情况等，有一个准确、真实的了解。每个侨资性大学的现有基础不同，但各校分析的现有基础基本包括了以下内容：学校建校历史、自然地理环境、硬软件资源情况、规模、影响力等。其中硬软件资源被作为主体部分来进行描述，硬件资源主要是指物质资源，涉及校区、占地、校舍面积，固定资产总值、仪器设备、藏书量、网络信息技术环境等。软件资源一般包括：（1）人力资源，主要包含师资规模、结构和水平，在校生（本科生、研究生）规模和来源。（2）学科、专业建设，主要涉及学科涵盖门类、硕博士学位点、重点学科建设情况、各类科研技术平台建设情况。（3）科学研究成果，包括承担国家和地方科研课题与项目、已获国家和地方科技成果奖项、科研经费数、高级别论文发表与收录情况等。（4）学校声誉和影响力，比如学校排名情况、学生参加各级各类比赛活动的获奖情况等。

（二）面临机遇与挑战

大学的机遇主要指外部环境机遇，侨资性大学近年来面临的主要机遇有：一是高等教育深化改革的机遇。随着高等教育改革步伐的加快，高校的办学自主权将不断扩大，侨资性大学相对非侨资性大学来说，生源面广、文化更多元、办学经费来源渠道广、对外交流频繁、海内外影响大，因此，在高等教育国际化、办学主体多元化方面有着更好的发展环境，面临的机遇更大。二是地方或区域经济发展的机遇。随着长三角一体化发展规划、海峡西岸经济区发展规划和粤港澳一体化进程的加快推进，侨资性大学所处的区位优势也将更加突出。在面临新的发展机遇的同时，侨资性大学同样也面临许多新的挑战。

1. 教育经费投入不足。硬件设施与学校的发展速度和规模不相适应，滞后于学校发展的需要。资金供给与侨资性大学发展的需求不相适应，财政投入跟不上学校快速发展的需要，侨资性大学贷款普遍增加，造成了办学成本加大，财政负担过重。

2. 总体学术水平还不够高，学科专业覆盖面扩大，提升学科建设水平的任务繁重。国家级重点学科、博士点和名师偏少，高水平、标志性科研成果不多。学科之间的交叉融合与资源共享机制尚未形成，学科优势不突出、特色不鲜明。

3. 师资总量不足，教师负担过重，师资结构不尽合理，高学位教师和青年骨干教师比例偏低，少数学科和专业师资力量薄弱。师资队伍中缺少国内一流的学科带头人，具有国内先进水平的学科团队比较缺乏。

4. 规模、质量、结构之间的矛盾比较突出，规模的扩张一定程度上影响了质量的进一步提高，结构性矛盾日益突出。在高等教育大众化阶段，侨资性大学的办学质量、社会声誉和办学效益将成为发展的生命线。

5. 服务侨乡发展的能力还有待加强，侨资性大学在全面服务侨乡经济社会方面需要大力推进和深入挖潜。

6. 内部管理还不能适应学校快速发展的需要，管理人员素质和管理效率有待进一步提高。

在高等教育大发展的形势下，高校间在生源、师资、专业、学科、项目等各项资源方面的竞争空前激烈，部分侨资性大学还面临着新校区建设任务艰巨、人才培养质量有待提高、服务地方能力亟待增强等一些严峻的挑战，这些挑战给侨资性大学的发展带来了很大的压力。

二、战略指导思想

战略指导思想是战略主体在战略规划中所依据的根本指导思想。战略指导思想首先受制于战略对象所处的社会系统中占支配地位的利益与意志，因此是由占统治地位的思想体系决定的。[①] 侨资性大学作为中国社会的一类机构，也必须受到现实中国思想体系的影响。除了依据国家社会的根本指导思想外，还要符合我国当前教育方针和高等教育发展的基本理念，如加强学校内涵建设、注重人才培养质量和办学效益等。同时，作为侨资性大学，国家与社会对这类大学还有一些国家责任方面的特殊要求。

侨资性大学的指导思想比较明确，主要内容包含三方面：（一）以邓小平理论和"三个代表"重要思想为指导，认真贯彻党和国家的教育方针，全面落实科学发展观。（二）培养全面发展的社会主义建设者和接班人。（三）为地方经济建设和社会发展提供人才资源、智力支撑和知识贡献。

---

① 刘则渊:《发展战略学》，浙江教育出版社1988年版，第51页。

表 7 - 1　　　　　　　　部分侨资性大学办学战略指导思想一览

厦门大学	1. 以邓小平理论和"三个代表"重要思想为指导，全面贯彻党的十六大和全国科学技术大会精神以及党的教育方针，大力实施"科教兴国"战略和"人才强国"战略，坚持以人为本，树立全面、协调、可持续的科学发展观，贯彻"巩固、深化、提高、发展"的八字方针； 2. 推进人才培养、科学研究与社会服务三大功能的协调发展； 3. 全面提高教育质量、创新能力、办学水平和办学效益，为全面建设小康社会、建设创新型国家和实现祖国统一大业作出更大的贡献。
暨南大学	1. 以邓小平理论和"三个代表"重要思想为指导，全面落实科学发展观，认真贯彻党和国家的教育方针、侨务和港澳台事务政策及科教兴国、人才强国战略； 2. 坚持"面向海外、面向港澳台"的办学方针，牢固树立为"侨"的思想，为祖国统一大业、国家侨务工作以及全面建设小康社会作出新的贡献； 3. 紧密结合"侨校＋名校"发展目标，按照"国际化、现代化、综合化"的发展思路，培养和造就德、智、体、美等全面发展的社会主义事业建设者和接班人；培养和造就热爱中华文化、为港澳台或海外华侨华人居住地区的繁荣与发展作出积极贡献的高素质人才。
汕头大学	1. 以科学发展观、国家高等教育发展的思想为指导； 2. 培养社会主义建设者和接班人； 3. 成为地方经济和社会发展决策中的思想库，为经济建设和社会发展服务。
宁波大学	1. 以邓小平理论和"三个代表"重要思想为指导，全面贯彻党的教育方针，以科学发展观统领学校发展全局，进一步转变发展方式； 2. 坚持以内涵建设为主，提高知识创新能力； 3. 加快发展，锐意创新，提高质量，培育特色，融入地方，争创一流。
华侨大学	1. 认真贯彻落实胡锦涛总书记在全国政协十届二次会议上关于华文教育工作的重要指示，贯彻落实中共中央〔1983〕24号文件和国务院办公厅颁发的〔1984〕91号文件精神； 2. 坚持"为侨服务、传播中华文化"的办学宗旨，按照"面向海外，面向港澳台、面向海峡西岸经济区"的办学方针，贯彻"会通中外，并育德才"的办学理念； 3. 以培养和造就富有创新精神和实践能力、适应境内外经济社会发展需要的应用性人才。

资料来源：《厦门大学"十一五"规划和2021年远景规划》、《暨南大学教育事业"十一五"建设规划暨2010—2020年长期发展规划》、《汕头大学"十一五"教育事业发展规划纲要》、《华侨大学"十一五"发展规划》、《宁波大学"十一五"事业发展规划和2020年远景规划》。

有的侨资性大学，其战略指导思想体现了所在地区的特殊背景，与所在的区域（省、市）的发展战略紧密结合。例如，宁波大学地处长江三角洲经济区的南翼，长江三角洲经济区是指由江浙沪三省市中包括上海、南京、杭州、苏州、无锡、扬州、南通、镇江、湖州、宁波、绍兴、舟山、温州、嘉兴、常州等16个地级以上城市组成的区域。长三角的崛起是在珠三角之后，以浦东开发为龙头，以集体经济和私营经济为主的"苏南模式"和"温州模式"相伴随，带动整个长三角地区上了一个新台阶。未来一个时期长三角地区将是经济发展的领头羊，充当改革开放排头兵的作用不但不会减弱，反而还会进一步增强。宁波大学作为地方综合性大学，紧紧抓住了这一历史性的机遇和挑战，在制定战略规划时明确提出了要立足地方，融入地方经济社会发展，从而为把宁波大学建设为国内一流的地方综合性大学而努力奋斗。

三、战略目标

战略目标是战略规划文本的实质性内容，也是战略规划要解决的核心问题。它的确定为大学战略期内的发展指明了方向，提出了总的任务，以及今后一个战略期内所要达到的学校的性质和类型以及期望实现的影响力。侨资性大学对总目标的确定都十分重视，在文本中均有明确的表述，并将它作为核心内容和确定发展要素和战略措施的重要依据。

表 7 - 2　　　　　　　部分侨资性大学"十一五"发展战略目标一览

厦门大学	1. "十一五"奋斗目标：到 2010 年，初步建成一所世界知名的高水平研究型大学，造就一批能站在世界科学技术前沿的学术带头人、拔尖创新人才和高水平管理人才，催生一批高显示度的标志性成果，全校多数学科居国内一流水平，其中若干学科居国际先进水平； 2. 2021 年远景目标：建成太平洋西海岸的一所具有较强国际竞争能力，规模适度、质量优异、结构合理、特色鲜明的世界知名的高水平研究型大学。在此基础上，朝着世界一流大学目标继续奋进。
暨南大学	"十一五"奋斗目标：以优异成绩完成"211"工程第三期建设，学校的综合实力稳居全国高校前 50 强。进一步强化暨南大学作为"面向海外，面向港澳台"办学和传播中华文化的主要基础的地位，进一步巩固在港澳台和海外华侨华人社会的地位和影响力。深入实施"侨校 + 名校"的发展战略，为最终实现"国内外知名的高水平研究型大学"的办学目标奠定基础。
汕头大学	"十一五"奋斗目标：建设一所有特色、国际化、受人重视的现代化高等学府。奉行质量立校的办学理念，围绕长远目标，在人才培养模式、课程体系和学校管理方面初步实现国际化的基础上，进一步在国际认证、教师队伍以及留学生比例上提高国际化水平，进一步推进学校学术制度的建设和改革，最终形成我校的鲜明特色，并逐渐在国内外产生较大的影响。

续表

宁波大学	1. 2010 年总体奋斗目标：到 2010 年，我校拥有博士学位授予权，部分学科在国内具有先进水平并形成鲜明特色，学科专业结构得到进一步优化，服务型教育体系进一步完善，我校总体实力稳居省属高校前列和宁波市高等教育的领先地位，为建设国内一流的地方综合性大学、加速实现向教学研究型大学转变奠定基础，力争进入全国高等院校百强行列； 2. 2020 年远景发展目标：建成国内一流的地方综合性大学，进入全国排名前 80位。本科生规模达到 3. 5 万人，研究生特别是博士生教育快速发展，研究生与本科生比例达到 1：4 左右，学生总规模达到 5. 35 万当量学生，用地面积达到 5300亩。建成 100 个以上硕士点和 20 个以上博士点，建立若干个一级学科博士点，若干个博士后流动站；形成 20 个在国内有影响的品牌专业和特色专业；力争若干个学科成为国家级重点学科，3—4 个学科门类的排名进入全国前 50 位，若干学科的综合水平达到国内领先或先进水平。
华侨大学	"十一五"奋斗目标：坚持厦门、泉州两个校区共同发展，大力拓展海外华文教育，力争华侨大学在"十一五"期间建设成为以华文教育为特色、以工程学科为优势、办学实力显著提高、办学水平迅速提升、"一校两区"同步发展、在海内外影响进一步扩大的教学研究型综合性大学，建成中国最大的华文教育基地之一。

资料来源：《厦门大学"十一五"规划和 2021 年远景规划》、《暨南大学教育事业"十一五"建设规划暨 2010—2020 年长期发展规划》、《汕头大学"十一五"教育事业发展规划纲要》、《华侨大学"十一五"发展规划》、《宁波大学"十一五"事业发展规划和 2020 年远景规划》。

　　按照现在的通常划分方法，大学按性质可分为单科性、多科性和综合性；学校的类型包括高等专科或高等职业型、教学型、教学科研型和研究型四种类型；对学校影响力的界定通常有国际一流、国内一流、地方一流等提法。

　　从学校类型地位角度来看，厦门大学、暨南大学定位在高水平研究型大学；汕头大学定位在教学研究型综合大学；宁波大学定位在教学研究型、地方综合性大学；华侨大学定位在教学研究型综合性大学。由此可知，厦门大学和暨南大学朝高水平研究型大学迈进，汕头大学、宁波大学和华侨大学的类型目标定位是教学研究型综合大学，其中宁波大学更突出地方性。

　　从学校影响力定位来看，厦门大学要建世界知名大学；暨南大学要建国内外知名大学；汕头大学要走国际化；宁波大学要建设国内一流地方综合性大学；华侨大学要建成海内外影响较大的大学。可见，国内外有影响、一流、知名度高等是侨资性大学共同追求的目标。

四、发展要素

　　发展要素是规划文本的主体部分。大学的发展要素也是大学资源配置的重点，对于侨资性大学来说，确定发展要素就是要集中主要的人力、物力、财力解决发展中碰到的关键性问题，从而带动整个战略全局的发展，促进战略目标的实现。

表7-3　　　　　　　部分侨资性大学"十一五"期间的发展要素一览

厦门大学	1. 人才培养：到2010年，在校生总规模36000—40000人，研究生和本科生的数量之比为1：1.5，在校生中接受学历教育的留学生1000人以上； 2. 科学研究：到2010年，力争科研经费总量突破4亿元，新增2个以上国家重点实验室、3个以上教育部重点实验室、5个福建省重点实验室，新增1—2个教育部文科重点研究基地、8—10个省级高校人文社科研究基地。文科被CSSCI收录论文保持国内高校前10名，理工科被SCI等三大检索系统收录论文总数年增长不低于30%； 3. 科技成果转化和高新技术产业化：到2010年，建成1—2个国家工程实验室，3—4个国家工程研究（技术）中心，5—10个部省市级工程研究（技术）中心；力争培育3—5个学校控股或参股的高新技术企业，形成10个在国内外占有一定份额的具有自主知识产权的高新技术产品；科技产业对学校科研经费贡献率达到15%；建成国家级大学科技园，入园企业达200家以上，研究与中介机构100家以上，孵化项目300个以上； 4. 学科建设：到2010年，新增4—7个国家级重点学科，8—12个博士、硕士学位授权一级学科，10个左右一级学科进入全国前5名，所有基础学科、大部分应用类学科都具有培养博士生的能力，设有博士后科研流动站，具备开展最前沿科学研究的能力； 5. 队伍建设：到2010年，教师队伍规模5000人左右，全职教师占教职工总数的55%以上，全校师生比控制在15：1以内，具有博士学位的教师占60%以上，70%的教师具备独立地与国际同行开展学术交流的能力。全职聘用的实验、工程技术和图书资料等技术人员达1500人左右，其中80%具备本科学历，30%以上具有高级专业技术职务； 6. 学术交流："十一五"期间，学校与20—30所世界排名前100名的一流大学建立密切的交流合作关系；每个学院（研究院、重点研究机构）新增与2所以上国（境）外知名大学的相关机构或世界知名企业、跨国公司建立实质性合作交流关系。每年举办30—50次国际学术会议；大部分学院（研究院）新增若干国际科研合作项目。
暨南大学	1. 人才培养：到2010年，各类学生规模达32000人，普通高等教育的在校生达24000人，本科生和研究生数量之比为2：1，对外招生与对内招生数量之比达1：1，成教学生规模稳定在6000人。华文学院各类学生规模稳定在2000人左右； 2. 学科、专业建设与学科结构布局调整："十一五"期间，人文社科方面力争2—3个学科达到国家重点学科水平，7—8个学科达到省级重点学科水平。自然科学方面选择光电信息等6个左右的学科领域进行重点投入，若干学科达到国内一流或国际知名的水平，建设2个左右国内有影响的一流实验室等。学位点方面力争新增4—6个一级学科博士学位授权点，新增8—10个博士学位二级授权点，新增20个左右硕士学位授权点。本科专业方面优先发展10个左右适应外招生就业需要的"外向型"专业； 3. 科学研究：到2010年，科研总经费超过2亿元，年均增长率达到10%左右。人文社科方面力争增加1—2个教育部重点研究基地，增加2—3个省级基地。年均论文和著作发表数争取进入全国前25名。自然科学方面有2—4项科技成果获得国家级奖励，创建国家重点实验室，建设2—4个国家创新研究群体，3—5个广东省科研团队，10—20个校级科研团队，力争每年申请专利达50项以上； 4. 师资队伍与人事制度："十一五"期间师生比在15：1左右，两院院士达到10人，国内一流学科带头人达到20名左右，有发展前途和潜力的学术骨干达到50名左右。研究生学历的教师达到90%以上，其中博士学位的教师达50%以上，推行岗位责任制和全员聘任制； 5. 队伍交流与合作：力争每个专业每年能聘请2名外籍专家，交换学生数量逐年递增至每年60人左右。加大发展与已有合作关系的70多所大学的实质性交往。扩大国际学术交流和探索海外办学经验。

续表

汕头大学	1. 学科建设："十一五"结束时，力争获得一级学科博士授权点，争取 10 个以上二级学科博士点，力争硕士点覆盖学校所有具有本科生的学科。继续支持多学科中心的研究工作，建立交叉学科的学术平台，力争在"十一五"期间获得具有国际领先水平的应用性成果和取得一定的经济收益；搭建人文社会科学平台； 2. 人才培养与教学改革：继续深化教学改革，完善学分制教学管理体制改革，深化各个学科的课程体系和教学内容改革，深化通识教育改革，改革公共基础课程，深化教学方式方法改革，积极推进名牌专业的建设。提高国际化水平，初步实现全校性双主修制度和主副修制度。争取 2—3 个学科的课程体系得到国际认证，有 50% 以上专业课程实现全英语教学； 3. 师资队伍：为每个一级学科配备具有国际水平和国内领先水平的学科带头人，同时加强学术梯队建设。人才引进要特别注重高水平、高层次人才的引进。实行年薪制度，完善师资信息化管理系统和教师在职进修制度； 4. 科学研究：国家基金资助额度稳定进入全国高校前 100 名。被 SCI 收录的高水平科研论文数稳定进入全国高校前 50 名，授权专利数稳定进入全国高校前 100 名，争取与地方政府或主要企业共建 1 个以上科技创新基地； 5. 学位与研究生教育：在培养方式、课程体系及教学内容等方面深化改革，提高整体水平，探索建立研究生担任助教的制度，发挥其在本科教学中的作用，实行全收全奖的研究生奖学金制度。
宁波大学	1. 办学规模：本科生数量稳定在 25000 人左右，全日制研究生数量扩大到 3000人，各类留学生 400 人； 2. 学科建设与布局：办学重心下移，完善校院两级管理体制和教学科研基础组织建设，进一步整合学科、专业； 3. 本科教育：完善以学分制为主体的教学管理制度。应届毕业生就业率保持在 90% 以上。获 1—2 项国家级教学成果奖，10 项以上国家级学科竞赛奖，本科生报考研究生录取率平均达 15% 以上； 4. 研究生教育：全校各类研究生数量达到 5000 人以上。启动和建设以宁波大学为核心的宁波市研究生园区。硕士学位论"抽检"质量保持全省前列； 5. 教学建设：本科专业控制在 70 个左右；建成 20 个左右省、市级重点专业，形成 5 个省内外具有较大影响的品牌专业。建成 1—2 门国家精品课程和 20 门省级精品课程，25 部教材列为国家、省部级重点教材项目，获 1 项以上国家级优秀教材，建设 200 门能进行交互式学习的网络课程； 6. 学科建设：重点培育 10 个左右省内外较大影响和特色鲜明的一级学科，形成 12—15 个省重点和 3 个以上省"重中之重"学科；建成 1 个国家级重点实验室、3—4 个国务院部委重点实验室等，新建 3—4 个省级重点实验室等。博士学位点达到 3—5 个，硕士学位点增加到 80—90 个，一级学科硕士点 10 个以上，新增专业硕士学位点 3—4 个； 7. 科学研究：力争年新立国家级科研项目达到 30 项以上，年科研经费总数达到 1.5 亿—2 亿元，国家级科研成果奖 1—2 项，发明专利达到 30 项左右，获得省部级科研成果奖励 30 项以上； 8. 服务地方：建成 5 个以上宁波市应用型人才培养基地和 1—2 个浙江省紧缺人才培养基地，建立 10 个产学研合作教育基地，形成科技企业 6—8 家，附属医院达到三级甲等医院水平，推动科技成果转化、拥有自主知识产权和重大效益经济产品等； 9. 教师队伍：生师比控制在 16∶1，生职比控制在 11∶1。到 2010 年，教师中高级职称人员达 50%，正高级职称人员占 15%，50 岁以下正高级人员占正高级人员总数的 80%，有研究生学位的教师达 75%，博士学位者超过 40%，拥有 10 名国内著名学者，70 名在国内有较大影响的学科带头人。

华侨大学	1. 办学规模：稳定本科生规模，加大硕士生招生人数，稳步增加博士生数量。境外生增加至 10400 人，年均增长 38％。实现华侨大学成为中国最大的华文教育基地的目标； 2. 学科发展：到 2010 年，拥有 15 个博士点，85 个硕士点，70 个本科专业，20 个省部级重点学科，争取 2—3 个学科成为国家重点学科； 3. 师资队伍建设：每年补充 160 名左右教师，至 2010 年专职教师达到 1500 人左右的规模。生师比不超过 18：1。争取引进 2—3 名院士，10 名特聘教授。具有高级职称的教师占专职教师的 50％，具有研究生学位的教师占专职教师总数的 80％，其中具有博士学位的占 30％； 4. 实验、设备：建设华文教育重点实验室、专业实验室及综合开放的实验室集群等；构建基础教学实验大平台；建立实训基地；组建大型仪器测试中心，加强大型贵重精密仪器设备的使用和管理； 5. 建设厦门校区：规划新建建筑面积 364785 平方米，厦门校区按工科院校的标准进行规划和学科建设。

资料来源：《厦门大学"十一五"规划和 2021 年远景规划》、《暨南大学教育事业"十一五"建设规划暨 2010—2020 年长期发展规划》、《汕头大学"十一五"教育事业发展规划纲要》、《华侨大学"十一五"发展规划》、《宁波大学"十一五"事业发展规划和 2020 年远景规划》。

　　所谓发展要素是那些对于实现大学总体战略目标具有关键性作用的方面、环节或部分。这些方面、环节或部分可能是大学发展的优势，也可能是这所大学需要特别加强的薄弱环节。这五所侨资性大学确定发展要素的视角相对一致，基本上都是围绕着大学的人才培养、科学研究及社会服务三大功能，集中在人才培养、学科建设、科学研究、师资队伍建设等方面，这表明这些要素是侨资大学发展的核心，是他们认为实现总体战略目标的关键。可以看出，各校发展要素的确定大都围绕各自的发展战略目标来进行，但具体指标数据除了生师比等基本一致外（平均在 15：1 左右），其他指标数据鲜有一致，这主要是由于各校的发展实力不同造成的。大多数侨资性大学发展要素的确定也考虑到突出自身的特色，如华侨大学特别突出发展华文教育的重要性，宁波大学则突出了切实提高服务地方能力的重要性。

五、战略措施

　　战略措施是实现战略目标的途径、步骤、手段和方法的总和。它是战略主体对战略对象施加影响和直接作用的手段，是把战略对象从现实状态引导到期望状态的桥梁。因此战略措施在战略规划中占有重要地位。

表 7 – 4	部分侨资性大学的战略措施一览
厦门大学	1. 坚持"精英教育"的理念，实施人才培养"质量工程"，构建结构优化、质量优异的人才培养体系； 2. 加强自主创新，强化团队合作，构建交叉融合、集成发展的科研创新体系； 3. 加强技术创新和社会服务，构建产学研紧密结合的成果转化与产业化体系； 4. 坚持"以人为本"的理念，汇聚优秀人才，构建梯队合理、名师荟萃的人才支持体系； 5. 坚持"树优势、争一流、创名牌"的理念，构建优势明显、特色鲜明的学科体系； 6. 广泛开展国际和台港澳学术交流与合作，构建定位清晰、互利共赢的学术交流与合作体系； 7. 坚持"绩效管理"的理念，构建渠道广泛、高效合理的资金筹集和资源配置体系； 8. 坚持建设"和谐校园"的理念，构建功能完善、保障有利的条件支撑体系； 9. 探索建立现代大学制度，构建体制顺畅、机制灵活的现代大学管理体系。
暨南大学	1. 重点发展研究生教育，相对稳定本科生教育，适度控制成人教育，着力发展华文教育； 2. 把学科、专业建设与学科结构布局调整摆在优先建设的位置； 3. 瞄准中国乃至世界科技发展的前沿，结合侨校的特点，努力提高科研院士创新能力和整体科技实力； 4. 以学科建设为龙头、以创新团队建设为突破口加强高水平教师队伍建设；改革职称评聘制，实现全员聘任，建立优胜劣汰的用人机制； 5. 对内加强与政府、企业、高校等的合作，对外加强国际交流合作，在引智工作、学生交换及校际交流等方面取得更大突破； 6. 用新思路、新办法加强基础设施建设； 7. 加强对侨生的"忠信笃敬"的暨南精神宣传和教育；在教育、制度、监督上加大党风廉政建设；加大学术道德建设； 8. 不但要争取提高中央和地方财政的生均拨款标准，还要争取更多的专项经费拨款； 9. 坚持发挥优势、深化改革、保证重点、改善条件、提高质量和"严、法、实"的办学原则，加大"侨校 + 名校"的建设力度。
汕头大学	1. 学科建设：给少数优势学科在资金、人才引进、条件建设上予以重点支持，办出水平，形成鲜明特色； 2. 人才培养和教学改革：把学生的创新精神、创新能力、创业能力和实践能力的培养放在突出位置，按照积极鼓励、循序渐进、多方配合、潜移默化的策略改革教学方式方法； 3. 师资建设：在每个一级学科上都引进具有国际、国内知名度的学科带头人，加强学术梯队建设，做好人事改革、师资信息管理及教师进修的服务工作； 4. 科学研究：在保持科研指标平稳增长的同时，大力加强科研平台建设，组建跨学科团队建设，争取在若干基础研究、应用研究领域有重大突破； 5. 学位与研究生教育：将工作重点转移到提高研究生培养质量上来； 6. 学生工作：不断研究和创新学分制下学生教育管理模式和机制，以抓学风建设为核心，推进大学生素质拓展为主要任务； 7. 校内管理体制改革：初步确立以实现国际化为目标的教学科研管理体制基本框架；理顺行政管理体制和决策机制；初步建立具有我校特点的人事分配制度；完善后勤资源保障体系； 8. 学校价值体系和学术文化：努力构筑支撑汕大的核心价值观；为高品位的师德教风营造学术文化；开展丰富多彩的校园文化活动； 9. 党建和思政教育：推进基层组织建设；抓好党员尤其是青年党员的培养、教育和发展工作；研究、探讨新形势下高校思政教育工作的新机制。

续表

宁波大学	1. 加强创新创业教育，提高人才培养，大力开展"四大"建设，打造一批教学精品，转变教学发展方式，加快专业结构调整，扩大研究生教育规模，提高研究生培养质量，建立教学质量责任体系，创新教师教学考核机制； 2. 突出重点扶强扶优，建设优势特色学科，整合优势力量，建设高水平学科基地，加快学位点建设，提高学校办学层次，加强组织领导，创新学科建设管理机制； 3. 创新人才培养模式，构建服务型教育体系，围绕地方经济建设，增强科技开发能力，创新开放办学方式，积极推进合作办学，加强政策导向功能，建立融入地方机制； 4. 加大引进和扶持力度，汇聚高层次创新人才，完善培养培训机制，提高师资队伍质量，创新人事管理制度，激发教职员工活力，提高管理人员素质，促进队伍协调发展； 5. 优化成长发展环境，创建学生工作品牌，强化指导服务功能，构建学生成才体系，完善学生管理制度，增强自我管理能力； 6. 发扬勇于创新精神，营造良好创新氛围，继承优秀文化传统，凝练宁波大学精神，重视学科文化建设，营造浓郁学术氛围，开展文化品牌活动，优化校园成才环境； 7. 引进国外优质资源，提高办学国际化水平，继续联络港澳台，加深沟通"宁波帮"，拓展经费筹措渠道，扩大学校办学收入，争取各级政府支持，做好校园总体规划； 8. 更新管理理念，提高管理水平，深化后勤改革，改造校办产业，调整经济政策，规范财务管理，加强资产管理，建设节约型学校，推进校园建设，构建生态校园，落实安全责任，建设平安校园； 9. 推进党建思政工作，保证规划顺利实施。
华侨大学	1. 学科建设方面：要突出适应经济和海外华文教育的需要，把握世界学术科技发展的趋势，按照"合理布局、优化结构、发展重点、形成特色"的建设思路，聚集一流的教学和科研队伍； 2. 师资队伍方面：以加大优秀人才引进和培养力度为手段，以全面提高教师队伍素质为中心，选派优秀教师出国深造或从事合作研究，选派部分青年教师脱产或不脱产赴国内重点大学攻读学位，利用"高校教师国内访问学者"等渠道进修培训。加强对中青年骨干教师的培训，以实施"311人才培养工作"为重点（即培养30名中青年学科带头人，100名中青年骨干教师，100名青年教学骨干）。采用学校自培、引进人才等方式努力形成一支思想素质好、业务水平高、结构优化、人员精干、充满活力、相对稳定的师资队伍； 3. 校园建设方面：立足现有校园面积，充分发挥现有土地资源效用，适当提高标准和规划起点。对现有两个校区进行总体规划，突出重点，分期实施； 4. 实验室及设备方面：要以满足厦门、泉州两校实验教学需要，保证实验课程开出为前提。加大对学科建设的投入，重点是省重点专业、省部级重点实验室、省级重点人文社科基地建设的投入，确保学科建设的需要。加大对厦门校区数字化校园和现代教育大平台建设的力度，使以工程学科为主要办学方向的厦门校区的实验室建设达到高起点、高标准、高要求。

资料来源：《厦门大学"十一五"规划和2021年远景规划》、《暨南大学教育事业"十一五"建设规划暨2010—2020年长期发展规划》、《汕头大学"十一五"教育事业发展规划纲要》、《华侨大学"十一五"发展规划》、《宁波大学"十一五"事业发展规划和2020年远景规划》。

　　从以上比较看出，五所侨资性大学的战略措施共同提到的有人才培养、学科建设、师资建设、体制机制建设、党建思政教育等方面的具体内容。这些措施覆盖面广、操作性强，但总体感觉重点不够突出，各项措施的有机关联度、整体性、系统化还可以进一步加强。

第三节　侨资性大学战略规划的思考

侨资性大学是以海外华侨华人提供的各类资源作为重要的办学资源来创办或发展起来的一类大学，它在办学体制上，有公立高校、民办高校；在管理体制上，有教育部直属高校、国务院侨办直管高校，还有省管、市管高校；在办学层次上，有"985"高校、"211"高校，也有普通的地方高校；在治理结构上有各具特点的董事会制、党委领导下的校长负责制、校务委员会制等。它在办学功能上，除了一般高校通常具有的人才培养、科学研究、社会服务三大功能之外，还承担着传播中华文化、凝聚海外华侨华人、服务侨乡经济社会发展的独特责任。如何建设和发展好这一类大学，关键是要有一个好的战略规划作指引。综合上一节对各校"十一五"规划文本的分析说明，笔者认为应在以下几个方面加以思考。

一、要进行大学发展动因的分析

战略规划可以为大学中长期发展指明方向。和任何事物发展都离不开各种相关因素的推动一样，大学在战略规划时更需要对自身的发展动因做出科学判断与分析，进而使发展动因分析为有效的大学战略规划提供不竭动力。[①] 回顾侨资性大学的发展史，我们发现，20 世纪末是该类大学得到长足发展的历史时期。在这个时期内，社会对高等教育需求的扩大导致入学率增长是大学发展的主要动因。进入 21 世纪之后，大学发展更遇到前所未有的机遇与挑战，这使得大学在外部压力的作用下内部组织架构也发生了自主的变化，最终转化为大学发展的动因。当前，国家意志、高校行为、社会需求、市场作用等共同构成了大学发展的动因。对于侨资性大学来说，国家对学校投入政策的调整、地方政府对学校贡献度的认可与满意度、社会需求和市场作用等动因都反映在外部环境的机遇与挑战中。当前外部环境所提供的机遇表现在：国家对赋有特殊历史使命的侨资性大学仍

---

① 刘辉：《澳大利亚大学战略规划：探究与启示》，《高等教育研究》2005 年第 12 期，第 98—102 页。

然采取重点扶持的政策；地方政府、企业和人民群众等对侨资性大学的发展提出了不同的要求；海外华侨华人和港澳台同胞回国求学和创业的需求日益扩大，对侨资性大学的发展寄予厚望；经济体制改革为学校发展提供了更大的空间，学校将有更大的办学自主权和更多的融资渠道。同时，学校也面临着严峻的挑战，主要包括：海外加强了对华文教育生源的争夺；部分侨资性大学办学地理位置处于劣势、学术积累和办学实力较弱使境外生增长数量受到制约；部分侨资性大学竞争力偏弱，还不能适应创新型国家建设和人民群众对优质高等教育日益增长的迫切需求；科研水平日益成为大学办学质量和层次的检验标准；高等教育国际化等。这些大学发展的动因无时无刻不在推动大学发展，因此，动因分析势必成为侨资性大学战略规划的重要课题。

二、要科学定位以明晰发展方向

定位是大学对自身的现状、发展起点及大学在所属群体中所处位置的认识。科学定位要求大学能够运用科学的眼光去审视当前自身发展的基础性条件，为大学将来的发展提供良好的发展起点。① 对于侨资性大学来说，办学定位应在正确把握时代背景、适应侨乡经济社会发展趋势，遵循高等教育发展规律的基础上，体现出以下几方面特征：一是现实性，就是要实事求是地确定自身的办学定位，首先要客观地分析办学实际，回顾发展历程，评价优劣势所在，侨资性大学在兼容中西文化和传播中华文化，提升国家对外形象和国际认可度，增强中华民族凝聚力和促进祖国统一大业，为高等教育事业的改革发展探索道路等方面具有不可替代的优势，这一点必须认识清楚；其次既要充分考虑现实的需求，要根据自己的办学条件（人、财、物）量力而行。我国高等教育整体规模不断扩大，研究型大学、教学研究型大学、教学型大学以及高等职业院校的分工越来越明确，这更要求侨资性大学进行科学的自我定位。二是前瞻性，办学定位的确定既要基于现实，又要以发展的眼光，适度超前的办学理念，提出合理的未来发展目标。三是区域性，办学定位应保证学校的发展与区域经济社

① 刘念才、周玲：《中外大学规划：比较与借鉴》，上海交通大学出版社2007年版，第194页。

会的发展相协调，努力使学校成为侨乡经济社会发展的原动力，在区域适应性上做足做大文章。侨资性大学要始终把促进侨乡经济发展和社会和谐稳定作为战略规划的立足点和出发点，选定自己重点发展的方向，只有强化立足地方、服务侨乡的办学理念，才能形成优势，走上快速发展的强校之路。

三、要致力于几个关键的战略目标

学校发展规划过程的一个主要挑战是要把计划控制在切合实际和可管理的范围，维持和发展重点项目；学校要为重点项目提供基础，以促进项目的发展。当然，每个学校的发展重点是不可能雷同的，而且学校不同阶段的发展重点也是不同的，同时，对任何一所学校来说，资源又是有限的，不可能在一切领域、所有方面都处于领先的位置。因此，在侨资性大学的战略规划中，要勇于舍弃一些相对薄弱的领域，集中力量发展自己的强项，形成明显的优势。比如汕头大学的国际化发展战略、暨南大学的境外生培养模式改革、华侨大学的校园文化特色、宁波大学"顶天立地"的科研发展战略等，每一所侨校在不同的发展阶段都应该确立自己关键的战略目标。关键战略目标的实现需要优质的资源来保证，对于战略重点要增加资源配置，对需要限制发展的学科专业等项目则要减少资源配置，学校要通过优化资源配置来保证学校战略重点项目的有效实施。

四、要提高战略领导的能力

如果一所大学要发展，要长期持续地发展，就必须发展战略决策和管理能力。回顾中国高等教育，几乎所有最好的大学都是因为有了有力的战略领导才获得成功的，如蔡元培和北京大学，梅贻琦和清华大学，张伯苓和南开大学，竺可桢和浙江大学。在侨资性大学的办学历程中，也出现了具有高超战略领导能力的人物，如陈嘉庚之于厦门大学，包玉刚之于宁波大学，李嘉诚之于汕头大学，司徒辉之于五邑大学，吴庆星之于仰恩大学。当前侨资性大学同样需要发展战略领导能力，需要具备战略眼光、战略思维和战略勇气的战略型领导。战略眼光是指要超越眼前利益，突破经验视野，对社会需求进行全局、客观的把握，看到长远；战略思维是指从学校发展的根本利益考虑问题，善于取舍，牢牢把握学校的大方向；战略勇气是指以怀疑、批判的精神，勇于超越禁锢和守旧观念，深刻反思，果断决策，敢于创新。

五、要吸引各方各面广泛参与

学校实施目标时，光靠行政命令是不行的，必须让员工内化为行动，愿意参与并且有能力参与，这就要求学校领导应该是一个人际沟通的专家。在我们的实际工作中，要做一名成功的领导，就应该如同作者所说的那样，要把人员和组织同策略统一起来，建立他们之间的有效联系，这样，策略才变成大家共同的策略，目标才变成大家共同的目标，学校改进的愿景才有可能实现。[①] 侨资性大学在制定战略规划的过程中，往往通过召集专家教授召开座谈会、亲临二级学院进行现场办公等方式广泛征求意见，体现不同学科专业的意志。除专家外，有的还吸引不同职务的员工参与，但不同大学根据规划需要吸引员工参与的广度有所不同。笔者认为，侨资性大学可以在学校内部各层次、各类员工中挑选出一些员工参与学校战略规划。大学战略规划不只是大学自己的事情，要把学校发展所涉及的社会各界人士都视为战略规划制定的参与者，要建立外部人员参与机制，吸引侨界代表、校友、社区、企业、学生家长等参与学校战略规划，可以把规划递交给地方政府和相关部门审阅修订。侨资性大学在发展战略规划制定时应采取更加开放的态度，吸引相关利益各方的参与，这应该成为侨资性大学战略规划的一大亮点。

六、要重视规划实施的监督评价

监督和评价是战略规划中的一个重要环节，少了这一环节，战略实施就得不到保证。笔者认为，在战略实施中着重要做好以下三个方面的监督和评价：一是战略基础，看看现行战略的机会与威胁、优势与弱势等是否发生了变化？因何变化？何种变化？二是战略绩效，对预期目标与实际结果进行比较，研究在实施过程中取得的结果；三是战略修正，在基础检查与绩效衡量的基础上，做出是否持续、调整、重组或终止战略的决定。没

---

① 刘辉：《澳大利亚大学战略规划：探究与启示》，《高等教育研究》2005 年第 12 期，第 98—102 页。

有监督和评价环节，规划制定与规划实施往往脱节，侨资性大学不同程度地存在类似问题。有些学校虽有此环节，但往往停留在表面，实际经过评估对规划进行修正的很少，缺乏灵活性。要使监督和评价真正落到实处、取得效果，首先要建立和完善评估制度，其次要进行成本分析，对各单位的资源利用效率做出评价，通过以上两点来推动各级领导集中精力思考学校发展的大事，增强执行力，促进侨资性大学科学发展。

第四节　侨资性大学发展战略探析

侨资性大学即将迎来机遇与挑战并存的"十二五"时期，这是侨资性大学发展史上承前启后的重要历史时期，必须立足校情，着力创新，本着有所为有所不为的原则，针对发展中的突出矛盾与问题，进一步明确学校事业发展的战略选择。笔者以为，可以把全面实施资源获取战略、特色发展战略、治理结构优化战略作为战略抓手，抓紧落实和逐步实施，以促进侨资性大学的全面快速和可持续发展。可以采取以下发展战略：

一、资源获取战略

侨资性大学由于其在建校背景、资源渠道、发展模式等方面的特殊性，相对于非侨资性大学来说，拥有独特的侨性资源，侨性资源本身是稀缺的，不是国内其他大学所共有的，这种资源与特殊的地理环境、文化氛围和社会特性密切相关，决定了它是无法复制的资源，同时无疑也是有价值的。资源观发展战略的内涵就是重视并发展关键资源，目的是保持自身的竞争优势和独特地位，侨资性大学对侨性资源的重要性有非常深刻的体悟，在发展战略中较多地运用了资源观的理念，努力获取优质资源，推动学校持续快速发展。下面，我们以宁波大学为例作相应的介绍分析。

（一）侨资性大学在获取资源方面的实践探索

1. 增进与侨胞的感情联络，获得更多侨资资助。1991 年 9 月，包玉刚先生的不幸突然病逝，使宁大的发展一度陷入困境。在艰苦创业的同时，宁大进一步加强了与包氏家族、与众多海外"宁波帮"人士的联系，以取得他们的支持。进入新世纪以后，学校成立了发展促进委员会等专门机构用于联络热心人士，并通过他们联系更多的侨资捐赠；学校还在浙江省属高校中首家成立了基金会以加强捐赠资金的管理。校领导每年多次安排对捐赠者的走访联络，在日常工作中精心管理捐赠项目、透明呈报，在过程当中注意感恩的表达和感恩文化的培育。正是由于切实感人的不断联络，建校 20 余年，宁波大学获得了 60 多位"宁波帮"人士捐资 4 亿多元人民币，其中捐助兴建的楼群面积约 40 万多平方米，为支持学生完成学业和教师培训而捐设的奖学金、基金等经费超过 6500 万元，他们不仅在物质上给学校提供了很大帮助，而且在争取上级政府部门的政策支持方面发挥了不可替代的作用。

2. 增强服务地方能力，获取政府部门与企业资源。侨资性大学要寻求成长空间，必须充分利用自身的区域优势，在服务地方经济与社会发展中获取更多的资源。2005 年以来，宁波大学与宁波市 11 个县（市）区和宁波国家高新区签署了全面合作协议，设立了总额达 2150 万元/年的科技合作专项基金；还启动了"百名教授、博士进企业"、"百名优秀企业家、高级管理人才进校园"活动，形成了校地企之间的互动平台。近几年，随着学校"顶天立地"战略（在"立地"的过程中寻找和争取"顶天"的项目）的深入实施，每年承担国家级科研项目四五十项，"十一五"期间与企业合作获得了 5 项国家级科研奖。此外，学校还通过宁波市应用型专业人才培养基地建设、加快探索创新人才培养模式改革等，为侨乡经济社会发展培养大批优秀人才，从而获得了地方政府及社会各界的资源支持。

3. 建立校友沟通机制，开发校友回馈资源。宁波大学非常注重做好校友工作，通过常态化的校友感情联络工作，激发校友爱校热情，发动校友支持学校建设。因为办学历史较短，宁波大学的校友力量相对比较薄弱，但是校友深受"宁波帮"捐资助学的精神熏陶，非常注重对母校的"反哺"，2006 年学校建校 20 周年校庆期间，收到校友捐赠共计 2000 余万元，这一数字比很多国内其他办学历史较长的院校筹集到的校庆捐赠的总数还要多。学校也于当年正式组建了校友总会，并帮助省内外各地校友组建校友分会。经常邀请校友回校，参与学校、学院发展规划的制订、重大问题的商议决策等。诸多行为有效地加深了校友与母校的感情，为培育校友的捐赠热情打下了基础。

（二）侨资性大学资源获取战略面临的现实困境

高等教育市场的开放、人才培养规格和品质的转变，必然引发教育资源的激烈竞争，尤其是资金、人才的竞争。[1] 随着竞争的加剧，无论从外部要求还是自身发展需要，高校都要不断巩固和发展优质资源来形成特

---

[1] 刘献君：《高等学校战略管理》，人民出版社 2008 年版，第 30 页。

色、保证优势、提高竞争力。宁波大学拥有自身独特的侨资优势，但由于种种原因，目前宁波大学运用资源观发展战略正面临着现实的困境。

1. 侨性资源缺乏可持续性。资源观理论告诉我们，能够带来竞争优势的无价资源必须不能为竞争对手所轻易仿造和占有。那么因为无法复制，是不是就可以高枕无忧了呢？其实不然，优势也会成为绊脚石，因为这些资源是不可持续的。比如侨资捐助，它是侨性资源中最直接有利的部分，由于关心宁波大学发展的老一辈"宁波帮"人士陆续辞世，而其后代对学校的感情逊于第一代，他们的捐资理念由"单纯的捐赠"转向"捐赠与投资相结合"，关注教育的理念也发生了深刻变化，因此学校与侨胞联络的连续性、稳定性正经受着相当大的考验。还有生源问题，当前，全球化进程中海内外高教市场的竞争趋于白热化，华侨华人和港澳台地区高等教育已先行进入"大众化"阶段，大量生源在本地就读大学，而少量有意向到国外就读的华侨学生强烈渴求的是名牌高校的学位，再加上国家对境外招生权的逐步放开，侨资性大学招收华侨生的优势受到了强大的冲击，被逐步削弱，招收港澳台及海外华侨学生的市场无法有效打开。对于如何保持侨性资源的持续性，政府在积极倡导的背后缺乏长远的推动力，相关政策配套不到位，学校也缺少长远的考虑和应对策略。

2. 很难再挖掘新的 VRIN 资源。对于高校界的所有竞争者来说，很多发展战略都是开放的，谁都可以拿来主义，所以当我们审视一些高校的发展战略时，会发现很多大同小异的地方，这也说明真正的 VRIN 资源是不容易被找到的。侨资性大学除了那部分较为独特的侨性资源，其他发展战略最多只能构筑一道临时的篱笆，产生不了长期的竞争优势。比如服务地方的发展战略，宁波大学虽然已将此作为争取资源新的增长点，但全校各个层面面向政府、面向社会筹措办学资源的能力还不强，调动学院教师努力突破资源瓶颈的有效机制还亟待建立。又如校友资源，这个资源所有高校都有，侨资性大学在校友信息收集方面掌握有所欠缺，如宁波大学由于办学历史短，校友数量相对较少，特别对于重点校友（指在社会上有较大影响和掌握较大资产和资源的校友）做得不够理想，这其中有经费和其他方面的原因，使其没有发挥更大的作用。

（三）侨资性大学推进资源获取战略的途径与措施

侨资性大学当前依然面临办学资源十分紧张的情况，鉴此，学校更要深入实施资源观发展战略。资源观发展战略应该是一种行动导向规划，经常要问我们应当把重点和精力放在什么地方？经常要问我们现在应当如何决定经费、人力、基建和设备的使用效益问题[①]。所以，学校应该更多地考虑应付市场威胁与机遇的手段，对变化的外部环境、竞争环境、组织的优势与劣势以及发展的机遇作一个深入的思考与把握，以期利用自身已有的优势，追求更优的质量。[②] 在当前形势下，侨资性大学一方面要想方设法保证侨性资源的稳定性和延续性，不断挖掘其新的内涵和外延；另一方面必须发展资源获取能力，全面增强服务地方能力，提高配置与使用资源的能力，选择和设计自己最佳的资源获取能力的发展轨迹。

1. 大力拓展原有资源渠道。通过深入实施侨文化宣传与研究工程，巩固与老一辈华侨的感情；寻找新的契合点，推动与第二代、第三代侨胞的合作共赢；探索侨资捐赠人个体特征及捐资心理规律，比如他们中存在的一些"从众"和相互影响的痕迹，类似的经验总结应当成为募捐战略和计划制定的重要参考因素；要深入调查了解，做好捐赠导向工作，并善于抓住机会，争取在重点人士、重点项目上取得新突破。以更优质的学校品牌效应、双赢的战略合作格局吸引企业法人或经济实体的捐助；拓展海外关系，争取国际财团、基金会以及国外政府等机构的援助，大规模地筹款；校友是侨资性大学募捐"高效率"的重点方向，要不断积淀宣传学校的传统校园文化，建立与校友沟通交流的长效机制，定期向校友募资。

2. 继续争取政府扶持政策。国家和地方政府层面的支持是侨资性大学实现资源观发展战略目标的重要保证。侨资性大学要大力呼吁政府在倡导侨资捐赠的同时，更加注重从政策制度层面提供激励与保障，长远的推动侨资捐赠工作；要充分利用侨资优势，大力争取省市政府的各项支持，为学校可持续发展提供切实的资源保障；要不遗余力地争取政府发挥主导作用，加强校企合作平台建设，制定出台相关鼓励政策措施，推进校企间

---

① 乔治·凯勒：《大学战略与规划——美国高等教育管理革命》，中国海洋大学出版社2005年版，第198页。

② ［美］丹尼尔·若雷、赫伯特·谢尔曼著，周艳、赵炬明译：《从战略到变革：高校战略规划实施》，广西师范大学出版社2006年版，第183页。

双向人才的流动与互补，以推动创新高校建设与企业技术创新，从而使学校通过合作共赢获得更多的来自政府、企业和社会的源源不断的资源。

3. 加强资源配置优化管理。一方面，市场经济要求学校根据市场规则去努力获得更多的资源，另一方面也激励学校竞争和创新，以推动内部人事、教学管理等各项改革，同时实施非均衡发展战略，舍弃一些相对薄弱的领域、学科，集中发展具有相对优势的学科，以形成明显优势，这其中优化校内资源配置尤为重要。侨资性大学尤其要重视资源的合理使用，积极探索捐赠基金的投资运作，发挥捐赠款项的最大效益，特别要发挥教育发展基金会的功能，合理规避和减少香港"取消遗产税"等税制改革所带来的冲击；理顺国有资产管理体制，建立学校资源有偿使用机制，制定相应的绩效考核制度，对校内各单位资源利用的效率做出评价，实现资产保值增值和节能降耗，提高办学效益。

二、特色发展战略

特色是一所大学成长与发展的动力，是一所大学价值和理想的体现，更是一所大学的"安身立命"之本。特色大致可分为两类，第一类办学特色包括独特的办学理念、办学定位和校园文化特色等；第二类办学特色包括学校与外部环境相结合形成的办学体制、办学模式，学校内部长期摸索形成的人才培养模式、专业课程特色、学科类型特色等。办学特色对一所大学来说不可或缺，所有知名的一流大学无一例外都有自己的办学特色，对侨资性大学来说，培育自身特色也是一种发展战略，在高等教育大众化的背景下，侨资性大学要在原有的基础上取得持续健康的发展，必须要有自己独特的发展思路、目标定位以及在教学、科研、学科、校园文化等方面"人无我有，人有我优"的特色，必须走特色办学之路，以深拓自己的发展定位，进一步延伸自己的成长空间。

（一）侨资性大学在特色发展方面的实践探索

高校的办学特色是学校在长期的办学过程中积累、形成和发展的，侨资性大学由于特殊的建校背景和发展历史，通过几十年的探索积累，在办学理念、办学目标、人才培养方式、学科专业建设与科学研究、管理体制机制、教育文化价值取向等各个方面表现出一系列相对持久稳定的特性，其中比较明显的特色有：

1. 办学模式突出改革创新。侨资性大学在办学模式上形成了不同于其他高校的特色，他们是国内高校中较早进行人才培养模式改革的试验地。厦门大学和宁波大学在"大类招生、大类培养"、"双学位制"、"主辅修制"、"三学期制"等制度上进行了有益的探索，其中宁波大学基于"平台＋模块"课程结构体系改革的人才培养模式在参加教育部本科教学工作水平评估时被认定为办学特色项目。比如宁波大学形成了其特有的"把成才的选择权交给学生"的教育理念：即每一个学生结合自身不同的个体条件、人生目标和社会发展的现实需求，通过自主选择学科大类、专业、专业方向和学习进程等，来寻找适合自己的发展道路。学校教师的任务就是为学生成才的选择提供有效的指导，帮助学生学会选择；学校的任务就是为学生的选择创造更好的条件，使学生有更大的选择余地。

2. 校园文化凸显"侨"的特性。侨资性大学在长期办学实践中创造和逐步形成了一种独特的文化，既受社会大文化系统的影响，又受海外华侨华人办学理念的影响。它根植于华侨文化，华侨华人的艰苦奋斗、团结互助、爱国情怀以及对异域文化的宽容等特征，无时无刻不在以一种耳闻目濡的形式影响着生活在大学里的每一个人，从而在校园内形成了强烈的氛围。这种文化氛围大致包含了爱国爱乡、振兴中华的爱国情怀，脚踏实地、自强不息的创新精神，相互信任、团结互助的合作精神，宽容为本、和而不同的多元文化。在凝练这种具有侨性特色的校园文化方面，学校大致有两种做法，一是以传播博大精深、源远流长的中华文化为己任，如暨南大学、华侨大学，始终坚持挖掘中华传统文化中丰富的教育资源，培育华侨子女。二是以华侨华人的捐赠文化，进一步拓展人文教育资源，如宁波大学致力于打造"宁波帮"的捐赠文化，每一栋楼都有一个"宁波帮"捐资助学的故事，还开展了"宁波帮"文化研究工程，以本校的历史事实来教育学子学会感恩，懂得回馈社会。

3. 开放办学尽显侨资优势。侨资性大学多得益于改革开放政策，具有得天独厚的"侨"的背景，受到国家的重视和海内外各界的关注，因此，以"侨"的优势推动加快国际化进程，是其争取优质资源、实现新一轮快速发展的必由之路。这几年来，随着我国高等教育事业的日益发展，大学对外交流的日益扩大，侨资性大学凭借原有"侨"的优势，在国际化发展进程中取得了很大的成绩。比如暨南大学境外学生的比例逐年增长，特别承担了全国四分之一的境外侨生的培养；厦门大学与美国华盛顿大学等共建"全球八校联盟"的多边国际大学合作组织等。侨资性大学可以尝试利用侨资优势在开放办学、师资队伍建设、管理体制等方面探索改革。比如汕头大学在学校的管理体制上，引入侨资参与管理，建立了先进的大学管理体系，被称为"中国高校改革的试验田"。

（二）侨资性大学特色发展面临的问题与困难

"十一五"以来，侨资性大学的发展可以说既处在千载难逢的重要战略机遇期，又面临空前的国际、国内竞争压力。在日趋激烈的资源争夺中，侨资性大学也在尽可能地发挥自己的优势，把特色发展作为今后相当长时间内实现可持续发展的主要战略取向，但是也面临着一些困难：

1. 特色发展的动力不足。一是学校加快发展与政府投入资源相对紧缺的矛盾不能解决，导致学校各方面发展动力不足。在学校快速发展的情况下，人才引进、师资队伍建设、办学条件的提高都存在着很大的困难，对学生实行多元化的培养目标也使办学成本增加，需要国家和地方政府在政策上和资金上的支持和帮助。办学经费的短缺导致一些激励措施得不到实施，高层次人才的引进与培养得不到有效落实，对学校的发展后劲造成影响，也不利于学校发展特色的形成。二是尚未建立起与大学发展相适应的现代大学制度，管理的主动性、创造性不足。从体制上看，现在国内很多大学都有同质化发展的趋向，其办学基本上都是按照上面的规章制度来做。在国家对现在的大学缺少分类指导或者说还无法做到分类指导的情况下，侨资性大学有通过改革实现特色发展的意向，但在没有相关鼓励政策的支持下，仍缺少应有的发展动力与空间。

2. 特色发展的效果不理想。办学特色应是侨资性大学生存和发展的优势，但目前侨资性大学也存在着办学特色越来越弱化的危险，比如办学理念陈旧、学科专业雷同、师资力量薄弱和管理体制僵化等一系列在非侨资性大学中存在的问题在侨资性大学身上同样存在。在办学模式上，除了汕头大学、仰恩大学侨资参与办学的特色比较明显以外，其他几所大学侨资仅仅停留在捐资助学层面，依然是模仿老校、名校的办学模式，争办综合性、研究型大学依然是学校的中心工作。在人才培养模式上，仍然有重学术型人才培养、轻应用型人才培养的现象，人才培养目标、课程设置方案等与本地区的经济基础、产业结构对人才的需求脱节较大，这些都对学校特色发展造成了阻力。

（三）侨资性大学特色发展的途径与措施

追求办学特色，促进学校的个性化发展，是侨资性大学的战略选择。特色是竞争力，也是战斗力。在此，提出几条建设性战略供侨资性大学的决策者参考：

1. 根据不同需求打造人才培养特色。培养人才是侨资性大学服务侨乡区域经济社会发展的主渠道。为国家培养侨生，为侨乡培训各类急需人才是侨资性大学的主要任务。第一，侨资性大学在华侨生的培养模式上要更加贴近海外需要。第二，在本科教育上要形成具有特色的人才培养模式，大力倡导以"学生为本"的教育理念，在专业设置上充分体现地方对人才的需求，逐渐形成学校人才培养的特点。第三，要努力提高研究生的研究与创新能力，提高研究生教育和学位质量；通过加快专业学位建设，为地方培养所需人才。第四，要充分利用学科和师资方面的优势，大力为地方培训实用人才，提高为地方打造人才队伍的贡献度。

2. 结合地方发展打造学科建设特色。对于侨资性大学特别是年轻的侨资性大学来说，不可能在许多方面或许多学科都形成优势，学科建设不可能齐头并进，在发展过程中应采取梯度发展的战略，即在众多的学科基础上优先发展若干个与地方紧密结合的特色学科，从而对学校的整体发展起到有效的引领作用。这些学科必须围绕地方需求，凝练学科方向，在服务社会中获得学科发展的资源，在融入地方中逐渐形成学科特色和亮点，通过与地方的紧密合作，快速提高学科建设水平。特别是一些经济发达区域，经济高速发展为侨资性大学的学科建设带来了难得的机遇，侨资性大学的学科建设如果能融入地方主导产业和经济结构调整，必将加快学科特色的形成。侨资性大学的基础学科研究也可以努力探索如何与地方的需求相结合，帮助解决地方经济社会发展中的实际问题，实现科技成果的转化。

3. 弘扬侨校精神培育特色校园文化。侨资对于侨资性大学建校之初的建设发展的作用比较大，但现在物质资源的作用越来越小，而作为非物质资源，侨资对校园文化的影响却越来越明显。侨资性大学以华侨重教兴学的精神作为办学的核心理念，以此来教育学生，是凝练校园文化特色的重要途径。高校是文化传承、积累、创新的重要场所，但它自身不会自动生成文化，学校精神文化的专有性是高校难以移植的能力。因此，努力提升"侨"性特色校园文化的品位与层次，将"侨"性特色校园文化建设纳入学校发展的总体规划，是侨资性大学提升竞争力和可持续发展能力的战略途径。

4. 利用侨资优势大力推进开放办学。在当前高等教育发展的新时期，侨资性大学要制订国际化发展的战略与规划，主动搭建国际合作平台，以"双向、互利、共赢"为原则，选准方向，寻求合作交流的新领域、新模式和新渠道；积极推动国际教学合作和科研学术交流，多种方式引进教学资源，大力推进学分互认合作项目，争取更多的专业包括硕士专业建立学生交换项目或引进国外优质教学资源；着眼于开放的教育体系，探索国际合作办学新路子，引进具有国际认证的高端教育培训项目，积极参与国际教育市场竞争，扩大招收语言生的渠道，加快全英文专业和课程建设，努力扩大留学生数量。

三、治理结构优化战略

侨资性大学因侨设立，受侨支持，为侨服务，由于历史的原因走上了不同的发展道路，选择了各具特色的治理结构。面对高等教育发展的新形势，侨资性大学需要不断优化治理结构，进一步调动侨资参与办学的积极性，提高侨资性大学获取资源的能力，为侨资性大学的自主发展创造条件，也为中国高等教育体制改革探索道路。

大学是一个典型的利益相关者组织，政府、出资人、教师、学生、捐赠者、校友等都是利益相关者。有学者借鉴罗索夫斯基关于大学的利益相关者分析，提出由三类利益相关者组成的大学模型：教师、学生、出资者、政府等是大学的权威利益相关者；校友、捐赠者和立法机构是潜在的利益相关者；市民、媒体、企业界、银行等是第三层利益相关者。[①] 这是就一般意义上的大学而言。侨资性大学作为我国高校中特殊的一类，在成立和发展过程中得到了侨资的大力支持，担负有服务并凝聚华侨华人的历

---

① 胡赤弟：《高等教育中的利益相关者分析》，《教育研究》2005 年第 3 期。

史责任，侨资对侨资性大学的影响非常显著，而侨资性大学的发展对侨资也担负一定责任，并对侨资产生影响。因此，对侨资性大学而言，政府、侨资、教师、学生构成其最重要的利益相关者，其中学生因具有很大的流动性，可以与教师一同构成大学内部力量，因此侨资性大学的最重要利益相关者可以归纳为政府、侨资、大学内部。

　　侨资性大学治理结构的优化，就是政府、侨资、大学内部等最重要利益相关者参与侨资性大学决策的结构和过程的优化，关键是要解决两个问题，一是决策组织采取何种形式；二是决策权力在组织内部如何分配。先看决策组织形式的问题。在我国《高等教育法》中并没有明确规定高校的决策组织形式，也没有关于高校中哪个组织为决策组织的规定，却是将决策权力较为模糊地分散为党委的领导职责与校长行使的职权。而在我国《民办教育促进法》中规定"民办学校应当设立学校理事会、董事会或者其他形式的决策机构"，并列举了理事会、董事会行使职权的范围，同时规定"其他形式决策机构的职权参照本条规定执行"。由此我们认为，决策组织具体采取何种形式本身并不重要，关键是这个组织应当行使决策机构的职权，并且这个组织应该是多元参与的委员会组织。正如有学者指出的：在调整大学内部权力结构中，应注意进一步完善由多方人员组成的委员会制度，建立董事会、学校发展委员会等组织，广泛吸收校外人士参与，通过发挥其咨询、参谋甚至是决策的功能，形成一个广泛参与、共同协商的运作机制。[1] 再看决策权力在组织内部如何分配的问题。侨资性大学现有治理结构存在的侨资参与不够、治理主体单一、办学者权力泛化等问题，其根本原因就是决策权力在利益相关者之间的分配不科学。我们已经将侨资性大学最重要的利益相关者归纳为政府、侨资、大学内部，如何在它们之间分配决策权力？根据三角制衡的基本原理，要保证三方力量的相对均衡、相互制约，就必须建立政府、侨资、大学内部共同组成的三角结构决策组织。在这个组织中，三方的地位是平等的，作用也是相当的。只有这样，这个决策组织内部才能够做到相互制约、共同治理。

---

[1] 季诚钧：《大学属性与结构的组织学分析》，人民教育出版社 2006 年版。

附　　录

为全面深入地了解相关侨资性大学在建设与发展过程中获得的办学经验及面临的发展问题，以使本课题的研究更加全面准确、更富现实针对性，课题组专门采访了曾在相关侨资性大学中担任过领导职务或现为侨资性大学领导的五位专家，分别为厦门大学潘懋元教授、暨南大学胡军校长、汕头大学王伟廉副校长、宁波大学贺建时副书记和仰恩大学官鸣书记。五位领导专家对侨资性大学的建设与发展有着切身的体会，结合侨资性大学建设与发展的历史与现实，他们为本课题的研究提供了许多宝贵的资料也提出了许多有效的建议。在此，也对相关领导专家接受我们课题组的采访，并对本课题研究给予的帮助支持表示衷心感谢。

一、厦门大学潘懋元教授访谈

潘懋元：1920 年生，广东揭阳人，高等教育学教授，博士生导师。曾任厦门大学副校长、顾问、海外教育学院院长、国务院学位委员会教育学科评审组召集人。现任厦门大学高等教育科学研究所名誉所长、中国高等教育学会副会长、全国高等教育学研究会理事长。

问：厦门大学作为国内首家由华侨捐资设立的大学，在您看来，侨资资源对厦大的办学产生了怎样的影响？

答：侨资资源对厦门大学办学影响很大。厦大刚开始招生的时候，很多是华侨的学生；就是从全国招过来的学生，由于是侨资性大学的关系，毕业以后也有很多学生到海外去了。在 1937 年以前，可以说，是厦门大学的私立时代，侨资资源对厦门大学的办学影响很大，一切都是按照华侨的需要来进行的。那时候校主是陈嘉庚，按照他的理念来办学。1937 年改为国立大学后，那时是抗日战争时期，华侨没有钱进来，所以完全靠政府，但是华侨的办学理念对学校影响还是相当强烈的，所以许多学生毕业后还到南洋去。那时华侨资金对学校投入虽然没有了，但在思想方面和社会关系方面，厦门大学和华侨还是有相当的联系。在新中国成立之后，随着中国整个政治体制的改变，同时由于高校办学又比较统一，华侨对学校的捐资逐渐减少。在新中国成立后的相当长的时间，只有陈嘉庚及与他有关系的李光前等人，捐钱用于替厦门大学盖房子，因为在抗日战争、解放战争期间，厦大校园遭到了很大的破坏，房子比较少，而新中国成立后也是雄心勃勃想要发展。到 50 年代中期之后，就有国家投资了，因为当时有个理念，办大学主要靠国家。同时，在经费方面华侨没有再经常资助了。在基建方面，新中国成立后，50 年代以前主要是华侨出钱，后来则基本上是国家建设的，直到现在为止，现在华侨的捐资还有一些，不过不是很多了。

现在主要是华侨校友有一些捐建，但是这个比例是很低的。应该说，在新中国成立之后除了 50 年代初期，厦门大学能够很快的建设起来，华侨的力量还是很强的。到了后来，因为新中国批判资产阶级，与海外关系很紧张。在这种情况下，与华侨的关系就疏远了。"文化大革命"之后，虽然华侨又重新捐资盖房子等，但都已经不是起主要作用了。实际上，大部分仍然都是靠国家的，对于主体的建设也没有起到很大的作用。总体来说，没有像宁波大学与"宁波帮"的那种层面的关系了。

新中国成立之初，陈嘉庚作为全国政协副主席、华侨领袖，当时在南洋募集了一些资金盖了一些房子。后来，陈嘉庚的钱主要投在集美大学，因为集美大学是他办的，当时还是私立的。集美大学现在只有一个工商管理学院是与嘉庚协会合作办的，但也只是象征性的了。

到现在，厦门大学已经与其他大学没有很大的区别了。虽然，在建校之初侨资的作用是比较大的。在"文化大革命"后，邓小平曾提出有两所半华侨大学，一个是华侨大学，一个是暨南大学，还有半个厦门大学。现在，厦门大学已经与其他大学没有太大的区别了。但是，在理念上还是强调为华侨服务。当年与陈嘉庚关系密切的时候，厦门大学为了给华侨做更多的事情，成立了两个部门。一个是南洋研究所，专门用于研究南洋的政治经济，这在全国是第一个，在很长时间里都是唯一的；一个是华侨函授部，后来改为海外函授部，现在叫海外教育学院。为什么这样改名？当时，很多华侨入了所在国的国籍，而中国还不是双国籍的政策。如果你加入所在国国籍，你就自动失去中国国籍。华侨在丧失了中国国籍后，就不是华侨了，而是华人。实际上，真正具有中国国籍的华侨是很少的，因此，华侨函授部改为海外函授部。

应该说，华侨资源在历史上对厦门大学影响很大，至今在理念上面还有相当的影响。再加上与许多校友尤其是老校友，还有比较密切的关系，但是在年轻的一代，已经没有什么特别的关系了。实际上，现在厦门大学与华侨的关系还不如与台湾的关系。现在所谓的侨资性大学已经和其他的大学没有什么很大的区别了，主要在校友方面还有联系。

问：厦门大学经过长时间的办学实践，形成了自身的办学特色。在厦大办学特色的形成过程中，侨资资源发挥了哪些作用？

答：应该说，侨资对于侨资性大学早期的作用比较大，但现在的物质资源的作用已经很小了。从侨性非物质资源来说，厦门大学还是非常重视的。最近，在对厦门大学的历史与文化研究的汇报上，厦门大学把嘉庚精神作为自身的办学理念——大公无私、爱国主义正是厦大的精神所在。嘉庚精神作为办学的核心理念，以此来教育全校学生，还是有相当的影响的。

问：您作为国内高等教育著名专家，是否认同"侨资性大学"这一高校分类？

答：侨资性大学不能成为正式的分类，只能说有这方面的特殊性，有相当的资金是从华侨来的。除非是侨资私立大学，例如侨资仰恩大学——那是华侨当董事长。其他大学的分类还是应该根据全国统一的标准来进行。例如，从管理上讲，可以分为部属的、省市的、地方所属的大学；而从性质来分，可以分为研究性大学、应用型大学、职教型大学。只是说，它在资金方面有相关部分来源于侨资，与华侨的关系比较密切。例如，宁波大学至今侨资还是相当多，但主要的资金仍然还来自于浙江省和宁波市，但这种关系使得它可以更好地为自身发展服务。如果把侨资性大学作为某些学校的历史属性特点来说，那也要把侨资性大学的内涵界定清楚，是历史上的侨资性大学还是现实的。总之，侨资性可以作为一种特点，可以作为一种非物质性文化资源，但不能作为正式的一种分类。例如，我们有公办、民办之分，但不能说是"侨资办"。

问：在您看来，侨资性大学担负着哪些独特的国家责任？

答：厦门大学有台湾研究院、南洋研究院，这就是承担特别的国家责任。还有就是，来自东南亚的华侨学生比较多，比其他地方的留学生要多，而相比而言，其他地方的学生要少一些。另外，厦门大学还办了十几所孔子学院，而且也是孔子学院的南方基地，培养孔子学院的教师。就承担的责任而言：为东南亚培养教师，例如南洋研究院；建设中医部，现在属于医学院，有很多东南亚的学生来学习；厦大还培养通晓中国传统文化的学生，这些都体现了厦大的国家责任。

问：我们感觉，与侨资性大学刚成立时相比较，现在几所侨资性大学的侨性特色正在消退，您是否有同感？

答：这方面，我也有同感。厦门大学过去完全靠华侨，现在主要靠国家，华侨的作用也主要体现在历史文化上，如嘉庚精神。对于相关学校侨性特色消退的问题，第一，我们不论公办还是民办学校，华侨的资金除个别学校以外，例如珠江三角洲的一些学校、宁波大学等，在其他的大学侨资已经很少了，所起作用也不大。第二，从体制来看，在国内，现在的大学都是同性质的，其办学都是按照上面的规章制度。国家对现在的大学很少考虑到不同，或允许考虑到有所不同，这在客观上也限制了侨资性大学侨的特色发展。

问：从您的角度看，对侨资性大学今后的发展，国家应该采取什么样的帮扶政策？侨资性大学自身应该如何去做？

答：对于侨资性大学，在民国的时候捐资还很多，新中国成立后就少了，从"文化大革命"后到80年代初期还有一定比例，但是，现在的捐资是越来越少。所以，国家是不是允许侨资来投资合作办学，应该开辟这样一个通道，这样侨资就会涌进来。华侨学生入学，可以有优惠；我们学生出去也可以拿双学位等。侨资性大学要去做，但现在是动力不足。怎么做其实可以提出很多对策，例如要根据海外需要培养人才，要密切联系等，要总结现在动力不足的原因。

应该让华侨来投资办学，而不是捐资办学。可以作为一种特殊的民办学校来处理。现在一些政策僵化，例如对民办学校卡得比较紧，不少民办学校难以得到发展。

二、暨南大学胡军校长访谈

胡军，1957年生，吉林梨树人。1985年暨南大学研究生毕业。1998年任暨南大学管理学院院长，2000年任暨南大学副校长，2005年任暨南大学校长。现担任中国产业经济研究会副会长、暨南大学产业经济研究所所长、国家重点学科——产业经济学学科带头人。

问：暨大是国务院侨办直属的高校，在您看来，侨资资源对暨大的办学产生了怎样的影响？学校今后的发展如何保持侨校特色？

答：首先，我想谈谈暨南大学的办学历史。暨南大学创建于1906年，是我国历史上第一所由国家创办的华侨学府。她开创了我国华侨高等教育的先河，在中国高等教育史上有着不可替代的地位和作用。100多年来，暨南大学始终肩负着国家和民族赋予的"宏教泽而系侨情"的崇高使命，恪守"忠信笃敬"的校训，始终与国家和民族的命运紧密相连，虽三落三起，五经播迁，仍自强不息，薪火相传，现已成为我国内地最大的港澳台侨高层次人才培养基地，被誉为"华侨最高学府"。

100多年来，暨南大学备受晚清、民国和新中国三个不同历史时期历任政府的高度重视。无论光绪皇帝御准设立暨南学堂、国民党中央执行委员会专题研究暨南大学办学事宜，还是新中国中共中央、国务院专文指示重点建设暨南大学，无不体现着暨南大学在国家发展中的特殊地位和作用。

暨南大学是中央批准实行校长负责制的少数高校之一，是较早设立学校董事会的大学。学校董事会历任董事长和董事均为热心华侨教育事业的政界要员、实业巨子或教育家。如北洋政府教育总长范源濂、教育次长袁希涛、张謇；国民党政府要员陈立夫、孙科、宋子文、林森、孔祥熙等都曾担任过暨南大学董事会董事。新中国成立以后，出任暨南大学董事会董

事长的有廖承志、荣毅仁、钱伟长等国家领导人。新中国成立以来至
1991 年 6 月前，暨南大学校长均由广东省主要领导兼任，陶铸、杨康华、
梁灵光均先后兼任过暨南大学校长之职。

1983 年 6 月，中共中央、国务院专门下达《关于进一步办好暨南大
学和华侨大学的意见》（［1983］24 号），明确了暨南大学"面向海外、
面向港澳台"的办学方针，并对专业、课程设置等内容作了具体指示，
同时特别强调将暨南大学列为国家重点扶植的大学。1996 年 6 月，暨南
大学以其雄厚的办学实力跻身国家"211"工程重点大学建设行列，这是
国家侨务系统第一所，也是唯一的一所国家重点建设大学。十余年来，暨南
大学实现了跨越式发展，在本科教学、学科建设、师资队伍建设、科学
研究、办学条件等方面均取得了显著进步。

20 世纪 90 年代，全国进行高等教育体制改革、调整的时候，全国的
高校基本上都下放到地方，只有十几个部委还保留了部属院校。李岚清副
总理召集外交部、国家安全部、公安部、国务院侨办等十几个部委开会，
说高等教育管理体制必须改革，但这十几个部因为肩负着特殊的任务和使
命还必须保留部属院校，李岚清副总理特别举了国务院侨办作为一个例
子，说侨办下面的暨南大学和华侨大学还有特殊的工作和使命，不能下放
到地方。

自 1958 年以来，暨南大学一直直属国务院侨办（新中国成立初期称
为"中侨委"）领导，办学经费和人员编制由国家相关部门划拨，教学、
科研等业务接受教育部和广东省教育主管部门的指导，同时广东省在办学
经费上给予支持。学校的党建和思想政治工作等由广东省委领导。50 多
年来，在国务院侨办的正确领导下，暨南大学坚持正确的办学方向，充分
利用全国侨务系统、中国海外交流协会、中国华文教育基金会等渠道和资
源优势，通过密切与海外侨胞、侨界，以及港澳台同胞的广泛联系和接
触，为港澳台侨广育人才，加强了与华侨华人社会的联系，很好地发挥了
弘扬和传承中华文化、团结和联系广大海外侨胞、港澳台同胞的作用，为
港澳回归和保持繁荣稳定，为两岸关系的和平发展和祖国统一大业作出了
重要贡献。尤其是在华文教育事业、华侨华人研究等领域暨南大学一直保
持独特的优势和较强的实力，成为国家华文教育和华侨华人研究的重要
基地。

今后，我们将坚定不移地坚持 1983 年中央 24 号文件讲的"两个面向"即"面向海外、面向港澳台"，这个方针我们一定会坚定不移地坚持下去，坚持外向型的侨校办学特色，坚持为华侨华人，为港澳台地区培养造就人才，通过不断提高人才培养质量，通过科研强校，提升学校的综合实力，真正使暨南大学侨校的特色更加鲜明、名校的风采更加靓丽。

问：您觉得暨南大学的学生与其他学校的学生比较，最大的不同点在哪里？学校今后在强化人才培养特色方面有什么具体举措？

答：自建校起，暨南大学即面向东南亚、面向海外招生，暨南大学的前身暨南学堂最早的一批 23 名学生来自东南亚的爪哇。在百年的办学过程中，随着学校办学实力的不断增强，学校在海外的知名度和影响力不断提高。截至目前，已有 110 多个国家和地区的 20 多万名学生在暨大就读，完成学业，返回居住地，成为传播中华文化的使者。

暨南大学的重建和复办都是为了满足华侨、港澳台青年归国求学的需要。现在，暨南大学的外向型办学特色十分鲜明，学校与海外和港澳台地区的联系十分密切，在美国南加州、日本以及香港、澳门、台湾都有一大批校友，建立有校友组织，许多知名校友活跃在港澳台地区的政治、工商、文教、医疗卫生等领域，有着一定的影响，学校对港澳台学子和广大侨胞子女有较强的吸引力。

目前，暨南大学在海外设置有 30 多个招生报名点，境外学生的最大来源地是香港和澳门。在校学生来自世界五大洲 80 多个国家和地区，来自港澳台地区的学生和华侨华人学生以及境外留学生总数达 12498 人（截止 2010 年 4 月），占在校学生数量的近一半，港澳台侨学生总数多年来高居全国高校之首，占全国其他高校同类学生总和的 40% 多。来自全球各地的青年学子荟萃一堂，不同的文化在暨南园碰撞激荡，学生来源多样，形成了"爱国荣校，和而不同"的校园文化，这也是与国内其他大学最大的不同之处，也是与学校的"侨"字特色紧密相关的。

一直以来，暨南大学始终围绕培养什么人，怎样培养人这一重大问题，以本科教育为核心，革新教育方式方法，实现多层次（研究生、本科、专科、预科）、多渠道（兼读制、函授、夜校）办学，为港澳台侨社会广育英才。

在本科教育方面，我们已有的主要措施有：

1. 发挥自主招生制度的优势，为港澳台学生提供接受优质高等教育的机会

习惯上，暨南大学将内地招收的应届高中毕业生称为内招生，把海外和港澳台学生称为外招生。我校的招生采用两套体系，内地学生按照教育部规定实行第一批重点线招生；港澳台侨学生实行集自主命题自主招生、春秋两季招生、多层次预科为一体的招生制度。

2. 完善"课堂教学、校园文化、社会实践"三位一体的育人模式，全面提高人才培养质量

在人才培养方案上，外招生突出"面向世界，应用为主"的教学要求，内招生则强调"加强基础，目标上移"。在课程体系上，不断完善适应港澳学生需要的通识教育课程体系和专业教育课程体系，其中通识课程分必修课和选修课，必修课主要包括中国传统文化和爱国主义教育类课程，选修课涵盖各学科领域。专门为港澳生开设的专业课程达到 168 门，突出应用能力的培养。为满足港澳学生的学业需求，专门设置新闻学（国际新闻方向）等七个面向港澳的招生专业。另外，实行全英语教学的国际学院也以招收港澳台侨学生为主，目前开设了七个专业。

3. 实行以标准学分制为核心的教学管理制度，全面保障人才培养质量

我校建立了以"标准学分制"、本科生导师制、课堂教学质量"三重"评估制度为主体的教学管理体系，全面保障人才培养质量。另外，还从 2004 年开始实行本科学生导师制。课堂教学质量"三重"评估制度是指由校院系领导、同行专家、学生共同对每学期开设的每门课程的授课质量进行综合评估，评估结果与教师的年度工作量、职称晋升、考核评优等挂钩。

总之，暨南大学始终以提高办学质量为核心，构建起面向港澳台侨学生的人才培养体系和教学质量保障体系，赢得广泛的认同，取得良好的办学效果，得到了教育部本科评估专家组的高度评价。2007 年，暨南大学在教育部组织的本科评估中获得"优秀"的结论。我校《深化教学改革，优化培养模式，造就高素质海外和港澳台人才的探索与实践》的教改成

果获国家教学成果二等奖。30 年来，暨南大学共培养港澳台侨各级各类人才 6 万余人，为香港、澳门的顺利回归和繁荣稳定、国家侨务工作和祖国统一大业作出了特殊贡献。

目前，为进一步提高人才培养质量，我校开始对本科课程体系进行优化，并全面开展外招生人才培养模式改革，修订人才培养方案，对港澳学生的毕业就业情况进行随访、调查，目前正在筹备设立一个专门的机构，负责新入学第一年平台教育阶段外招生的教学和学生管理工作，实行分类培养，争取将内外招两类同学都培养成才。

针对港澳等外招学生人数众多，文化教育背景和需求不同，学校将专门针对外招生编写教材，分批选送骨干教师赴港澳进行教学观摩和培训，提高教师的授课技能和针对性，提高教学效果和水平，第一批 30 多名教师已在今年 5 月成行。

改革开放以来，有十几名港澳同学担任全国学联副主席。暨南学子获得"全国百篇优秀博士论文获得者"、"国家有突出贡献的优秀博士生"、"全国优秀毕业生"、"全国先进班集体"、"中国百名优秀青年志愿者"、"全国百个优秀志愿者服务先进集体"等荣誉称号，表现出暨南学子献身科学、勇于实践、报效祖国、服务社会的优良的群体气质。

在香港特别行政区，先后任香港工联会主席的李泽添、郑耀棠是我校校友。2007 年，王国兴等九位校友当选香港立法会议员和区议员，暨南大学香港新闻传媒同学会、警队同学会、社会学同学会等是各界别校友的联系纽带，团结了一大批暨南校友。

在澳门特别行政区，我校校友刘焯华 2009 年当选澳门立法会主席，特区政府公务员中有 1500 多人毕业于暨南大学，其中处级以上领导 300 多人；在第三届澳门特区立法会 29 名议员中，有 7 位暨南校友。在澳门医疗卫生界，有 75% 的医护人员毕业于暨南大学。

在台湾地区，台湾花莲县县长傅崐萁以及一批立法会议员，台北、高雄会计师公会的主要领导人和许多会员都是暨南大学的校友。另外，美国、东南亚国家的华文教育师资骨干力量也大多是我校校友。我校校友、泰国国民议会前主席、前副总理许敦茂先生这样形容暨南大学的办学成就和对海外华侨华人社会的贡献："中华文化摇篮，海外华裔明灯。"

问：暨大实行的是校董会领导下的校长负责制，在具体运行过程中，这种体制有何优势？

答：暨南大学的管理体制上有一个特点是，学校一直设立有董事会，在办学上接受学校董事会及诸位董事的指导、咨询，董事会定期召开会议，听取和审议校长工作报告、董事会工作汇报，就学校办学的重大问题进行商议，提出建议。

2008 年 11 月 15 日，暨南大学董事会第六届第一次会议召开，原全国政协副主席钱伟长继续任董事长，第六届董事会聘请校董 70 人，均为海内外热心华侨高等教育的各界知名人士以及中国内地有关部门负责人，还增设了永远名誉董事一职，聘请郑裕彤、唐翔千等 10 名年事已高、德高望重的校董担任。从董事会的组成看，香港校董 26 人，澳门校董 11 人，来自泰国、马来西亚、印尼、日本等 10 个国家的校董 12 人。

暨南大学是国内较早设立大学董事会的高校之一，早在 1922 年即设立学校董事会，由北洋政府教育部聘请黄炎培、史量才、张謇等 18 位社会名流为校董。在南京国民政府时期，由当时的教育部聘请陈立夫、孙科、宋子文、林森、吴铁城等要员为学校校董。

1958 年，暨南大学在广州重建。考虑到学校办学的特殊性，主要面向海外、面向港澳招收学生，学校决定成立董事会作为协助政府办好暨南大学的机构，聘任中央华侨事务委员会主任廖承志为董事长。暨南大学设立董事会，这在当时全国的高校中是独一无二的。经过"文化大革命"期间的停办，1978 年，暨南大学在广州正式复办。暨南大学董事会同时恢复设立，仍由廖承志担任第一届董事会董事长，1985 年，荣毅仁先生担任学校董事会董事长，1994 年，钱伟长先生担任学校董事会董事长。

回顾新中国成立后暨南大学的办学历史，学校董事会在学校办学中发挥了独特而重要作用。一是学校在发展的每一重要时期都得到董事会的大力支持和帮助。学校复办时，董事会对暨大收回校舍、筹集复办经费，在香港、澳门设立办事处，在香港设立教育基金会，恢复在香港单独招生，都发挥了重要作用。据统计，自 1978—1999 年的 22 年间，董事会向海外筹集的办学资金（包括教育基金和捐赠物资在内）近 2 亿港元，2006—2009 年底海内外热心教育的机构和个人共向学校捐赠资金超过 1 亿元人民币，其中学校校董对学校的捐助超过 2700 多万元人民币，有力地支持了学校办学。二是暨大设立董事会，改变了一般高校封闭的办学模式，对于发挥学校地处广州，毗邻港澳的地缘、人缘优势，加强学校与港澳地区、华侨华人社会的联系，加强与政府部门的沟通、协调，争取政府加大对学校办学的支持力度，起到了重要作用。

问：作为百年侨校，暨大在发挥"侨"的优势和特色方面起到了很好的示范作用，但在当前形势下，是否也面临着一些困难和问题？

答：暨南大学目前以其在海内外的影响力和独特的办学模式，对港澳台侨学子形成了巨大的集聚效应，成为许多港澳青年学子赴内地深造首选的热门高校。在我校提高了录取标准的情况下，目前报考暨南大学的港澳台学生人数平稳攀升，生源质量不断提高。但是，在学校快速发展的情况下，暨南大学在人才引进和师资队伍建设，在办学条件方面存在着很大的困难，需要国家和地方政府在政策上和资金上给予大力支持和帮助。

办学经费的短缺和办学空间的不足影响了暨南大学的长远发展。2005年以来，国家对台湾地区、港澳地区学生先后采取与内地学生相同的收费标准后，暨大这所以招收港澳台侨学生为主的"侨"校的学宿费收入每年减少约7000万元，仅此一项，近几年来学校累计出现数亿元的资金缺口。实施不同收费标准造成的学宿费差额得不到国家专项资金补贴，另外，为实现多元的培养目标而实行对学生的分类培养，需要较高的办学成本，这使暨南大学近几年在办学经费上遇到了极大的困难，严重影响了学校的建设与可持续发展。

另外，由于错失进入广州大学城的历史机遇，学校一直受到办学空间不足的严重制约，现有的校本部空间狭小，建筑和人员十分拥挤，无法为学校完成独特的办学使命、不断提高办学质量和水平提供可持续发展的办学空间。2010年，暨南大学将启动番禺新校区的征地拆迁，新校区将进入正式建设阶段，迫切需要国家给予建设资金的支持，并协调地方政府部门在建设用地拆迁过程中提供帮助。

多校区的资源整合与管理一体化问题有待进一步探索。暨南大学已建成四个校区，正在新建大学城新校区，这几个校区分布在广州、深圳、珠海三地，不仅增加了教学和管理成本，同时也加大了学校教学和管理的难度。如何有效整合各校区的资源，科学合理地对学科和院系进行布局，充分发挥各校区自身优势，加强一体化管理，保证教育教学质量，发挥更大的办学效益，是学校需要进一步解决的问题。

三、汕头大学王伟廉副校长访谈

王伟廉：1952年生，湖北武汉人，高等教育学教授，博士生导师。曾任厦门大学学位与学科建设处处长、人事处处长、教务处处长等职；2003年任汕头大学教务处处长、人力资源总监；2005年2月任汕头大学副校长。

问：在您看来，侨资资源对汕头大学办学产生了怎样的影响？

答：汕头大学的教育改革和发展得益于私人慈善机构的持续资助和支持。作为国内唯一由私人慈善基金会——李嘉诚基金会捐资建设并长期支持的公立大学，自1981年创建至今，李嘉诚先生及李嘉诚基金会给予汕头大学强大的资金支持，累计捐资已超过33亿港元。2008年10月18日，李嘉诚先生与中共中央政治局委员、中共广东省委书记汪洋同志会面时，承诺李嘉诚基金会在未来8年再捐款20亿港元，支持汕大发展。不仅如此，李嘉诚基金会还从人才引进、资源投入、校园建设等方面给予汕大无私支持，极大地促进了学校的发展。主要体现在以下方面：

凭借其丰富的海外人脉和资源网络，协助汕大构建国际网络；主要体现为"引进来"和"走出去"两方面。"引进来"主要指协助汕大引进海外高端智力资源。在李嘉诚基金会的帮助下，一批海外专家学者到校工作，充实各级学术管理岗位。例如：澳大利亚皇家内科医学院院士罗敏洁（2002年起担任医学院顾问），美国亚利桑那大学英语系主任、世界英语教师协会主席刘骏（2002—2007年担任英语语言中心主任），国际著名设计师靳埭强（2003年7月起担任长江艺术设计学院院长），香港大学新闻及传媒研究中心总监陈婉莹（2003年5月起担任长江新闻与传播学院院长），香港行政会议议员胡红玉等。2008年李嘉诚基金会还专门划拨2000万元经费，用于汕大招聘海外高层人才，取得良好效果。在李嘉诚基金会的资助下，汕大还先后邀请何大一、丘成桐、朱棣文等享誉全球的学者在校董会期间到校讲学，极大地拓宽了汕大学子的国际视野。

"走出去"主要是为汕头大学的师生员工营造了一个完善的国际交流

与合作的网络。资助学生到国际知名大学交换学习、进修、或开展实践，丰富学生的学习体验；我们还邀请哈佛大学等国际知名大学校长为汕大师生分享高等教育的前沿动态，与美国斯坦福大学、麻省理工学院等全球一流大学开展科研合作。通过这些举措，营造了国际化气息浓郁、多元开放富有活力的校园文化，也为学生参与全球竞争奠定了坚实基础。

帮助汕大营造优质育人环境。一方面，协助汕头大学推动改革和发展，为学校办学营造了优质的软环境。为学校从高起点办学，建设国际水平的优质教育提供了良好的改革平台。和其他高校相比较，汕头大学的改革举措或许是十分独特的，例如我们可以从国外聘请富有经验的教育专家学者，负责相关改革项目，并且一开始就按国际标准进行；汕大这些年来通过教育改革，取得了一些成就，都是建立在李嘉诚基金会强大的资金和智力支持，从内外两个方面为学校所创造的教育改革平台之上的。离开了李嘉诚基金会雄厚的财力支持、广泛的海外资源，以及向政府所争取的扶持性政策，汕头大学的国际化办学目标不可能实现，更不可能取得今天的成就。另一方面，协助并为汕头大学硬件环境建设提供支持。汕头大学筹办初期，李先生不仅为汕头大学基础建设捐出巨资，而且专门在香港成立汕大工作小组，对汕头大学筹建工作亲力亲为。自2001年起，李嘉诚基金会专门成立汕头大学基建项目统筹部，选派专业技术人员支持汕大基建工作；聘请世界级建筑师Herzog and de Meuron规划校园；聘请著名设计师张叔平设计改造学术交流中心；聘请"亚洲最具影响力设计大奖"得奖者陈瑞宪设计新图书馆，新图书馆营造了"知识大门"的意象，并成为知识交流和激发学生思维的独特空间，成为汕大的标志性建筑之一。

在协助汕大开展综合教育改革的过程中，以潜移默化的方式影响着汕大师生的国际化思维和行为方式，以及勇于创新的改革精神的形成。自创校以来，李嘉诚基金会一直积极协助、支持和推动汕头大学的综合教育改革，这一过程为汕大带来了国际视野和行为方式的冲击，为汕大营造了一个与国外教育思想不断碰撞的氛围和环境。可以认为，汕头大学是东西方文化和东西方教育思想不断碰撞的交汇地，并促使汕大人在潜移默化之中更新观念，形成勇于创新、立足前瞻的改革精神并付诸实践。特别在进入21世纪以来，汕头大学在人才培养，在资源、财务、人事、行政管理机制和制度方面所进行的系统改革，所取得的多项成果开国内高等教育先河。

更重要的是，李嘉诚对教育的独到见解和哲理思想已经成为汕头大学办学和人才培养的理念。学校创办伊始，李嘉诚先生即发表了《我对汕大的期望》一文，提出："要办好汕大，一定要脚踏实地，放眼世界，而不可闭门造车，自以为是，固步自封，"深刻影响着汕大的办学道路；李嘉诚先生在1999年对青年学子提出的"有志、有识、有恒、有为"的期望，已成为汕大人才培养的目标；在2002年汕大年报上发表的"什么是教育的承诺"中所表达的教育哲理已成为汕大的基本教育理念。

问：汕头大学经过长时间的办学实践，形成了自身的办学特色。现在学校具有"侨"性特点的办学特色主要有哪些？学校在强化这些特色方面有什么具体的举措？

答：汕头大学因李嘉诚基金会的支持，在学术上与海外很多国家和地区的一流大学有着密切联系，同时由于基金会业务的广泛性所涉及的海外关系，使学校受到世界更加广泛的关注，并促成了频繁的交往。这些都使学校在人才培养、学科建设、学术发展以及在学校管理的很多方面为提高国际化水平创造了天然的条件。在改革发展历程中，汕头大学围绕"中国高等教育改革试验田"的理念，逐步形成国际化、前瞻性的办学特色，主要体现在教育教学和大学制度建设两个方面。

在教育教学方面，汕头大学始终认为大学最根本的使命是培养人才。围绕培养全面发展的优秀公民的使命，汕大自2001年开始，以学分制改革为突破口，积极探索并推动多项教育改革，创新前瞻性教育教学新模式，为中国高校教育改革提供实验平台。

从2002—2004年，学校完成了从传统学年制向完全学分制转变，建设和推行了弹性学制，学生跨系、跨专业、跨年级选课，三学期制和本科生导师制等制度，为培养学生宽阔的跨学科知识基础和思维方式提供充分的个性化学习空间。学分制改革的独特性在于从"以教为主"向"以学为主"转变，允许学生按照自身学习能力，自主确定专业学习进度，培养学生责任感和人生规划能力，这对学生自身独立学习的能力是一个很大的提高。必须强调的是，外界往往认为学分制只是教学内容的更新和教学方法的改进，而实际上，汕大的学分制改革已经成为涵盖学校人才培养全过程的整体性改革，并成为全校各领域改革的突破口，已经引发了学校在人才培养模式、管理制度、资源配套、师资建设、支持服务系统方面的多项重大改革。就实际效益和影响而言，改革效应已经远远超出了教学的领域。

在营造了这样一个改革平台的基础上，汕头大学借鉴国际优秀大学的经验，在各学科专业领域探索和创新前瞻性的适合中国国情的教育教学模式，如"系统整合"医学人才培养模式、EIP-CDIO 工程人才培养模式、服务学习模式以及住宿学院制度等，力求在探索中国高校人才培养方面作出自己的贡献。

2002 年，汕大针对国内传统"老三段"医学教育的弊端，在国内高校率先推行"系统整合"培养模式，通过构建以系统整合代替以学科为主的课程体系，将临床能力培养贯穿教育全过程。这一改革成果获得了广泛的认同：接待了全国大学数百次参观学习；在教育部召开的"全国高等学校医学教育教学改革研讨会"（2004 年）上成为全国推广典范模式；获得多项省部级教学改革项目和教学成果奖新世纪高等教育教学改革工程立项（2003 年）。

2006 年，汕大针对国内传统工程教育重理论、轻工程实践和能力培养的不足之处，借鉴世界上先进工程教育的优秀经验，结合中国国情，在国内高校率先推行了以设计为导向的 EIP（Ethics-Integrity-Professionalism）- CDIO 人才培养模式。EIP-CDIO 工程教育改革实践，创造出一个引进国际优秀教育理念，并使之符合中国国情的工程教育改革成功范例。自 2006 年以来，汕大一直在引领国内工程教育改革步伐。迄今为止，学校受教育部委托，已培训全国近 150 所高校 400 多位教师；已经成为落实教育部"质量工程"的实际行动；教育部正在启动的"卓越工程师培养计划"也吸收了 CDIO 工程教育改革的理念。

"服务学习"作为一种新兴的教育模式，在美国、加拿大、新加坡、中国台湾和中国香港等国家和地区得到较为充分的推广和发展。汕大借鉴其优秀理念，在大陆高校中率先提出并推行服务学习模式，希望通过这一全新教育模式，探索中国高校教育如何培养具社会责任感的人才。目前汕大正在探索推行公益学分课程计划，将服务学习课程化，努力培养学生成为具有国际视野和民族情怀的公民。这是汕头大学独特的创新人才培养模式的举措之一。

汕大于 2008 年在大陆高校中率先成立了第一家本科四年全程住宿学院（至诚书院），这是在总结自 2003 年起率先推行的不同专业学生混住计划的基础上，深入探索高校全人教育的一项重要举措，也是汕大在探索学生培养模式的不懈努力进程中重要的一个环节。住宿学院试点（至诚书院）通过社区平台的搭建，推动大学从单纯的"专业培养"向具备社会适应能力的"全人教育"转变。我们的期望是使住宿学院制度不但在汕大能推广，更重要的是为中国其他大学建立一个可参照的学生培养模式。

在现代大学制度改革和建设方面。2001 年 5 月汕大第五届校董会第三次会议后，李嘉诚基金会和汕头大学系统地总结了建校 20 年的发展经验和教训，针对制约学校进一步发展的深层次结构问题，提出了"优质管理成就学术自由"的发展思路，启动了注重标准和过程的学术和管理改革试验计划。目前，汕大借鉴了海外优秀高校的经验，力求形成国际化、适应中国国情的现代大学制度管理机制，并在财务、人事、资源和行政管理等领域的改革方面已经取得一定成效，建立了一套优良的支持服务系统。

经过长期的办学探索，汕大已经逐步形成了以校董会为最高决策机构、以委员会为学校事务议决载体的国际化大学治理结构。汕大校董会作为最高决策机构，主要由政府部门、李嘉诚基金会、海内外专家学者、学校教师代表等代表组织，多方参与大学决策，确保了学校改革发展的前瞻性、方向性。学校初步建立决策权、执行权、监督权分立的管理体制，学校事务决策权交由以教师主导的专门委员会，职能部门只具有执行权，党委纪检部门承担监督职能，此举促使学校管理人员由管理向服务转变，有效地实现去行政化的目的。例如，汕大教师年薪制改革即专门成立学校教师聘任政策委员会和教师聘任工作委员会，负责教师聘任的决策，决策后由人事处负责执行处理。

汕大致力于推动阳光财务改革，促使财务管理公平、公正、公开，有效防止出现财务漏洞和失控现象。建立以教授为主导的预算审核机制，体现真正的以师生为本、以教学科研为导向的理念；实行刚性预算和全面审计制度，资金使用完全置于年度计划之中。学校从 2002 年开始，年度财务报表经国际会计师事务所普华永道审核，率先通过大学年报向社会公布，开国内大学先河。汕大国际化的财务管理体系和实施阳光财务改革的理念得到广东省教育财务界的认同和借鉴，并受邀在广东省高校财务处长培训班上做专题介绍。

学校于 2005 年起大力推行 ISO 认证管理改革，加速管理水平标准化，提高和实现管理、资源运转高效节约，并且成为中国内地第一家通过国际权威评审机构对学校质量和环境整体一体化认证的高校。在李嘉诚基金会的大力支持下，学校还邀请国际顾问麦肯锡公司协助学校资源管理改革，并逐步形成了学校校舍等资源运转的良性循环和可持续发展体系。

在人事管理机制上，汕大借鉴美国和加拿大等大学的经验，改革教师年薪制工资制度，抛弃传统只问数量、不论质量记工分式的管理办法，建立以质量为核心的教师学术成果的评价系统，提高了师资队伍的凝聚力和职业道德水准。此外，汕大还在试行行政教辅人员年薪制，打破以身份或职称定薪的传统分配体制，提升了整个行政系统的效率。

问：您觉得汕头大学的学生与其他学校的学生比较，最大的不同点在哪里？这种不同与"侨"的因素有多大关系？学校今后在强化人才培养特色方面有什么具体举措？

答：汕大自创校以来，始终致力于培养学生成为"有志、有识、有恒、有为"，具有国际视野和人文伦理情怀的优秀公民。迄今为止已为社会培养了近 5 万名人才，并涌现出众多优秀学子。和其他学校的学生相比，汕大学子在全球意识、国际视野、国际合作和交往能力，终身学习能力、对人文伦理的关注关怀等方面更有它自身的优势和独特之处。

汕头大学学生特点的形成和李嘉诚基金会有着密切的关系。在国际化的人才培养方面。李嘉诚基金会不仅协助汕头大学开展多项前瞻性教育教学改革并取得良好成绩，而且凭借丰富的海外资源和人脉关系，协助汕头大学架构完善而活跃的国际交流与合作体系，促使学生获得良好的国际视野和国际学术生活体验。在李嘉诚基金会大力支持下，各知名企业或知名人士在汕头大学捐款设立奖学金 62 项，设奖总金额约 770 万元，其中有"优秀学生海外进修奖学金"、"海上学府奖学金"等自主力度极大的资助项目。李嘉诚基金会特别启动境外进修资助计划，全资资助学生到境外攻读硕士学位。汕头大学是国内唯一有机会参与海上学府的学校，汕大每年都会从全校选拔学生，与来自全球的学生一起开展历时三、四个月的全球游学。汕大还大力推行与国际优秀大学的合作交换学习计划，每年都有相当数量的学生受学校资助到美国惠特曼学院、加拿大卡尔加里大学、澳大利亚墨尔本大学、日本早稻田大学等著名大学交换学习。

除此之外，汕大借助李嘉诚基金会的公益慈善项目平台，通过组织学生以义工、志愿者形式，参加李嘉诚基金会在公益慈善和社会服务方面的项目，比如宁养院、医疗扶贫等项目，公益慈善活动、学生义教、医疗扶贫等各项医疗慈善活动，帮助关怀贫困地区弱势群体，通过推行服务学习模式，将公益服务课程化等举措，促使学生形成了强烈的社会责任感和良好的奉献精神，养成了学生毕业后奉献社会的意识。

可以说，经过四年的大学经历，汕大学生的专业技能、国际化视野，为国家为社会为民众服务的理念都有很大的提升和增强。学生毕业走向社会以后，因为良好的综合素质和出色的表现，普遍得到了用人单位的广泛好评。比如拍摄奥斯卡最佳纪录短片《颍州的孩子》的杨紫烨导演，就对汕大毕业生在协助拍摄纪录片期间的表现给予了高度认可。

学生历年都取得了令人瞩目的成绩：学生在国际顶级期刊发表论文多篇；2009 年在国家级和省部级各类科技文化类比赛获得 98 个个人（团队）奖项，在 SIFE 等国际性比赛获得了诸多大奖，获得了包括全国英语演讲比赛总决赛一等奖在内的多项大奖；自 2004 年以来连续 7 年在全国英语八级考试中平均通过率 90.2%，比全国高出 36.31%；连续 7 年在全国执业医师考试保持全国前列，2009 届通过率为 79.80%，名列全国第 4名；长江新闻与传播学院学生 2008 年赴美采访实践活动受到教育部领导的公开表扬，并获得《南方周末》等媒体评选并颁发的"致敬之年度新闻专业贡献"、"影响中国年度华语传媒盛典"年度国际报道奖项。

李嘉诚先生期望汕大学子不仅能够在世界任何一个角落参与竞争，成为当地建设的栋梁，而且还要能找到"回家的路"。今后汕大将继续围绕这一人才培养理念，从大学的灵魂出发，深化教育改革，进行"全人素质"培养；探索架构"先进本科教育"科学体系，将整合思维打造为汕大教育教学的特色，促使整合思维成为所有汕大学生的行为与思维习惯，成为汕大学生不同于其他学校学生的一个显著特质；将能力和素质的培养贯穿于课内外活动和住宿学院中，促使学生获得课内外一体、多学科交叉的学习体验，培养学生良好的能力、素质和习惯。

问：在您看来，侨资性大学应该担负哪些独特的办学责任？面对国内高等教育改革与发展态势，您认为侨资性大学群体可以发挥哪些独特的作用？

答：近代爱国教育家黄炎培先生曾经指出，侨资性大学的责任主要有：继承弘扬中华民族优良传统文化；发扬爱国主义精神；加强华侨与祖国的联络、沟通、交流和合作；提高华侨教育水平；促进华侨社会经济和生产力的发展等五个方面。这样的表述在今天仍然具有时代意义，侨资性大学肩负的始终是这样一种特殊的历史使命。新时期侨资性大学应该继续发挥自身优势和独特作用，继续成为连接国内与海外的纽带，为高等教育改革发展提供更多有益借鉴的经验，为国家教育事业作出更大贡献。

当前，我们的社会已经进入全球化时代，世界处于加速发展之中，国内经济社会也同步快速发展。在中国经济、综合国力腾飞之时，社会变革和持续发展的需求给予高等教育前所未有的关注和机遇，与此同时，伴随而来的是全球化经济所带来的教育理念、教育体制、人才培养、学术服务等方面的激烈挑战。因此，作为中国高等教育一个独特的组成部分，侨资性大学有责任继续发挥自身办学优势，以自身的改革探索带动高等教育的改革发展，为中国高等教育的改革创新和可持续发展闯出一条可资借鉴的道路。侨资性大学具备体制、资源及政策等方面的优势，在教育改革探索中更能推陈出新，发挥教育改革创新示范作用，推动中国高等教育的可持续创新发展。

汕头大学一直秉承"中国高等教育改革的试验田"这一定位，在大学治理结构、管理机制、教育教学等方面开展前瞻性改革探索，并取得一定成效，为国内高等教育提供了有益的探索经验。2009年，广东省将汕头大学列为自主办学综合改革试点单位，支持汕头大学建设成为国内先进国际知名的高水平大学，为广东培养出一批具有国际视野、国际竞争意识和国际竞争力的人才，为广东省乃至全国高等教育改革提供可资借鉴的成功经验。

在新的时期，包括汕大在内的侨资性大学应该认真总结办学经验，进一步加快改革步伐，更新教育理念，创新优化高校管理机制和办学模式，这既是全球化时代人才竞争态势的需要，也是高等教育改革的时代必然。

四、宁波大学贺建时副书记访谈

贺建时：1944 年生，上海人，宁波大学建设和发展的亲历者。曾担任宁波大学党办主任、党委副书记、党委书记。1996 年，宁波大学、宁波师范学院、浙江水产学院宁波分院三校合并后，任主持工作的校党委副书记。（当时宁波大学党委书记由宁波市委副书记兼任）

问：宁波大学是一所年轻的侨资性大学，在您看来，侨资资源对宁波大学的办学产生了怎样的影响？

答：宁波大学是国家改革开放的产物。1984 年初，中央决定开放包括宁波在内的 14 个沿海港口城市；不久邓小平同志又明确指示"把全世界的'宁波帮'都动员起来建设宁波"。这些进一步扩大开放的举措极大地鼓舞了宁波在海外的侨胞。宁波人历来有外出创业，然后回馈家乡捐资助学的传统。正是在这样的背景之下，1984 年 10 月包玉刚先生回到阔别 40 余年的家乡宁波考察访问，并决定捐资创办宁波大学。在此后的 20 多年的发展过程中，包氏家族和众多海外"宁波帮"人士对学校的建设和发展给予了多方面的支持和帮助，他们对宁大办学所产生的影响和所起的作用是巨大的，我想主要有这么几个方面：

一是海外"宁波帮"人士在硬件建设上给予宁大很大的支持，为学校高起点办学、高速度发展提供了重要条件。包玉刚先生在世时，总共捐资 2000 万美元，使学校完成了第一期校舍建设工程。1991 年秋包玉刚先生逝世之后，学校的发展一度陷入困境。经过长达数年锲而不舍的努力，以香港荣华纺织有限公司董事长赵安中先生为首，包括邵逸夫、李达三、曹光彪等一大批著名的海外"宁波帮"人士纷纷慷慨解囊，捐资助建了一大批学校发展急需的基础设施，极大地改善了学校的教学科研环境。迄今，已有近 60 位"宁波帮"人士先后捐赠逾 4.5 亿元人民币，其中最大的一部分是固定资产的捐赠，主要是教学、科研和师生生活用房，完成的建筑面积约为 30 万平方米。此外，还为学校捐赠图书资料和教学仪器设备，建设医疗中心、国际交流中心、教工活动中心、学生活动中心、教师公寓楼和学生宿舍楼、杏琴园公园等一批师生生活和休闲设施，为教职工解除了后顾之忧。

二是捐设各种基金和奖学金，积极推进学校的师资队伍建设和其他各项改革。如包氏四姐妹捐助的奖教金、包玉刚先生的长女包陪庆女士先后捐设的"包陪庆加拿大麦吉尔大学奖学金"和"包玉刚讲座教授基金"；王宽诚先生儿媳孙弘斐女士捐设的"王宽诚育才奖基金"和"王宽诚幸福基金"；赵安中先生及其儿子赵亨文捐设的"杏琴园教育基金"和配合学校人事分配制度改革而实施的"荣华学者奖励计划"；曹光彪先生儿子曹其镛捐设的"徐望月教师奖励基金"等，在资助中青年骨干教师赴国外著名大学进修深造、攻读学位，参加国际学术会议，帮助学校加大对优秀人才的引进力度，激励教师更好地投入教书育人和科技创新，推进学校的人事分配改革和进行办学体制改革的探索等方面发挥了重要作用。

三是为学校寻求多方面的政策支持。宁波大学建校之初，由于包玉刚先生的建议，中央决定对宁波大学实施"由国家教育委员会和浙江省双重领导，以浙江省为主，宁波市要为建设和办好大学提供各方面的服务和保证"的新的高校管理体制。此后，在学校的发展过程中，无论是在"三校合并"、创办省内首家国有民办二级学院，还是在申硕、接受教育部本科教学水平评估、申博的关键时刻，他们都尽力提供各种支持和帮助，并通过各种途径向国家领导、上级政府和有关部门寻求对宁波大学的政策扶持，使学校在规模发展、办学层次提升、教育质量提高等方面不断取得进步。

四是"爱国爱乡，创新创业"的"宁波帮"精神成为学校巨大而宝贵的精神财富。对于办学历史很短的宁波大学来说，"宁波帮"精神业已成为一个独特的办学优势。建校以来，每年都有大批的海外"宁波帮"人士来校访问，他们各自的创业史，以及他们对学校的厚爱和期望、关心和建议，常常蕴含着对于办什么样的大学和如何办学的真知灼见，从而为学校形成有时代特征和有特色的办学理念、办学思路提供了丰富的思想营养，学校各个阶段的办学目标定位、学校发展的类型定位、以质取胜的发展战略，以及"学生为本"的教育理念等在很大程度上受到了包括包玉刚先生在内的老一辈"宁波帮"思想的启迪和影响。"宁波帮"精神对学校营造自己独特的校园文化影响作用更是不可忽视。"宁波帮"人士思想品质的核心内容包含"爱国爱乡，造福桑梓"的奉献精神，"诚实守信，信誉至上"的诚信精神，"事在人为，自强不息"的创业精神，"坚韧不拔、事事求新"的进取精神。随着岁月的推移，"宁波帮"精神已经积淀成为宁大校园文化的一大特色，成为培养和教育在校大学生的一门生动的课程。"宁波帮"倾情宁大不仅仅是盖一幢楼或建一个实验室，而是心系祖国和家乡、情系宁波大学的无私奉献。许多宁大学子在毕业后，选择在母校设立各种奖助学金以回馈母校的栽培，就是这种精神极好的传承和发扬。

问：学校在吸引侨资方面有什么样的经验和体会？

答："宁波帮"之所以对宁波大学这么关心支持，其原因是多方面的：有中央、省、市领导的关心和支持这个重要条件，有"宁波帮"人士爱国爱乡的赤子情怀及其对于教育事业重要性深刻感悟这个重要内因，有宁波大学所在区域经济社会快速发展极大地振奋了海外"宁波帮"人士、对其产生了巨大吸引力这个重要因素，当然，也有学校历届领导自身努力这样一个必不可少的原因。我们的主要体会是：

一是锲而不舍，亲力亲为，是取得工作成效的关键。建校以来，学校对于海外"宁波帮"人士的工作，除了职能部门和分管领导以外，许多事情常常是主要领导亲自动手，直接参与，并且要花费许多精力用心去做。1988年底，第二任校长朱自强教授到任后，虽然包玉刚先生捐资的第一期校舍建设工程已经完工，但学校仍然面临着许多困难和问题，为了让包玉刚先生了解他的捐资所产生的初步成效，以及学校发展急需解决的问题，朱自强校长从1988年底至1990年先后给包先生写了12封信，及时报告情况、沟通信息，由此促成了包玉刚1989年10月的来校访问和1990年、1991年学校领导两次组团赴香港访问，当面听取包先生的意见和建议，也促成了包先生对学校体育中心、图书馆，以及教师奖励基金等多项捐赠。可以想见，如果不是朱自强校长锲而不舍地加强与包先生的联系和沟通，事情恐怕不会有后来这样的结果。1991年9月，包玉刚先生病逝，刚起步不久的宁波大学陷入了发展经费无着落的困境。包陪庆女士当时表示，他们会继续关心宁大，但一所大学的发展绝不能仅仅依靠一个家族，要求学校做好海外其他"宁波帮"人士的工作。而旅居海外的

"宁波帮"人士，虽然他们中的许多人曾经来校访问过，但由于包玉刚先生的名声太大，许多人对于捐资宁大抱有顾虑，成为这项工作一个很大的瓶颈。对此，学校领导不气馁、不放弃，差不多经过近五年锲而不舍的努力，僵局才被打破，从而开启了包氏家族和众多海外"宁波帮"人士共同支持宁波大学建设和发展的新时期，也就是所谓的"后包玉刚时代"。在这里，许多重要人士的工作都是学校主要领导亲自去做的。可见，做海外侨胞的工作，学校主要领导锲而不舍、亲力亲为很重要，否则很难有大的突破。

二是不断拓展、关注传承，是工作得以持续开展的重要环节。宁大一开始由包玉刚先生一人捐资，与此同时，包先生就提出，他只是为宁波大学开一个头，希望爱国爱乡而有能力的宁波籍企业家和学者鼎力协助，共襄此举，对宁波大学的建设作出更大的贡献。学校领导当时就意识到，宁波大学作为一所由侨资兴办的大学，从长远的发展来看，确实必须从包玉刚先生一个人扩展到整个包氏家族，从一个家族再扩展到整个海外"宁波帮"群体；由于第一代"宁波帮"人士大都年事已高，因而做好第二代、第三代的工作，完成由第一代向第二、三代的传承也是必然的趋势。为此，从建校之初起，校领导就重视建立与众多海外"宁波帮"人士的联系；在包玉刚先生去世后，学校进一步加强了对包氏家族和其他海外"宁波帮"人士的密切联系；在众多"宁波帮"人士捐资助建宁大的新局面形成后，学校又十分重视做好海外"宁波帮"第二、三代的工作。现在看来，工作对象的拓展和延续是十分必要的，否则不会有现在这样的局面。随着时间的推移，海外"宁波帮"中的第二、三代越来越成为我们的工作重点，虽然还有相当的工作难度，但由于我们已经有了一定的工作基础，包玉刚先生的长女包陪庆、王宽诚先生的儿媳孙弘斐、孙子王凯彦、孙女王绛彦、赵安中先生的三公子赵亨文、朱绣山先生的长公子朱英龙、曹光彪先生的长公子曹其镛、顾国华先生的公子顾建纲等"宁波帮"第二、三代，已经有了很深的"宁大情结"，并给学校以很大的帮助和支持，只要我们坚持去做，这项工作一定可以持续地进行下去。

三是抢抓机遇，加快发展，是做好工作的重要基础。在学校发展的24年中，历届领导班子坚持一切从实际出发，实事求是，坚持解放思想，更新观念，抢抓机遇，开拓进取，从而推动学校不断深化改革，加快发展。这无疑成为做好海外"宁波帮"人士工作的重要基础。对于海外侨胞来说，他们捐资助学，并不求任何回报，唯一的愿望是学校能够不断发展，办出成绩，办出水平。正因为如此，学校历届领导始终有一种抢抓机遇、加快发展的强烈责任感和使命感。建校之初，学校按照创建"新型综合性大学"的办学构想，实施了一系列教学改革措施，在浙江大学、复旦大学、中国科技大学、北京大学和原杭州大学五所高校的帮助下，高起点起步，在第一个教学循环期间（1986—1990 年）就取得了显著的成效。1990 年以后，学校的发展一度陷入困境，但是学校上下团结一心，知难而进，迅速调整工作思路，重视加强内涵建设，积极寻求发展机遇，推进学校各方面的建设，经过四五年的努力，终于在加强教学基础建设、列入第一批招生院校、与宁波市有关部门、企业联合办学、争取"宁波帮"捐资助学、实施中外合作办学、通过本科教学合格评估等方面先后取得突破，使学校逐渐走出发展低谷。1996 年以后，学校进入"三校合并"和快速发展阶段，在认真实施"三校合并、省市共建"的高校管理体制改革、创办国有民办二级学院的办学体制改革、以人事分配制度改革为核心的校内管理体制改革，以及以改革人才培养模式为主要内容的教学改革的同时，先后在取得硕士和博士学位授予权、列入浙江省重点建设高校、以优秀成绩通过教育部本科教学水平评估、获得多项国家科技进步奖和教育部自然科学一等奖，以及在融入地方、服务地方等方面，取得重大进展。20 多年来，无论是顺境还是困境，学校始终没有停下前进的脚步。海外"宁波帮"人士每年都要来宁大访问，每年他们也都会看到学校的新进展和新变化。年年有进步，年年有提高，年年有喜讯，所有这些极大地鼓舞了旅居香港、台湾的宁波籍同胞和海外侨胞，使他们备感欣慰，成为他们慷慨解囊、捐资助学、不断为宁大的发展奔走呼号的强大动力。

　　四是真诚相待，建立互信，是取得工作成效的重要桥梁。多年以来，学校领导充分尊重"宁波帮"人士的个人意愿，十分重视与他们的感情交流，与他们结下了深厚情谊。"宁波帮"人士个人财力有大有小，捐赠有先有后，金额有多有少，但是学校对他们真诚相待，一视同仁。对于每个捐赠项目，学校都精心制订工作计划，及时拿出详细的规划方案，对项目的建设和管理认真实施、严格要求。对"宁波帮"人士的每次来访接待，学校领导更是细致入微，热情周到。此外，学校每年总要通过多种方式与海外"宁波帮"人士保持联系，向他们通报学校发展的最新情况，听取他们的意见和建议。正因为如此，"宁波帮"人士每次来甬都要到学校来访问，把学校当作他们在故乡的家，并与多位校领导结为至交，彼此信任，相互尊重，以诚相待，亲如家人。有许多事情在一段时间里，不一定能看到明显的成效，但是一旦感情的纽带建立起来了，常常会带来意想不到的收获。从 1993 年起，宁大与台北市宁波同乡会一起开展了甬台两地大学生的交流互访活动，迄今已持续进行了 17 年。正是这项持续开展的大学生交流互访活动，使学校与台北市宁波同乡会理事长王雄夫先生等建立了深厚情谊，并由此结识了一大批旅居台湾的宁波籍乡亲，与台湾的多所高校建立了校际合作关系，聘请了多位台湾著名教授为宁大的客座教授，同时也得到了旅台宁波乡亲的多项捐赠和多方面的支持帮助。总之，感情的纽带建立起来了，这既是我们的工作目标，也是我们工作取得成效的重要桥梁。

问：大学的特色总是在岁月磨砺中渐渐形成的，宁波大学办学时间不长，但也逐步形成了自身的办学特色，这其中"侨"的影响是明显的。在您看来，宁波大学具有"侨"性特点的特色主要有哪些？

答：宁大"宁波帮"的影响在空间上是无处不在的，在时间上也将不断延续。至于"侨"的特色，我想更多的还是体现在我们的学生培养和学校的整个文化氛围当中。包玉刚先生给予宁大的是什么？一是 2000 万美元的捐赠，使宁波大学得以创建，让宁波人圆了百年的大学之梦。二是提出"要把宁波大学办成一所完整和先进的学府，跻身于全国和国际名校之列"这样一个长远的奋斗目标。三是他的"爱国爱乡，造福桑梓"的崇高精神和"事在人为"的殷殷嘱托。包玉刚先生在世时，对学校事务从不干预，但他的宝贵的捐赠、他提出的办学目标和他留下的精神财富，足以长时间地影响学校的方方面面。宁波大学作为国内几所侨资性大学之一，在获得物质资助的总量上可能不是最多的，至少没有像李嘉诚先生对汕头大学的资助那么大，但是宁波大学有一个特点，她是吃着"宁波帮"的百家饭长大的，在发展过程中，先后得到 60 多位海外"宁波帮"人士给学校的资助和支持，这是一个群体的奉献，这个影响力和感染力也是无可比拟的。他们中有商界巨子、社会名流，也有节衣缩食、勤俭起家的商界和企业界的成功人士。他们情系宁大，满怀赤子之心，他们各自的创业故事和他们对家乡的挚爱，远不是钱物所能衡量，而是给予了我们一笔巨大的精神财富，这笔财富是宝贵的，也是丰厚的。

正因为如此，学校高度重视"宁波帮"捐赠文化的思想内涵和潜在价值，经常以此教育全校师生员工。学校办学和学生创业，所遇困难和挫折常常难以避免，如果没有一种文化、没有一种精神，没有一种传统，就不可能持续发展和取得成功。为此，学校注重发挥"宁波帮"精神的导向与育人的功能，积极筹建并组织新生参观包玉刚陈列室、赵安中厚望阁、汤于翰至真楼医学画廊和锦绣学生活动中心《乡情润学子，血脉连故根》甬台交流回顾摄影展等。同时注重有关校史资料的积累，先后组织人员开展课题研究，组织编写了《宁波帮与宁波大学》、《宁波帮大辞典》，以及"宁波帮"的人物传记，开设《宁波帮与宁波大学》专题讲座和有关的选修课，以弘扬"宁波帮"造福桑梓的奉献精神、艰苦奋斗的创业精神和坚韧不拔的进取精神，从而来建设和培育宁波大学独具特色的校园文化。

2006 年，学校又启动了海外"宁波帮"文化宣传与研究工程，一大批有关"宁波帮"的宣传项目和研究课题得到有力的推进，全校一年一度的"宁波帮"文化节已连续举行了三届，许多研究成果已陆续面世。经过多年的积淀，学校的大楼在述说"宁波帮"的故事，学校话剧社的演出在展现"宁波帮"的《风雨半生路》（系宁大学生原创话剧），由本校教师撰写的《宁波帮志·教育卷》和《宁波帮志·科技卷》已由中国社会科学出版社出版，由我校谭朝炎教授创作的以"宁波帮"为题材的长篇小说《上海绅士》也已由人民文学出版社正式出版。校园里各种相关的活动集成了"宁波帮"文化套餐，感动着和陶冶着一批又一批宁波大学的学生。我们有一位毕业生曾深有感触地说道，"在宁大的四年岁月虽然短暂，但'宁波帮'精神给我们的感染却是长远的，它刻在我的脑海里，流在我的血管里，在今后的工作、学习和生活中将持续激励我去追求成功"。一位大一新生在听课笔记中写道："感谢学校为我们提供丰富的'宁波帮'精神食粮，让我有更多的机会对'宁波帮'爱国爱乡、创新创业的精神作更深入的了解，对这个文化宝藏作更深入的挖掘"。虽然宁波大学的办学历史比较短，校友的规模还不大，但由于他们在大学的四年时光里深受"宁波帮"捐资助学精神的熏陶，创新创业成为他们身上的重要基因，"反哺"母校成为他们回馈社会的首选。自2006年建校20周年校庆迄今，短短四年时间，校友协议捐赠款物总值达到2171.34万元。除了捐钱捐物，许多校友还走进校园为学弟学妹们的实习、就业搭建平台，走上讲台为在校学生讲述他们的创业故事。所有这些行动的重要动力无疑是来自于"宁波帮""爱国爱乡，创新创业"精神给予他们的教育。我相信，随着学校继续充分发挥"侨"的优势，进一步培育具有自身特色的校园文化，在各方面的关心和支持下，一定会朝着"宁波帮"人士所期望的办学目标努力奋进。

五、仰恩大学官鸣书记访谈

官鸣，1941年4月生，福建长汀人，教授。曾任厦门大学自然辩证法研究室主任，厦门大学统战部部长。1999年10月支援建设仰恩大学。相继担任常务副校长、代校长、校长。2002年成立党委兼任书记，2004年因病回厦大，病愈后回仰恩大学任副校长兼任书记，2009年9月卸任。

问：官书记，您好。您在仰恩大学工作近10年，想先请您谈谈仰恩大学的发展历程。

答：我是1999年10月份到仰恩大学的。仰恩大学1987年建校（1986年开建，17个月基本建成），1988年招生。当时没有私立大学的概念，于是实行由福建省教育委员会和华侨大学联合办学，共同管理的管理体制，定名为华侨大学仰恩学院。由于吴庆星先生从事饲料业，于是在初创仰恩时，倡导建设了动物学专业。教师、管理都由华侨大学负责，吴先生（仰恩基金会）提供资金支持。此后几年，吴庆星先生对仰恩学院的办学并不是十分满意，与其理想中的大学还有很大差距。20世纪80年代末、90年代初，原国家教委主任朱开轩同志对仰恩大学的改制很关心，亲自动员吴庆星先生独资办学，把仰恩大学办成一所作为国家教育改革试点的私立大学。1992年，福建省教委根据国家教委的有关精神，接管学校并改制成独立办学的仰恩大学。体制为"由吴庆星先生捐资兴建，国家办学，福建省人民政府领导"。在这之后，特别是邓小平南巡讲话以后，国家教委计划搞两个私立大学的试点，一个是李嘉诚的汕头大学，一个就是吴庆星的仰恩大学。后来，李嘉诚没有接受。朱庆轩多次来到仰恩大学指导、动员，省里领导也来动员，吴庆星接受了。吴先生当时的条件是：原有除外贸英语专业以外，所有教师（大专层次的）都撤并到其他大学，动物科学专业并到福建省农学院（现福建农业大学），土木建筑专业并到福州大学。专业力量和师资重新招聘，国家教委答应给予全国首家私立大学改革试点学校师资聘任自主权。（改革出于吴庆星先生的大学设想和办学理念，国家也希望有一所本科私立大学的试点），从1994年开始建设新仰恩大学，升格为本科院校。

之后，学校领导层变动频繁，特别是校领导，对于学校发展产生一定影响，当时朱开轩建议仰恩大学向厦门大学寻求对口扶持建设。吴庆星也亲自到厦大找厦大校长、书记商谈对口事宜，请求派厦大领导支援建设仰恩大学。当时，厦大领导就动员我和物理系退休教授易阳正（音）支援仰恩。当时我还是不太愿意。因为当时没退休，所在的哲学系刚合并为科技哲学系，正在申报博士点，我是学科带头人。但经过领导动员和吴先生的盛情邀请，后来还是去了。1999年10月份去了仰恩大学。相继担任常务副校长、代校长、校长。2002年成立党委兼任书记，2004年因病回厦大，厦大原校长陈传鸿去仰恩大学出任校长。我后来病愈后回仰恩大学担任副校长兼任书记，后来担任副校长。

问：仰恩大学的历史与创办者吴庆星先生密不可分。您能介绍一下吴庆星先生及其兴办仰恩大学的有关情况吗？

答：仰恩大学的诞生是创办者吴庆星先生爱乡情怀的体现和结晶。举办者吴庆星（1935年出生）缅甸出生、长大、念书，1955年（20岁）作为缅甸青年华侨代表参加国庆观礼，受到周总理等老一辈领导人的接见。后来他留下来在北京体育学院参加由苏联专家教授的第一届国际篮球教练员的培训班，后来回缅甸。有"饲料大王"之称，在东北、东南亚都很有名。事业有成后，吴庆星先生从缅甸回乡，投资建校。

仰恩大学的举办者吴庆星纯粹是出于热爱家乡的感情来兴办大学的。吴先生的父母是抗战前的缅甸老华侨。抗日战争爆发后，缅甸被日寇占领，其父母就回到老家——泉州市北郊的马甲镇（距离泉州市大约20多公里，当时很穷很落后）。后来，父母亲回到缅甸。直到 20 世纪 70 年代末，改革开放初，二老再次回到家乡。当时泉州已经发展起来，但马甲镇依然贫困落后。牵挂家乡发展的二老临终前嘱托吴先生，以后有可能的话，一定要回家乡办个学校，为老家为父老乡亲做点好事。

20 世纪 80 年代初，吴先生在东南亚经商有所成就，在新马泰等地都建有公司。国内，他在东北也有饲料工厂，有了一定的经济实力。于是，为遵父母遗训，吴庆星于 1986 年回到家乡。当时的老家依然是荒山野岭。他选择在老家附近建学校。（边上有他的自家别墅和吴姓祠堂）投入 4 亿多元，从设计到施工亲自监督，平山头、提高水库，一步一步把学校建起来。学校运行经费全由仰恩基金会承担，不要国家的一分钱。学校在 1994 年前由吴先生捐资建校、国家管理（教师工资是国家出的）。1994 年以后改制为私立，所有开支由基金会支付。

1999 年起，学生规模达到 2000 人左右（从 200 人开始），8 个专业，二本招生。吴先生办学魄力大，主见强，中央到地方的领导对他很重视，1992 年朱镕基副总理到福建考察就到仰恩接见吴庆星，后来贾庆林、习近平、贺国强等中央领导都对其很重视，学校要上新专业或者其他发展，只要吴先生提出来就都比较顺利获得批复，这也是侨资性大学的一个特点。目前达到专任教师 760 多人，外聘兼职教授 80 几人，行政管理人员 300 多人，实行三级管理，发展到 33 个专业，学生人数达到 12000 人的规模。2000 年起学校的基建规模迅速扩大，到 2005 年前，学校的土地达到 2500 多亩，湖面（水库）1000 多亩，校园建筑面积 80 多万平方米，是按照 20000 人的规模建设的。包括附属中学、小学、幼儿园，总投资达到 16 个亿，全部来源于仰恩基金。

问：作为一所民办私立性质的侨资性大学，仰恩大学的办学经费及现状如何？

答：2006 年以前，福建省允许学校招预科班（本二线下 80 分左右，一年后升入仰恩大学），收费标准一年 3 万到 6 万元，2006 年以后国家宣布停止。普通学生按学年收费。当时是 6000 多元，现在是 14000/15000 元的收费，在福建省是二本线录取。有关办学经费的问题，按照现在的办学规模和收费标准，收支应当是平衡的。但吴先生的去世，对学校的后续可持续发展还是带来了许多现实问题。

问：您认为，仰恩大学和其他侨资性大学相比，办学上的最大特点是什么？

答：我认为仰恩大学的最大特点就是注重特色。吴先生的目标是把仰恩大学办成像哈佛、耶鲁、牛津、剑桥这样的世界知名私立大学。为了实现这个目标，从1994年开始抓办学特色。在专业和知识结构上，主抓英语、计算机。

他亲自兼任英语教研部主任，凡是英语的事务都亲自过问。他采取很多措施，如大量聘请外教（外教人数占50%左右），采用双语教学，大三开始至少一门课程用外国的原版教材，用英语讲课。外教一部分上英语课，一部分上专业课。要求全校学生大二过四级、大三过六级，英语专业要过英语八级，否则不能毕业。2003年全国英语六级考试高出全国平均十几个百分点，超过厦大，还因此举办过庆功大会。为了这样，英语课的课时大量增加（四年内增加200多个课时，一般是280多个课时，仰恩是800多个课时），采取五天半的教学。周一到周五每天晚上的英语角，每学年的英语演讲比赛（分普通赛、精英赛）。大一不能报四级，大二开始考。后来开设仰恩大学实用英语四六级，提高学生的英语应用能力。从2000届毕业生起，毕业生的英语能力深受社会认可，就业率很高。

问：通过您的介绍，可以说仰恩大学的办学思想在很大程度上受到了创办者吴庆星先生的影响。想请您对吴庆星先生的治学思想作进一步介绍。

答：仰恩大学的办学思想的确深受吴庆星先生的影响。

吴先生很重视思想教育。吴先生亲拟校训"学会做人、守信笃行、学会做事、创业有成"。吴先生重视爱国教育。比如，国庆节前三天放假不离校，搞隆重的国庆毕业典礼，文艺宣传队下乡，隆重集会。每天早晨7点师生参加隆重的升旗仪式。唱国歌，不会唱一次补考，两次就不能毕业。吴先生很重视民族传统观念的教育。福建人重视元宵节，大年初十一定开学上课，元宵节在学校庆祝，基金会发给每位师生员工8个汤圆，增强对国家民族传统的亲身体会。重视学生的品行养成，规定在校内学生不能抽烟、喝酒、谈恋爱，抓到就处分。有时候吴先生亲自抓，严重的留校察看。当时吴先生要求上课管理要严格，课余组织丰富的晚会，运动会、晚会、保卫管理等都交给学生来管理。受处分的学生，参加 15 次公益事业可以撤销处分。纠察队都是受处分的学生来做。免了处分后依然可以评优评奖。现在高校普遍管理较松，仰恩大学严格管理，一开始学生意见很大，但家长对严格管理却很欢迎。

问：爱国兴乡是侨胞投资兴办侨资性大学的一大共因，通过兴办大学以造福乡梓、促进家乡经济社会发展是他们的共同心愿。马甲及泉州的发展同样和仰恩大学的发展紧密地联系在了一起。您就仰恩大学对区域经济社会的影响作何评价？

答：学校办在马甲，周围五六个村子的经济就带动起来了，吴先生出资建造了两个新村，可以靠店面出租来提高农民收入，走向小康，改变了农村落后的面貌。

对泉州来说，泉州大学和仰恩大学两所本科学院，大量的华侨资源和深厚的文化底蕴，特别宋代以后名人辈出，各种宗教都有遗存。另外和台湾的亲缘关系。仰恩大学对泉州的文化和交流起了很大的作用。另外华侨办学在福建是有传统的，国家很重视。

问：作为侨资性的民办高校，当前仰恩大学的发展存在哪些困难？

答：不可否认，仰恩大学目前发展存在瓶颈。作为民办大学而言，近十年来，国家的法规制度跟不上，《民办教育促进法》难于施行，都对民办教育有所制约。同类学校，很多地方一哄而起。福建省也出台了相应的实施细则，很多民办高校是老板办学，决策权都掌握在投资者的家族手里。个人投资办学的话，第一代办学者有理念，懂珍惜，所以就办得好，但其后怎么办？是一个问题。仰恩大学也遇到类似的问题。

目前民办大学有三类机制。一是同仁办学，比较好办。如三江学院，办学者都是教育家；二是社会办学，如华夏学院（厦门市政协办），办学也比较好。三是企业家办学，相对问题就多，完全取决于企业家的个人素质，办学也缺乏稳定性。今后五年，将是国内民办院校大浪淘沙、优胜劣汰的时期。招生数一旦下降，很多民办院校就难以为继。我们规划到

2015 年达到 2 万规模，能否实现，是一个很担忧的问题。

怎样充分利用侨的资源，很值得研究。民办高校管理体制的问题，也很重要。要建立或者完善董事会领导下的校长负责制，减少民办院校家族制管理教育的弊端。学校还是要由教育家来办，内行且有理念的校长一定要拥有办学的自主权。

问：民办高校普遍实行的董事会领导下的校长负责制，党委领导相对有所弱化。然而仰恩大学对党建工作相当重视，您能具体介绍一下吗？

答：学校实施的是基金会领导下的校长负责制，党委被定位为政治核心，党委书记参与学校决策。当时建立党支部是吴先生的倡议，从最初的党支部发展为党委。成立党委后，福建省下派干部来任书记，但吴先生坚持要由校长兼任书记。吴先生更多的是把成立党委看做是办学的一种荣誉，表达自己对中国共产党的拥护。党委的职责是学生思想工作和学生党员的发展。现在毕业班学生党员已达到 10%—14%，超过福建省平均标准。在私立高校，一方面是体制上保证党委能在董事会组织成员中得到反映；另一方面是党的工作的目标要围绕人才培养，不要太政治化。党委在工作中也要注意培养系主任、院长层次的年轻人入党，扩大党员队伍，提高党员在学校工作中的影响。

问：立足现实，面向未来，仰恩大学的办学为中国民办高校积累了很好的经验。在您看来，仰恩大学及中国民办高校在未来又将如何获得更好的发展？

答：吴先生是比较支持我办好教育的，吴先生过世后，学校的发展面临着一些新的问题，福建省也正在想办法解决其中暴露出来的各种问题。我建议人大对于《民办教育促进法》的执行进行调研。我预计民办高校在三年里面会倒一大批。对民办高校的发展而言，完善董事会是很关键的。董事会的人员组成、决策机制很重要。仰恩大学无论是从历史上还是现实都是福建省的品牌，完全有可能搞成全国最好的私立大学。

仰恩大学的师资结构两头小，中间大。讲师、副教授的居多，教授以退休教师为主。民办高校要有重点大学扶持，对口援建能够大大加快民办院校的发展。就仰恩大学来讲，办学 20 多年，私立 16 年，如今又站在了一个发展的关键时期。今后，保证规模、增加内涵，特别要在人才培养、科学研究、社会服务三个方面下工夫。现在又有新的机遇，如海峡西岸经济区建设。应充分发挥侨资性学校的特点，扩大在东南亚的影响，争取更多的资金和资源，扩大教育投入，专业上要突破工科少的局限，引进高科技企业，进行校企合作，提升应用型人才培养的质量。

参 考 资 料

[1]［美］威廉·R. 金、戴维·I. 克里兰：《战略规划与政策》，上海翻译出版公司 1984 年版。

[2] 刘则渊：《发展战略学》，浙江教育出版社 1988 年版。

[3] 汕头市人民政府侨务办公室、汕头市归国华侨联合会：《汕头华侨志（初稿）》1989 年版。

[4] 黄赞发：《潮人探奥》，广东旅游出版社 1989 年版。

[5] 杜松年：《潮汕大文化》，中国科技出版社 1994 年版。

[6] 冷夏、晓笛：《世界船王——包玉刚传》，广东人民出版社 1995 年版。

[7] 孙浩等：《现代大学战略管理》，东北大学出版社 1997 年版。

[8] 贺建时、曹屯裕：《宁波帮与宁波大学》，宁波出版社 2003 年版。

[9] 周千军：《天下宁波帮丛书——百年辉煌》，宁波出版社 2005 年版。

[10] 乔治·凯勒：《大学战略与规划——美国高等教育管理革命》，中国海洋大学出版社 2005 年版。

[11] 陈天缎、蔡春龙：《陈嘉庚之路》，湖北人民出版社 2005 年版。

[12] 季诚钧：《大学属性与结构的组织学分析》，人民教育出版社 2006 年版。

[13]［美］丹尼尔·若雷、赫伯特·谢尔曼著，周艳、赵炬明译：《从战略到变革：高校战略规划实施》，广西师范大学出版社 2006 年版。

[14] 陈厥祥：《宁波帮与 20 世纪中国教育》，浙江大学出版社 2007 年版。

[15] 刘念才、周玲：《中外大学规划：比较与借鉴》，上海交通大学出版社 2007 年版。

[16] 刘献君：《高等学校战略管理》，人民出版社 2008 年版。

[17] 包陪庆：《包玉刚我的爸爸》，浙江大学出版社 2010 年版。

[18] 缪木：《华侨大学散记》，《今日中国（中文版）》1981 年第 6 期。

[19] 杨翔翔、欧秀云：《关于华侨大学教育改革的若干问题》，《华侨大学学报（哲学社会科学版）》1989 年第 1 期。

[20] 葛国培：《"宁波帮"的形成初探》，《宁波师院学报（社会科学版）》1990年第2期。

[21] 沈芦：《爱国主义是陈嘉庚教育思想的本质特征——纪念陈嘉庚诞辰120周年》，《华侨华人历史研究》1994年第3期。

[22] 林金枝：《陈嘉庚倾资办学的国际影响》，《厦门大学学报（哲社版）》1994年第4期。

[23] 林金枝：《陈嘉庚倾资办学的光辉业绩及其国际影响》，《华侨华人历史研究》1994年第4期。

[24] 郭梁：《陈嘉庚的人生价值观》，《厦门大学学报（哲社版）》1994年第4期。

[25] 甄锦强：《情系桑梓，风范永存——忆司徒辉先生》，《五邑大学学报（社会科学版）》1994年第2期。

[26] 秦国柱：《李嘉诚与汕头大学》，《高等教育研究》1994年第2期。

[27] 黄兰淮：《潮汕人移居海外述略》，《汕头大学学报（人文科学版）》1995年第2期。

[28] 夏泉：《端方与暨南学堂》，《暨南学报（哲学社会科学）》1995年第2期。

[29] 符悦虹：《董事会在暨南大学办学中的作用和定位》，《暨南学报（哲学社会科学版）》1999年第5期。

[30] 向大有：《"华侨"、"华人"称谓是历史和现实的科学反映》，《八桂侨史》1996年第2期。

[31] 蒋秦：《从岭南文化的兼容性看校园文化的多样性——兼议五邑大学的校园文化建设》，《五邑大学学报（社会科学版）》1996年第1期。

[32] 吴文华：《对陈嘉庚的再认识——论陈嘉庚是位有战略眼光、有民族特色的华侨领袖》，《南洋问题研究》1996年第3期。

[33] 别必亮、田正平：《近代华侨教育的历史考察》，《杭州大学学报》1997年第12期。

[34] 郑一省：《海外潮人与潮汕地区的经济发展》，《八桂侨史》1997年第1期。

[35] 黄挺：《潮汕文化索源》，《寻根》1998年第4期。

[36] 佚名：《暨南大学创立全新人材培养模式》，《领导决策信息》1998年第37期。

[37] 吴跃农：《李嘉诚：双手托起汕头大学》，《四川统一战线》1998年第5期。

[38] 陈厥祥：《"宁波帮"的捐助活动构成重要的德育资源》，《宁波大学学报（教育科学版）》1999年第8期。

[39] 庄国土：《华侨华人与港澳同胞对厦门捐赠的分析》，《华侨华人历史研究》

1999 年第 4 期。

[40] 何万宁：《东南亚华文教育复兴的原因分析》，《教育评论》1999 年第 3 期。

[41] 郭晶：《五邑华侨与华侨教育》，《五邑大学学报（社会科学版）》1999 年第 4 期。

[42] 庄国土：《1978 年以来中国政府对华侨华人态度和政策的变化》，《南洋问题研究》2000 年第 3 期。

[43] 暨南大学东南亚研究所所务委员会：《创新、开拓、求实、进取——写在暨南大学东南亚研究所成立 40 周年之际》，《东南亚研究》2000 年第（5/6）期。

[44] 暨南大学党委宣传部：《弘扬暨南精神 培育五洲英才》，《行业建设》2000 年第 9 期。

[45] 孙善根、张钧澄：《发挥侨资大学优势拓展人文教育资源——宁波帮精神与宁大人文精神教育》，《宁波大学学报（教育科学版）》2000 年第 6 期。

[46] 佚名：《五邑大学建校 15 周年大事记（摘要）（1985—1999）》，《五邑大学学报（社会科学版）》2000 年第 3 期。

[47] 张罗应：《为华侨服务——华侨大学新任校长吴承业教授访谈》，《今日中国》2000 年第 3 期。

[48] 吴淡初：《创办五邑大学的功臣司徒辉》，《五邑大学学报（社会科学版）》2000 年第 3 期。

[49] 冷东：《潮汕海外移民研究管窥》，《广州大学学报》（综合版）2001 年第 1 期。

[50] 马兴中：《暨南大学 95 年的办学历程与成就》，《东南亚研究》2001 年第 5 期。

[51] 戴文红、丁玲玲：《近代泉州华侨兴学述略》，《福建商业高等专科学校学报》2001 年第 4 期。

[52] 骆莉：《贯彻"侨校加名校"的方针努力办好暨南大学——暨南大学"十五"发展规划与国际关系学科发展目标》，《东南亚研究》2001 年第 5 期。

[53] 黄瑾瑜：《谈海内外的潮州会馆》，《广东史志》2001 年第 4 期。

[54] 夏泉、卢健民：《"华侨最高学府"暨南大学的历史变迁与现状》，《高等教育研究》2002 年第 5 期。

[55] 阎崑：《承玉露化甘霖聚学子育英才——访华侨大学校长吴承业》，《台声杂志》2002 年第 3 期。

[56] 张钟鑫：《华侨华人与侨乡公益事业——泉州市鲤城区浮桥镇华侨捐建公益事业调查》，《福建论坛·经济社会版》2002 年第 10 期。

[57] 蔡德奇、江永良：《海外华人地域分布变化特征及原因》，《华侨华人历史

研究》2002 年第 1 期。

[58] 王建华，翟海涛：《端方与清末教育现代化》，《苏州大学学报（哲学社会科学版)》2002 年第 3 期。

[59] 毕建模、苏爱华：《东南亚华文教育的历史与现状分析》，《泰安师专学报》2002 年第 7 期。

[60] 何万宁：《新时期华侨高等教育的变化特征》，《暨南学报（哲学社会科学)》2002 年第 3 期。

[61] 唐世明：《21 世纪东南亚地区发展华文教育和华语教学的认知思维及建议》，《杭州师范学院学报（社会科学版)》2003 年第 2 期。

[62] 吴淡初：《创办五邑大学的功臣——司徒辉》，《五邑大学学报（社会科学版)》2000 年第 3 期。

[63] 陈厥祥：《包氏家族与宁波帮精神》，《宁波大学学报（人文科学版)》2003 年第 12 期。

[64] 高伟浓、万晓宏：《东南亚华文教育发展——东南亚华人情况 2002 年回顾与 2003 年前瞻之二》，《东南亚纵横》2003 年第 6 期。

[65] 陈维国：《印尼泰国华人青年的国家认同比较——对暨南大学华文学院的一次问卷调查》，《东南亚纵横》2003 年第 11 期。

[66] 贾让成、林麒、潘菊素：《拓宽口径，发展个性：宁波大学一种新的人才培养模式》，《辽宁教育研究》2003 年第 9 期。

[67] 孔伟英：《大学精神的提炼和培育——兼论宁波大学之作为》，《宁波大学学报（教育科学版)》2004 年第 12 期。

[68] 郑一省：《华侨华人与闽粤侨乡互动关系的恢复和发展》，《东南亚研究》2004 年第 2 期。

[69] 贺建时：《邓小平与宁波大学——纪念邓小平号召"把全世界的'宁波帮'都动员起来建设宁波"20 周年》，《宁波通讯》2004 年第 8 期。

[70] 陈毅明：《论陈嘉庚兴学的历史功绩》，《集美大学学报（哲学社会科学版)》2004 年第 12 期。

[71] 黄英湖：《血缘地缘文化与华侨华人及其社团》，《八桂侨刊》2004 年第 6 期。

[72] 孙彧：《新世纪华侨高等教育的发展战略》，《辽宁师范大学学报（社会科学版)》2004 年第 5 期。

[73] 刘海峰：《厦门大学校训、校歌与校史的特色》，《教育评论》2004 年第 1 期。

[74] 张渊：《侨乡泉州的变迁》，《今日中国》2004 年第 6 期。

[75] 刘献君、刘继文：《校园文化与一流大学创建——兼论华中科技大学的校园文化建设》，《煤炭高等教育》2004 年第 6 期。

[76] 郭振东：《华侨华人在世界的分布与发展》，《八桂侨刊》2005 年第 2 期。

[77] 王元林、邓敏锐：《近代广东侨乡生活方式与社会风俗的变化——以潮汕和五邑为例》，《华侨华人历史研究》2005 年第 12 期。

[78] 郑礼平、韩雯琛：《论"宁波帮"精神对学生创业教育的影响作用》，《宁波教育学院学报》2005 年第 3 期。

[79] 夏泉：《略论"忠信笃敬"的暨南校训精神》，《东南亚研究》2005 年第 6 期。

[80] 王伟康、蔡映辉：《关于高等学校教学改革的几个问题——兼谈汕头大学教学改革的普遍意义》，《大学教育科学》2005 年第 6 期。

[81] 文峰：《浅议多元化背景下的文化素质教育——以暨南大学为例》，《东南亚研究》2005 年第 1 期。

[82] 胡赤弟：《高等教育中的利益相关者分析》，《教育研究》2005 年第 3 期。

[83] 刘辉：《澳大利亚大学战略规划：探究与启示》，《高等教育研究》2005 年第 12 期。

[84] 唐德中：《重教彪史册兴学泽桑梓——包氏家族与宁波大学》，《宁波职业技术学院学报》2005 年第 12 期。

[85] 钟毅恒：《"南方之强"阔步走向世界》，《改革与战略》2006 年第 4 期。

[86] 陈添地：《赤子丹心谱就奉献华章——东南亚华侨华人对泉州经济文化建设贡献卓著》，《国际人才交流》2006 年 9 期。

[87] 王珺君：《华侨旗帜 民族光辉——福建厦门集美陈嘉庚故里》，《初中生世界》2006 年第 36 期。

[88] 赵伐、俞建伟：《面向地方经济社会发展的人才培养模式改革——以宁波大学 20 年来的人才培养模式改革为例》，《中国高教研究》2006 年第 7 期。

[89] 黄挺：《海外潮人对潮汕地区兴办大学的推动与贡献》，《汕头大学学报（人文社会科学版）》2006 年第 5 期。

[90] 陈天日：《发展海外华文教育是弘扬民族精神 传承中华优秀文化的千秋伟业——关于海外华文教育情况的思考》，《天津市社会主义学院学报》2006 年第 2 期。

[91] 陈礼达、王沈扬：《发挥研究型大学的重要作用推动产学研结合向纵深发展——访厦门大学副校长杨勇》，《中国高校科技与产业化》2006 年第 9 期。

[92] 韩真：《新版〈厦门市志·华侨卷〉述评》，《八桂侨刊》2006 年第 1 期。

[93] 佘洁：《厦门大学：走精英发展之路》，《高教观察》2006 年第 11 期。

[94] 史彩霞：《强制性制度变迁的困境——对中国大学治理结构低效率的制度解

读》,《复旦教育论坛》2006 年第 5 期。

　　[95] 蔡小飞:《"平台+模块"人才培养模式下学习指导制度的优化——基于对宁波大学部分教学管理制度的分析》,《宁波大学学报(教育科学版)》2007 年第 6 期。

　　[96] 胡军:《百年侨校:民族、文化与使命——在暨南大学建校 100 周年庆典大会上的讲话》,《暨南学报(哲学社会科学版)》2007 年第 1 期。

　　[97] 俞建伟、方志梅:《宁波大学开展通识教育的实践与研究》,《中国大学教学》2007 年第 8 期。

　　[98] 顾佩华、沈民奋、李升平、庄哲民、陆小华、熊光晶:《从 CDIO 到 EIP-CDIO——汕头大学工程教育与人才培养模式探索》,《高等工程教育研究》2008 年第 1 期。

　　[99] 刘进:《华侨精神与全球化背景下的侨乡发展——以广东江门五邑侨乡为例》,《五邑大学学报(社会科学版)》2008 年第 11 期。

　　[100] 陈铭勋:《话"仰恩大学"赞"千秋功业"》,《发展研究》2008 年第 10 期。

　　[101] 王焕芝:《华侨高等教育办学理念的院校研究——以暨南大学和华侨大学为个案的研究》,《皖西学院学报》2008 年第 6 期。

　　[102] 耿红卫:《海外华文教育的现状、特点及发展趋势》,《东南亚纵横》2008 年第 6 期。

　　[103] 谢清琳:《高级应用型人才培养方案的构建——仰恩大学 2007 年人才培养方案修订的研究与实践》,《高教论坛》2008 年第 5 期。

　　[104] 潘懋元、石慧霞:《长汀时期的厦门大学与西南联大之比较》,《厦门大学学报(哲学社会科学版)》2008 年第 5 期。

　　[105] 夏泉、钱广福:《试论新中国华侨高等教育的兴办——廖承志与暨南大学的两度复校》,《高等教育研究》2008 年第 11 期。

　　[106] 王毅林:《倾资办学第一人——陈嘉庚》,《福建党史月刊》2008 年 10 期。

　　[107] 方志梅、冯志敏:《正确处理创新人才培养中的几个关系》,《中国高等教育》2008 年第 23 期。

　　[108] 方志梅、赵伐、李慧仙、马敬峰:《把成才的选择权交给学生——宁波大学人才培养模式改革探索》,《高等工程教育研究》2009 年第 2 期。

　　[109] 孙善根:《百年辉煌——"宁波帮"的形成与发展》,《宁波通讯》2009 年第 4 期。

　　[110] 李九伟、黄映芳:《简论"宁波帮"人文精神的德育功效——以宁波大学为例》,《宁波职业技术学院学报》2009 年第 6 期。

[111] 佚名：《宁波大学：贴近地方 培养应用型创新人才》，《今日浙江》2009年第 22 期。

[112] 吴绿霜：《仰恩大学教育改革与实践研究》，《赤峰学院学报（自然科学版）》2009 年第 12 期。

[113] 张义廉：《社会捐赠：侨资性大学办学资源多样化的有效途径》，《教育与职业》2009 年第 18 期。

[114] 周秋江：《试论侨资性大学校园文化的侨性特色》，《教育与职业》2009 年第 11 期。

[115] 孔晓虹：《以宁波大学为例探析侨资性大学实施资源观发展战略的问题》，《教育与职业》2009 年第 9 期。

[116] 韩波：《侨性资源：侨资性大学办学特色形成的源泉》，《教育发展研究》2009 年第 21 期。

[117] 李斯令：《侨资性大学的治理结构分析》，《教育发展研究》2009 年第 21 期。

[118] 方志梅、赵伐、李慧仙、马敬峰：《把成才的选择权交给学生——宁波大学人才培养模式改革探索》，《高等工程教育研究》2009 年第 2 期。

[119] 聂秋华：《侨资性大学的优势与困境》，《教育发展研究》2009 年第 21 期。

[120] 徐军伟：《从边缘到内核：侨资性大学成人教育改革及启示》，《中国成人教育》2010 年第 7 期。

[121] 徐军伟：《侨资性大学的办学特点及其对高等教育改革的借鉴意义》，《国家教育行政学院学报》2010 年第 1 期。

[122] 周秋江：《侨资性大学校园文化的侨性特色》，《教育与职业》2010 年第 11 期。

[123] 朱伟申：《发挥侨乡优势 开创侨校特色》，《珠三角教育之窗》2010 年第 1 期。

[124] 林风：《澄海樟林港与潮州早期海外移民》，《汕头侨史论丛（第一辑）》，汕头华侨历史学会 1986 年版。

[125] 张映秋：《近代潮汕人民向外移殖及其对潮汕经济开发的影响》，《汕头侨史论丛（第一辑）》，汕头华侨历史学会 1986 年版。

[126] 徐艺圃：《汕头地区早期华工出洋概论》，《汕头侨史论丛（第一辑）》，汕头华侨历史学会 1986 年版。

[127] 熊庆年、代林利：《大学治理结构的历史演进与文化变异》，赵文华、龚放：《现代大学制度：问题与对策》，上海交通大学出版社 2007 年版。

[128] 万炳焕、万向前：《国立华侨大学创办史略》，http：//blog. sina. com. cn. /

s/blog_ 646530c90100gip9. html，2006 年 8 月 31 日。

［129］黄英湖：《华侨大学的创办和初期情况》，http：//50. hqu. edu. cn/content. asp？ id =53，2009 年 12 月 9 日。

［130］集美大学主页：《校主陈嘉庚传略》，http：//www. jmu. edu. cn/s/1/t/99/13/46/info4934. htm，2010 年 5 月 30 日。

［131］张义廉：《侨资性大学利用社会捐赠问题研究——以宁波大学为重点分析》，华东师范大学 2008 年研究生论文。

［132］罗庆春、王人墨：《发挥侨校优势提高办学水平 为振兴中华繁荣福建作贡献——华侨大学庆祝建校四十周年并举行校董会国侨办与省政府泉州市政府签订新一轮共建华大协议》，《福建日报》2000 年 11 月 2 日第 A01 版。

［133］高建进：《多元文化交融下的大学素质教育——华侨大学加强本科教育纪实》，《光明日报》2003 年 12 月 2 日。

［134］严红枫：《宁波大学与"宁波帮"》，《人民日报（海外版）》2003 年 12 月 12 日。

［135］崔雪芹、温新红、夏泉、卢健民：《"华侨最高学府"暨南大学创办名校之路》，《科学时报》2005 年 6 月 20 日第 B01 版。

［136］伊洁、何金、张罗应：《华文教育——华侨大学的生命线》，《福建日报》2005 年 11 月 16 日第 005 版。

［137］佚名：《百年侨校薪火相传 世纪学府再铸辉煌——"华侨最高学府"暨南大学"十五""211"工程建设纪实》，《南方日报》2006 年 5 月 29 日第 A05 版。

［138］佚名：《百年薪火传承 世纪侨校风范——"华侨最高学府"暨南大学"十五""211"工程建设纪实》，《光明日报》2006 年 5 月 25 日第 011 版。

［139］赵鹰、李九伟：《宁波大学：贴近地方打造服务型教育品牌》，《科学时报》2006 年 9 月 12 日第 B03 版。

［140］紫荆：《一所大学与一座城市的故事——宁波大学：在服务地方经济中彰显魅力》，《宁波日报》2006 年 10 月 26 日第 A05 版。

［141］宋晓梦、严红枫：《宁波大学：搭上宁波发展快车》，《光明日报》2006 年 5 月 17 日第 007 版。

［142］季轩：《伟大的使命 光荣的责任——宏教泽而系侨情》，《光明日报》2006 年 9 月 10 日。

［143］季轩：《暨南大学——百年沧桑 薪火相传》，《光明日报》2006 年 9 月 6 日。

［144］佚名：《地平线上的背影》，《光明日报》2006 年 9 月 18 日。

［145］佚名：《郑洪年与中国的华侨教育》，《光明日报》2006 年 9 月 20 日。

［146］季轩：《民族魂与爱国情——百年暨南与近代中国》，《光明日报》2006 年
9 月 16 日。

［147］周密、严红枫：《把成才的选择权交给学生——宁波大学请学生自选专
业》，《光明日报》2007 年 11 月 26 日第 002 版。

［148］季轩：《宏教泽而系侨情打造港澳台侨高素质人才培养基地——华侨最高
学府暨南大学本科教学工作纪实》，《科学时报》2007 年 11 月 27 日第 B04 版。

［149］梅志清：《一所"特立独行"的大学 一个"异乎寻常"的标本——汕头大
学：根植特殊土壤的制度变革》，《南方日报》2008 年 12 月 10 日。

［150］刘泽彭：《暨南大学华侨华人研究的回顾与展望》，《中国社会科学报》
2009 年 7 月 1 日第 C12 版。

［151］《厦门大学"十一五"规划和 2021 年远景规划》。

［152］《暨南大学教育事业"十一五"建设规划暨 2010—2020 年长期发展规划》。

［153］《汕头大学"十一五"教育事业发展规划纲要》。

［154］《华侨大学"十一五"发展规划》。

［155］《宁波大学"十一五"事业发展规划和 2020 年远景规划》。

［156］《厦门大学教学评估材料》。

［157］《暨南大学教学评估材料》。

［158］《华侨大学教学评估材料》。

［159］《汕头大学教学评估材料》。

［160］《宁波大学教学评估材料》。

［161］《五邑大学教学评估材料》。

［162］《仰恩大学教学评估材料》。

后　记

　　本书是 2008 年全国教育科学"十一五"规划课题"资源获取与国家责任：侨资性大学的办学特色"的主要研究成果。课题自立项以来，在课题组成员的共同努力下，围绕侨资性大学的创建历史、办学特色、管理体制、资源获取、国家责任、校园文化、发展战略等问题，开展了较为系统的研究。课题组成员也先后在各类核心期刊上发表相关研究论文 10 余篇，其中一级核心期刊 5 篇，其他核心期刊 5 篇，这些研究成果填补了在侨资性大学基础理论研究方面的空白，也相对完整地展示了我国侨资性大学的办学现状。

　　为了进一步梳理已有的研究成果，使课题研究更加系统，课题组成员在课题负责人聂秋华教授的组织统领下，完成了《侨资性大学研究》一书的撰写。本书的第一章由徐军伟撰写，第二章由徐军伟、方志梅、万彭军、王冬梅撰写，第三章由聂秋华、李斯令撰写，第四章由聂秋华、韩波、张义廉撰写，第五章由聂秋华撰写，第六章由周秋江、郑东辉撰写，第七章由孔晓虹撰写。本书由聂秋华教授统稿，并审核修改，最终形成了现在与读者见面的文稿。

　　在本书的撰写过程中，我们得到了厦门大学、暨南大学、华侨大学、汕头大学、五邑大学、仰恩大学办公室同志的帮助支持，他们为本课题的研究提供了大量宝贵的历史资料与办学综合材料，使得本课题的研究有了良好的条件，对此，我们借本书出版之际，表示衷心的感谢！本书的出版还得到了中国社会科学出版社的大力支持，编审宫京蕾老师为本书的出版做了大量工作，在此也表示我们的谢意！

课题组

2010 年 12 月